倫理学は科学になれるのか
自然主義的メタ倫理説の擁護

蝶名林亮

勁草書房

はじめに

「どのように生きるべきか」「どのような行為は許されないのか」「どのような人間になるべきか」，私たちはこのような問いをしばしば考える．このような倫理的・道徳的な問い*1に対して，私たちはどのように答えることができるだろうか．

これらの問いに答えなどなく，答えを探すことは無意味であるという反応も考えられる．しかし哲学史を紐解いてみると，様々な哲学者たちがこれらの問いに回答を与えようと試みてきたことがわかる．ベンタムやミルは「功利主義（utilitarianism）」と呼ばれる行為が生み出す功利（utility）を中心に据える倫理学説を提唱したが，一方で，カントは定言命法と呼ばれる道徳原理を提唱し，それに端を発する倫理学説はしばしば「義務論（deontology）」と呼ばれて現代でも盛んに論じられている．さらに，アリストテレスに刺激を受けた論者たちは「徳倫理（virtue ethics）」と呼ばれる行為そのものよりも行為者が持つ人格や性格に重点を置く倫理学説を提唱している．我々はこれらの歴史上の哲学者たちに淵源を持つ倫理学説に訴えて，上のような倫理的・道徳的な問いに答えることができる．

嘘をつくという行為について考えてみよう．多くの人は特別な理由がない限りは嘘をついてはならないと考えていると思われるが，では，なぜ我々は嘘をつくべきではないのだろうか．この問いに，上で挙げた倫理学説に訴えることで，以下のように答えることができる．

---

*1 倫理的な問い（ethical question）と道徳的な問い（moral question）を区別し，前者が後者を含むような「どのように生きるべきか」というソクラテス的な問いと理解し，後者を義務（duty）や責務（obligation）などに特化する問いであると理解することができる（Williams 1989, p. 6）．両者の関係に関する問いは重要なものだが，断りがない限り，本書では，「倫理」，「道徳」双方を，ここで言うところのソクラテス的な問いに関することを意味する言葉として，使用する．

カント的義務論による嘘の禁止
「その行為の格率が普遍的法則としてあなた自身によって意志されえないから，嘘をついてはいけない」

功利主義による嘘の禁止
「多くの人の苦痛を増長する傾向性を持つから，嘘をついてはいけない」

徳倫理による嘘の禁止
「そのような行為は悪徳を持った人が行うことだから，嘘をついてはいけない」

　これらの主張は「どのように行為するべきか」「どのような行為が悪い行為なのか」などの倫理的な問いに直接的に答えるものである．ある事柄に関する直接的な主張はしばしば一階の主張（first-order claim）と呼ばれるが，このことから上の倫理的な主張は倫理に関する一階の主張であると考えることができる．倫理に関する一階の主張は，哲学や倫理学においてしばしば「規範的主張（normative claim）」と呼ばれる[*2]．

　さて，上で見た規範的主張の「内容」や「意味」について，我々はさらに問うことができる．一体，これらの答えは何についての答えなのだろうか．これらの答えは，我々が倫理を理論化していくプロセスとは独立して存在している嘘の悪さという「客観的な性質」に関するものなのか．それとも，これらの答えは「嘘をついてはいけない」という規範に対する私たちの是認の表明などであり，それと独立して存在するような何かに関してではないのか．

　これらの問いは一般的に「メタ倫理的問い（metaethical questions）」と言われている．「メタ倫理学（metaethics）」という言葉は，倫理学のもう一つの主要な分野である「規範倫理学（normative ethics）」とは違う知的営みを指すものとして，20世紀に入ってから哲学者たちによって自覚的に使われ始めた．

[*2] 「日本では左車線に車を走行させなければならない」といった主張は，規範的主張ではあるが倫理的主張ではないので，倫理に関する一階の主張を指す言葉として正確な表現は「規範倫理的主張（normative ethical claim）」であろう．本書ではこのような問題はひとまず脇に置き，特にことわりがない限りは，「規範的主張」を倫理に関する一階の主張を指すものとして使用する．

メタ倫理学という学問がどのような問いを対象とする学問なのか，詳細は以下で述べていくが，ここでは次の点を確認しておきたい．

メタ倫理学において伝統的に扱われてきたのは，我々が個人や集団で下す「道徳判断（moral judgement）」についてであった．即ち，メタ倫理学における主要な問いは，「嘘は悪い」などの道徳判断がどのような性質を持っているのか，この判断は真偽が問えるような信念なのか，それとも真偽が問えない感情などの表出なのか，といったものであった．

本書が扱う問題はこのような伝統的なメタ倫理学的な問いとは少し異なる．本書の研究課題は，道徳判断を使って構築されていく規範倫理理論（normative ethical theory）に関するメタ倫理学的考察である．つまり，本書が主に検討するのは，冒頭で示したような，倫理的・道徳的な問いに答える際の拠り所となるような規範倫理理論をどのように理解するか，という問いである．

メタ倫理学におけるこのようなアプローチは，1980年代以降メタ倫理学において一定の勢力を保ってきた「コーネル実在論者（the Cornell realists）」と呼ばれる論者たちの流れを汲んでいる．彼らは，規範倫理理論を道徳に関する真理を探究しているものだと見なし，道徳に関する客観的事実が存在するという道徳的実在論（moral realism）と呼ばれる立場の擁護を試みてきた．本書はコーネル実在論者が示してきた議論を土台として，規範倫理理論の本性を検討し，そこからどのようなメタ倫理学的な結論が得られるのか，検討していく．

コーネル実在論の議論を引き継ぐにあたり中心的な課題となるのは，規範倫理理論が他の経験科学と類似的な性質を持っているか否か，という問いである．それぞれの分野により具体的な方法は異なるが，物理学や化学，心理学，社会学などの諸科学は，観察や実験，そしてそこから得られた知見から帰納的な推論を行って理論の構築を行う，「経験的な方法」を採用するという点では一致しているように思える．このような方法を取っているが故に，これらの諸科学は漸進的な進歩を遂げることができるのかもしれない．もし倫理学の一階理論である規範倫理理論もそのような経験的な方法によって漸進的な進歩を遂げることができるのであれば，それは倫理・道徳に関しても客観的な答えが存在し，規範倫理学における探究を進めることで，我々はそのような客観的な答えに徐々に近づいていけると考えることができる．

果たして，倫理学は本当に他の科学に似た性質を持っており，漸進的な発展・進歩を遂げることができるのだろうか．この問いが本書の中心的な課題である．著者はこの問いへの肯定的な答えの擁護を目指す中で，ここで掲げた倫理学と他の経験科学の関係に関する課題に取り組んでいく．

　著者が本書で試みる議論の進め方について，簡単に説明しておきたい．本書は規範倫理理論が経験的に発展するということを示すために多くの「思考実験 (thought experiment)」を行う．しかし，思考実験を行って規範倫理理論が経験的に発展し得ることは示せても，それを確証（confirm）することはできない．実際の規範倫理理論が他の科学理論と同じように経験的に発展しているのか否かは経験的な問いであり，思考実験によって答えを出すことはできない．故に，本書が試みることの多くは単なる理論上の考察だと言わねばならない．

　だが本書で著者が試みる議論には重要な意義がある．本書は，どのような経験的知見が規範倫理理論の改良に関係があるのか，そして，そのことがなぜ規範倫理理論の漸進的な進歩の可能性を示すのか，明らかにしていく．このことは，規範倫理理論を経験的方法によって進めていくための理論的な裏付けになり得る．そのような理論的な裏付けを得ることにより，我々は倫理に関するさらなる経験的探究を加速させる動機を得ることができる．このような意味で，本書が試みる道徳に関する自然主義の擁護には，重要な意義があると著者は考えている．

　ここで，本書を構成する各章の簡単な概要を紹介していく．

　第1章「現代メタ倫理学の見取り図」では，20世紀前半から現在に至るメタ倫理学の簡単な論争史を概観していく．本書で検討を試みる課題は，上で述べたように，「メタ倫理学的な問い」として分類されるものであるが，「メタ倫理学」という言葉が意識的に使用され，この学問領域が倫理学の一分野としての地位を得たのは20世紀に入ってからのことである．そのような背景もあるため，メタ倫理学の簡単な論争史を概観し，本書が取り組む課題がどのような論争の中で議論されるようになった問いなのか，確認していく．その中で，本書が擁護を目指すメタ倫理学説が他の立場に比してある程度見込みがある立場であることを示す．

　第2章「自然主義的道徳的実在論」では，本書で擁護を取り組むメタ倫理学

説の主張の紹介・説明を行う．本書で取り組む説は，規範倫理理論と科学理論の間に類似性を見出し，両者は共に漸進的な進歩を遂げることができるとする説であるが，このような考えは現代のメタ倫理学では自然主義的なメタ倫理学説として分類される．そのため，本書が取り組むことは，自然主義的なメタ倫理学説の擁護ということになるが，この説の内実はどのような考えなのか，どのような意味で自然主義的と言えるのか，この章で説明を試みる．

第3章「自然主義のための説明的論証」では，本書が擁護を試みる立場のための論証としてメタ倫理学で盛んに論じられてきた「説明的論証（the explanationist argument）」と呼ばれる論証について見ていく．この章では説明的論証の解説を通して，この論証の擁護の戦略として2つの異なる戦略があることを明らかにしていく．1つ目は筆者が「個別の道徳的説明による論証」と呼ぶ戦略で，メタ倫理学ではこちらの戦略についてこれまで盛んに論じられてきた．2つ目は筆者が「規範倫理理論による論証」と呼ぶ戦略である．この戦略については，自然主義的なメタ倫理学説の擁護者として有名なリチャード・ボイド（Richard Boyd）によって考え自体は言及されていたが，これまでメタ倫理学ではあまり真剣に議論がされてこなかったと筆者は考えている．この2つ目の戦略を継承・発展し，自然主義的なメタ倫理学説の擁護を試みるのが，本書の具体的な課題となる．

第4章「ボイドによる『規範倫理理論による論証』の提案」では，ボイドによる「規範倫理理論による論証」に関するもともとの提案について検討していく．ボイドのもともとの提案は，科学に関する実在論的な立場である「科学的実在論（scientific realism）」擁護のための論証と類似的な論証が，道徳的実在論擁護のための論証として可能である，というものであった．ボイドのこの提案の内実を確認し，この提案が持つ問題・課題を明らかにして規範倫理理論による論証の強固な擁護のための足掛かりを作ることが，この章の目的となる．

第5章「理論論証の擁護」では，第4章で明らかにしたボイドのもともとの提案が持つ問題点の解消を目指す形で，規範倫理理論による論証の擁護を試みていく．第4章までを本書が擁護を目指す論証の形体を明らかにする作業であり，第5章ではそれに内実を与える作業を行う．

第6章「理論論証と非自然主義的な規範倫理理論」では，規範倫理理論によ

る論証とある特徴を持つ規範倫理理論の関係について，検討する．規範倫理理論による論証は，規範倫理理論が持つ特徴を明らかにすることで，自然主義的なメタ倫理学説の擁護を目指す論証である．だが，規範倫理理論と一口に言っても様々な異なる理論が倫理学において提案されている．このことから，規範倫理理論の中には本書が擁護を目指すメタ倫理学説と相性が悪いものがある可能性が予測できる．第6章ではこの問題に取り組み，1つの応答を与えることを試みる．

第7章「理論論証への反論(1)——経験的反論」と第8章「理論論証への反論(2)——哲学的反論」は，本書で擁護を試みる論証への反論を検討していく．本書では，反論を大きく2つに分類する．1つ目は，現在の経験科学において実際に確認された経験的知見に訴えて論証への反論を試みる「経験的反論」と筆者が呼ぶものである．2つ目はそのような経験的知見には訴えない「哲学的反論」と筆者が呼ぶものである．第7章，第8章ではこれらの反論について検討し，規範倫理理論からの論証の擁護者がどのようにそれぞれの反論に応答することができるのか，見ていく．

最後の章である第9章「自然主義のさらなる擁護にむけて」では，本書で試みた議論を振り返り，その上で，筆者が擁護を目指す自然主義的なメタ倫理学説のさらなる強固な擁護のためにはどのような課題があるか，筆者の見解を述べる．

以上が本書の概要である．ここで示した通り，本書で筆者はあるメタ倫理学説の擁護を試みるわけだが，第9章の紹介でも言及したように筆者自身も本書で試みることだけで議論が尽くされるとは考えていない．自然主義的なメタ倫理学説の擁護に向けて，本書をその一里塚と考え，さらなる議論への跳躍台としたい．

目次

はじめに

第 1 章　現代メタ倫理学の見取り図 …………………………………… 1
- 1.1　メタ倫理学と規範倫理学　1
- 1.2　G.E. ムーアの『倫理学原理』と 20 世紀のメタ倫理学　5
- 1.3　メタ倫理学の現状　14
  - 1.3.1　内的適合と外的適合
  - 1.3.2　非自然主義
  - 1.3.3　総合的倫理自然主義
  - 1.3.4　分析的倫理自然主義
  - 1.3.5　ネオ・アリストテレス的自然主義
  - 1.3.6　表出主義
  - 1.3.7　虚構主義
  - 1.3.8　メタ倫理学における構成主義
  - 1.3.9　小括
- 1.4　総合的倫理自然主義の魅力　29
- 1.5　本章のまとめ　32

第 2 章　自然主義的道徳的実在論 …………………………………… 33
- 2.1　自然主義的道徳的実在論の主張　33
- 2.2　道徳的実在論　34
- 2.3　道徳的自然主義　42
- 2.4　倫理学における方法論的自然主義　51
- 2.5　還元的自然主義と非還元的自然主義　53
- 2.6　本章のまとめ　55

第 3 章　自然主義のための説明的論証 …………………………… 57
3.1　説明的論証の概要　58
3.1.1　十分条件としての説明テーゼ
3.1.2　経験的現象
3.1.3　説明と最良の説明
3.1.4　最良の説明への推論と実在論
3.2　個別の道徳的説明による論証　65
3.3　道徳的説明への反論　71
3.3.1　反事実条件文テストへの反論
3.3.2　道徳的説明を最良の説明とすることへの反論
3.3.3　道徳に関する悲観的帰納法
3.3.4　規範性からの反論
3.3.5　小括
3.4　規範倫理理論による論証　81
3.5　本章のまとめ　85

第 4 章　ボイドによる「規範倫理理論による論証」の提案 …………… 87
4.1　科学的実在論のための論証　87
4.1.1　科学の経験的信頼性
4.1.2　科学における背景理論の想定
4.1.3　科学の実在論的説明
4.1.4　科学的実在論のための理論パッケージ
4.1.5　小括
4.2　道徳的実在論のための類似的論証　94
4.2.1　論証図式としての理論論証
4.2.2　規範倫理理論とは何か
4.2.3　ボイドの帰結主義的規範理論
4.2.4　規範理論の経験的信頼性
4.2.5　規範理論構築における背景理論に関する想定
4.2.6　規範理論の実在論的説明

4.2.7　道徳的実在論の理論パッケージ
4.3　ボイドの提案の課題　115
　　4.3.1　論証の性格について
　　4.3.2　（理1）規範理論の経験的信頼性について
　　4.3.3　（理2）規範理論構築における背景理論の想定
　　4.3.4　道徳的実在論の理論パッケージに関して
4.4　本章のまとめ　122

第5章　理論論証の擁護　125

5.1　サンプル理論を使った理論論証擁護の意義　125
5.2　帰結主義　126
5.3　帰結主義理論の経験的信頼性　129
　　5.3.1　≪実質的な道徳原理≫の経験的信頼性
　　5.3.2　≪福利理論≫の経験的信頼性
　　5.3.3　≪規則帰結主義原理≫の経験的信頼性
　　5.3.4　≪広い反省的均衡の方法≫の経験的信頼性
　　5.3.5　小括
5.4　帰結主義理論の理論構築における背景理論　140
5.5　実在論的説明と理論パッケージ　144
　　5.5.1　実在論的説明
　　5.5.2　理論パッケージ
5.6　本章のまとめ　147

第6章　理論論証と非自然主義的な規範倫理理論　151

6.1　義務論と自然主義　151
　　6.1.1　義務論的性質の位置づけを巡る問題
　　6.1.2　方法論的問題
　　6.1.3　自然主義的義務論の可能性
6.2　自然主義的な義務理論　159
6.3　殺すことと死ぬにまかせることの区別　162

6.4 経験的信頼性　164
6.4.1 道徳判断に関する予測
6.4.2 脳に関する予測
6.5 義務論の理論構築における背景理論の想定　170
6.6 義務論の実在論的説明　174
6.7 本章のまとめ　178

第7章　理論論証への反論(1)ーー経験的反論　181
7.1 前章までの要約　181
7.2 （理2）が想定しているもの　182
7.3 社会直観型モデル　183
7.4 反論①：法律家の共通認識からの応答　188
7.5 反論②：規範倫理学の歴史的・社会的な研究からの応答　192
7.6 本章のまとめ　195

第8章　理論論証への反論(2)ーー哲学的反論　197
8.1 異なる規範理論が近似的に真であり得るのか　197
8.2 メタ倫理と規範倫理に関する中立テーゼを巡って　201
8.3 進化論的反論への応答　207
8.4 道徳の悲観的帰納法への応答　213
8.5 規範性からの反論への応答　218
8.6 本章のまとめ　224

第9章　自然主義のさらなる強固な擁護へむけて　225
9.1 理論パッケージを巡るさらなる探求　226
9.2 メタ倫理学と規範倫理学の関係に関するメタ・メタ倫理学的探究　227
9.3 道徳心理学との関連性　229
9.4 本章のまとめ　230

あとがき
文献一覧
索引

第1章　現代メタ倫理学の見取り図

「はじめに」で述べたが，本書は以下のような考えを持つメタ倫理学説の擁護を試みる．

≪規範倫理学と経験科学の類似性≫
倫理学の一階理論である規範倫理理論と科学理論には類似する特徴があり，その特徴によって，規範倫理理論は漸進的な進歩を遂げることができる．

≪規範倫理学と経験科学の類似性≫の擁護は，「自然主義的な立場」と呼ばれるメタ倫理学説の擁護を目指す論者らによって試みられてきた．本書の目的はその伝統を継承・発展し，≪規範倫理学と経験科学の類似性≫の擁護を試みることである．

その予備的考察として，本章では20世紀前半以降のメタ倫理学の歴史を概観していく．メタ倫理学という学問が倫理学の他の領域と意識的に区別され，独立した学問領域として探究されるようになったのは20世紀前半からである．本書で擁護を目指す自然主義的な立場もこの20世紀前半に端を発するメタ倫理学の論争の歴史の中で提案されてきた背景を持つ．そのため，本書が目指す立場の性格を理解するために，メタ倫理学の近年の論争史を確認し，本書が擁護を試みる立場がどのような論争の中で提案されてきたものなのか，確認していく．メタ倫理学という学問自体がわが国ではまだそれほど馴染みのないものであるから，メタ倫理学の紹介という性格も持たせようというのが筆者の本章における意図でもある．

1.1　メタ倫理学と規範倫理学

本書はあるメタ倫理学説の擁護の試みであるが，では，この「メタ倫理学

（metaethics）」と呼ばれる学問探究はそもそもどのようなものなのだろうか．

　メタ倫理学は，道徳や倫理に関する形而上学的，認識論的，言語哲学的，心理学的な問いを探求する倫理学の一分野として，理解することができる．「嘘をついてはいけない」[*1]という道徳判断について考えてみよう．この判断について，以下のようなメタ倫理学的な問いを立てることができる．

≪道徳判断の本性に関する問い≫
この判断は真偽を問うことができる一種の信念（belief）なのだろうか．それとも，この判断を下した人が持つ感情や方針の表明のような，信念ではない心的状態なのだろうか．

≪道徳語に関する言語哲学的問い≫
この文で使われている「いけない」という語の意味は何か．この語が使用されている文は真偽を問うことができるものなのか．それとも，「いけない」は発話者の感情や，命令を表すための言葉であり，この言葉が使用される文は真偽を問えないものなのか．

≪道徳的性質に関する形而上学的問い≫
この判断を真にする，嘘というタイプの行為が持つ「いけなさ」と呼ばれる性質が存在するのだろうか．そのような性質があったとして，その本性はどのようなものなのだろうか．

≪道徳判断に関する認識論的問い≫
この判断はどのような仕方で正当化できるのだろうか．この判断が真だと知ることができるならば，そのことをどのように知ることができるのだろうか．

　これらの問いは道徳を考える上で避けては通れない問いであり，メタ倫理学

[*1] 日本語には定冠詞がないから，「嘘をついてはいけない」と発言をしたとしても，その状況下で問題となっているある1つの嘘について言っているのか，それとも嘘というタイプの行為一般を禁じようとして発話されたものなのか，解釈が曖昧になる．ここでは，後者の「嘘というタイプの行為に関する言明」と理解して，論じていく．

が倫理学の主要な一分野であることがわかる．

　メタ倫理学的問いに対して，「嘘をついてはいけない」という判断そのものは正しいものなのか，そしてそれはなぜなのか，といった問いもある．一般に「倫理的な問い」と呼ばれているのはむしろこのような問いかもしれない．「はじめに」でも確認したが，ある事柄に関する直接的な主張はしばしば一階の主張と呼ばれており，このことから，「嘘をついてはいけない」という主張は倫理に関する一階の主張であると理解することができ，それは哲学や倫理学においてしばしば「規範的主張」と呼ばれる．

　個別の規範的主張の是非を巡る探究は「規範倫理学（normative ethics）」と呼ばれる学問領域において行われている．たとえば，カントの定言命法（categorical imperative）やベンタムやミルが提案する功利主義原理はなぜ正しいのか，これらの道徳原理に対する反論は何か，といった規範的主張の是非に関する探究は，規範倫理学の領域ということになる．

　規範倫理学が問うのが倫理の一階の主張の是非であるのに対して，メタ倫理学が対象とするのは，倫理に関する二階の主張，もしくは二階以上の主張，ということになる．「『嘘をついてはいけない』という主張は真偽が問えるものである」「『嘘をついてはいけない』という道徳判断を下している人は必然的に嘘をつかない動機を持つ」といった主張はメタ倫理学における典型的な主張であるが，これらの主張は「嘘をついてはいけない」という主張の是非に関するものではない．その意味で，倫理の一階の主張ではない．そうではなく，これらの主張は，「嘘をついてはいけない」という主張が持つ含意や，その役割に関する主張であり，この一階の主張が正しいかそうでないかを直接的には問題にしていない．その意味で，これらの主張は倫理の二階の主張ということになり，メタ倫理学的な主張ということになる．

　規範倫理学とメタ倫理学を比較してみると，規範倫理学の方が我々の生き方に直接的な影響を与える学問であるように思える．上で述べたように，規範倫理学は倫理の一階の主張である規範的主張の是非を巡る探究であるが，そうであるならば，規範倫理学における探究によって「嘘をついてはいけない」という規範的主張が実は正しくないと結論づけられる可能性があるということになる．もしこのような結論が擁護されたら，我々は嘘をついた人を非難する正当

な根拠を失う．もし嘘をつく人を非難する正当な根拠がないということになれば，我々は嘘をつくことにためらいを覚えなくなるだろう．このことは，規範倫理学が我々の行為や生き方に直接的な影響を与え得ることを示している．

　一方で，メタ倫理学が我々に与える影響はさほど大きなものではないように思える．メタ倫理学的探究によって，「嘘をついてはいけない」との道徳判断の内実は我々が嘘に対して持つ不愉快な感情の表出であったことが示されたとしよう．このような結論が出ても，それがどのように我々の生活に影響を及ぼすのか，明確ではない．我々が嘘を嫌っているという事実は嘘を控えるのに十分な理由と見なされることも考えられるが，感情の表出はあるタイプの行為を控える理由としては弱すぎるということで嘘をつくことが許容とも考えられる．このような探求は「A という行為に対して，E という感情が表出された場合，我々は A を控えるべきだ」という形式の主張を巡る問いだと理解することができるが，この主張は規範的主張であり，これを巡る探究は倫理の一階の探求，つまり規範倫理学の探究ということになる．このように考えると，メタ倫理学において何らかの結論が出されても，それは我々の行為や生き方に直ちに影響を与えるものではなく，あくまで，規範倫理学における探究が我々の生活に直接的な影響を与え得るものである，と考えることができる．

　しかし，メタ倫理学が学問としての倫理学全体に与える影響は大きい．もし道徳判断が感情の表出であったことが示されたら，我々の倫理学に対するアプローチは大きく変化するだろう．このような結論を受け，規範倫理学は衝突する感情に折り合いをつけることを目的とする極めて実践的な学問になっていくかもしれない．また，我々の感情が変化することもよくあることであるから，どのような場合でも適応される道徳原理の存在は否定され，伝統的に行われてきた普遍的な道徳原理を求める探究は不適切なものとして放棄される可能性もある．他者を殺したいほど憎んでいる人がいたとして，その人に対してカントの定言命法を示したところで大した効果はないだろう．むしろ，このような人に対しては道徳原理を提示するよりも，相手の話をよく聞き，「その通りだ，あいつは殺されてもしょうがないような，どうしようもないやつだ」などと言って相手に寄り添っていくことが必要になるだろう．もしこのような感情の折り合いをつけることのみが倫理学に課せられた仕事であるならば，「倫理・道徳

に関する原理は何か」といった伝統的な問いを立てる必要がなくなるようにも思える．

　このように考えると，メタ倫理学が倫理学に与える影響は必ずしも小さくない．上で見たように，規範倫理学は我々の生活に直接的に影響を与え得るが，その規範倫理学に影響を与え得るのがメタ倫理学ということになる．このことから，メタ倫理学は我々の生活に直接的な影響は与えないかもしれないが，規範倫理学への影響を通して，間接的に影響を与え得るものと考えることもできる．

　付言しておくと，メタ倫理学と規範倫理学の関係については様々な議論がある．2つの知的営みが取り組んでいるのは全く別の課題であり，両者はそれぞれ独立したものだとの考えがある一方，両者は互いに影響を与え合う関係であるとの見解もある．この問いについては第8章で詳しく見ていくが，本書は両者が密接な関係にあるという立場をとり，なぜこのように考えることが適切なことなのか，本書が擁護を目指す自然主義的な立場の擁護を試みる中で論じていく．

1.2　G. E. ムーアの『倫理学原理』と20世紀のメタ倫理学

　メタ倫理学と規範倫理学はこのようにある程度区別することができるが，両者は共に歴史上の哲学者たちによって様々に論じられてきた．たとえばプラトンはどのような人生が良い人生か，どのような人生を生きるべきか，という規範倫理的な問いも，個別の道徳判断を真にする善そのもの（イデア）の存在に関するメタ倫理的な問いも，どちらも論じている．これは，どのように生きるべきかという倫理の問いを考える際に，我々は今で言うところの規範倫理的な問いも，メタ倫理的な問いも，どちらも問うことが一般的であることの証拠の1つだろう．

　このように考えると，メタ倫理学は，人間が倫理的な問いを考え始めてから常に意識されていた問いを扱っているという意味で，哲学一般と同様に古い学問だと考えることができる．ただ，「メタ倫理学」という言葉が意識的に使用され，それが一階の問いの探究である規範倫理学とは異なる探究として独自に研究をされ始めたのは20世紀に入ってからである．

メタ倫理学を他の倫理学的探究と分けて考えることになる契機となったのは，イギリスの哲学者・ムーア（G. E. Moore）が1903年に出版した『倫理学原理』（*Principia Ethica*）であると言われる（Moore 1903）．ムーアのこの著作は20世紀以降のメタ倫理学の出発点であると言われるが，それはムーアがこの著作の中でメタ倫理的な問いと規範倫理的な問いを明確に区別し，その上で，前者は後者とは独立して問うことができると主張したからである[*2]．ムーアのメタ倫理学と規範倫理学を区別して考えるというアプローチはその後の英語圏の倫理学に大きな影響を与え，メタ倫理学は規範倫理学とは独立した学問領域として探究されるようになっていった．

　20世紀以降のメタ倫理学の興隆の発端を作ったムーアは，「良いgood」という言葉がどのように定義されるのか，そしてこの言葉が指しているものは何か，という言語哲学的・形而上学的な問いを検討した．その中で，ムーアは「未決問題論証（Open Question Argument）」と呼ばれる論証を提示した．これによると，「Aは良い」との文の中の「良い」という価値語は，Aが持つ他の特徴，たとえば「欲求の対象である」「快楽を生み出す」などのいわゆる自然的性質[*3]や，「神がそれを是認している」などの視覚や聴覚などでは経験することができない「形而上学的な」性質[*4]を指す語では定義できないとされる．その理由は，そのような定義が与えられたところで，我々は常にその定義が正しいのかどうか，概念的・定義的な混乱を持つことなく，再び問うことができるからである[*5]．「良い」という語にどのような定義を与えたとしても，その定義の正しさについて問う余地がまだ開かれているから，どのような定義も適切なも

[*2] 2つの種類の問いが独立に問えるものであるということと，一方への答えが他方への答えに影響を与えないということは同義ではない．後者は議論が分かれる主張であり，前節で述べたように本書でも特に第8章で詳しく論じていく．ムーア自身は，メタ倫理的な問いに誤った答えを与えることは多くの誤った道徳判断を生み出すことにつながると述べているから（Moore 1903, p. 5），前者は受け入れるが後者は受け入れないと思われる．

[*3] ムーア自身は自然的性質に関して，それが心理学も含めた経験科学の探究の対象であるものとした（Moore 1903, p. 40）．自然的性質をどのように理解するかという問題は第2章で詳しく論じる．

[*4] ムーアは自然的性質に対するものとして，自然界の一部ではなく，知覚の対象・性質でないものを「形而上学的」と呼んでいる（Moore 1903, p. 110）．

[*5] ここで紹介する未決問題論証は伝統的にムーアが『倫理学原理』第13節において示したものとされてきたが，ムーアが実際にどのような論証を提示していたのか，議論が分かれる．この点については（Feldman 2005）を参照．

のにならない，とムーアは主張する．このような論法に訴えて，ムーアは「良い」という語は他の性質に関する言葉によって定義することができないものであり，良いという性質は他の性質（欲求の対象である，神によって是認されている，などの性質）と同一のものではない，という結論に至った．

ムーアの論法を巡っては様々な評価があるが，未決問題論証の結論，即ち，「価値語や道徳語一般は他の性質に関する語では定義できない」との考えは20世紀前半のメタ倫理学において重く受け止められた．これは，良さや悪さといった道徳的性質は，快楽や痛みなどの自然的性質と同一のものであるとの自然主義的な考えの否定を示唆する．歴史的な事実としてムーア以降このような自然主義的な考えを支持する論者が20世紀前半にどれほどいたのか議論が分かれるが[*6]，結果として，1950年代にはこのような考えを支持する論者はかなり少なかったものと考えられる[*7]．このような背景の中で，ムーアの未決問題論証への応答として，20世紀前半のメタ倫理学において2つの大きな潮流が生まれた．

1つ目は直観主義（intuitionism）と呼ばれるメタ倫理学説の台頭である．直観主義者は道徳的事実の把握は，視覚や観察及びそれに基づいた推論などの通常の経験的方法とは違った形で行うことができると主張する．この「通常の経験的方法とは違った形」とは，その命題で使われている概念の意味を理解することでその真理性を把握するといった，視覚や観察などに頼らない方法である．「この部屋に3人の子どもがいるという主張は，この部屋に少なくとも人間が3人いることを含意している」という命題は，「子ども」や「人間」，「数」などの概念を理解していれば，必然的に真であると把握することができる．この真理の把握のために実際に子どもに3人来てもらい，そこで人間が何人いるのか数えてみるといった方法をとる必要はないだろう．直観主義者は道徳的命題も同じような仕方でその真理性を理解することができると主張する．この主張に従うと，たとえば「下級生をただ面白いという理由だけでいじめることは許されない」という道徳的命題は，「いじめ」や「許されない」といった概念を

[*6] フランケナ（William Frankena）は1951年の論文の中で，自然主義的な説は当時の哲学界において完全に拒絶されてはいないとの見解を示している（Frankena 1951, pp. 46-47）．

[*7] フット（Philippa Foot）は1959年の論文で，多くの人がここ50年の間の道徳哲学における進歩は自然主義の拒絶であると考えるだろうと述べている（Foot 2002, p. 110）．

理解することさえできていれば，その真理性を把握することができる，ということになる．直観主義者はこのような真である道徳的命題は自己証拠的な命題（self-evident proposition）であるとし，その把握は視覚等を使った経験的方法とは違った方法で行うことができると主張する．

　直観主義は，プリチャード（H. A. Prichard），ロス（W. D. Ross），ブロード（C. D. Broad），ユーイング（A. C. Ewing）ら，イギリスの大学に属していた論者によって展開されたことから，イギリス直観主義（British intuitionism）とも呼ばれている[*8]．直観主義者は，道徳を巡る議論，道徳の意見の不一致，道徳を巡る推論などの諸現象が想定しているのは道徳に関する真理探究であり，このような真理探究は道徳に関する客観的な事実の存在を想定していると考えていた．さらに，このような事実は通常の経験的方法とは違った仕方で探究されるものであることから，経験科学で探究されているような事実とは異なる非自然的事実（non-natural facts）であると考えていた[*9]．

　このような直観主義の流れに対抗して，エイアー（A. J. Ayer）やスティーブンソン（C. L. Stevenson）らに代表される情緒主義（emotivism）と呼ばれるメタ倫理学説も出現した（Ayer 1936, Stevenson 1944）．情緒主義は当時影響力のあった論理実証主義（logical positivism）の考えに基づいて提案された説である．論理実証主義によると，全ての意味のある言明（statement）は，定義と論理法則のみから導出できるという意味で分析的であるか，経験的に確証か反証が可能なものである（Ayer 1936, pp. 72-74）．情緒主義によると，「嘘をつくのは悪い」との文で示された命題は，「嘘」や「悪い」という言葉の定義と論理法則からだけでは導くことができるようには見えないから，分析的ではない．だが，この命題を経験的に検証することもできないように見える．分析的でもなく，経験的な検証もできないということになると，道徳語が用いられている文は真偽が問える命題ではないとの結論にいたる．この結論を受けて，情緒主義者は道徳語の使用は，何かが真であると主張することではなく，発話者の感情，命令，他者への働きかけなどを表す種類の言語行為（speech act）だとの

[*8] ムーア以前のイギリス直観主義の代表的な論者として，シジウィック（Henry Sidgwick）やムーア本人を含むことができる．ムーア前後のイギリス直観主義の詳細な検討については（Hurka 2014）を参照．

[*9] イギリス直観主義のこのような理解は（Dancy 2013）を参照．

説を提唱する．

　情緒主義は直観主義への反論という側面も持っていたが，情緒主義が直観主義に対して持つ強みとして，①直観主義者が想定しなければならない奇妙な非自然的な事実を想定しなくてもよいこと，②直観主義者がうまく説明することができない道徳判断と行為の動機づけの関係についての説明を与えることができること，この2点を挙げることができる．

　直観主義の説明の際に示したように，直観主義者は道徳的事実を通常の経験的方法とは異なる仕方で把握されるものと考えているため，それらは経験科学の探究の対象となっているものとは違う非自然的なものだと考えていた．だが，通常の経験的方法で把握できない非自然的性質なるものがどのような存在論的地位を持つのかは明確でない．情緒主義はこのような性質を想定する必要がないという意味で，直観主義が持つ「理論的コスト」を削減することに成功していると考えることができる．

　情緒主義が動機に関する説明を与えることができるというのは，道徳判断の表明を，相手に自分の感情を伝えるための言語行為として理解することにより，道徳判断と動機の間にある密接な関係を理解することができるということである．「嘘は悪い」という判断をタロウ[*10]が下したとすると，そのような判断を下したタロウは嘘をつかない動機を持っているように思える．だが，もしこの判断の中に出てくる「悪い」という述語が，嘘が持つ悪さという性質を指すためのものだった場合，タロウの道徳判断と彼が持つ動機の関係をうまく説明できなくなる．というのも，もしタロウが道徳判断を下すことによって行っていることが単に嘘という行為に悪いという性質を帰属させることだけであった場合，彼が必然的に動機を持つということは考えにくい．しかし，彼の判断が誠実な道徳判断であった場合，彼は嘘をついてはならないという動機を持つように思える．道徳判断を問題となっている行為が持つ性質を帰属させることだとする直観主義はこのことをうまく説明できないように思えるが，道徳判断を感情などの表出だと考えている情緒主義ならば，この点をうまくできる．即ち，タロウが嘘は悪いという判断をしていることは，タロウが嘘をつくことに対して悪い感情を持っていることを表しているということになるので，当然，彼は

[*10] 本書ではカタカナ表記で「タロウ」「ハナコ」などの架空の人物を登場させる．

嘘をつかない動機を持つということになる．嘘をつくことに対して嫌悪感を抱いているということは，嘘をつかない動機を持っているということであろう．このような仕方で，情緒主義は道徳判断と行為の動機の関係を説明することができる[*11]．

このように，直観主義と情緒主義によって道徳判断の本性について異なる見解が示されたが，注目すべき点は，直観主義も情緒主義もどちらもムーアの未決問題論証の結論を重く受け止めていることである．道徳語は自然的性質を指す語では分析できないものであるとの結論を受け，直観主義者は通常の経験的方法で把握される性質とは異なる非自然的性質を想定して道徳語が指すのは非自然的性質であるとし，情緒主義者は道徳語の機能は何かを指すことではなく発話者の感情などの表出であるとした．両者は違う方向に向かったが，ムーアの未決問題論証の結論（＝道徳語は自然的性質を指す語では分析できない）を受け入れるという点では一致している．

直観主義者は，道徳判断は真偽が問える信念のようなものであり，道徳語の機能は道徳的性質を指すものであると考えていたが，このような考えは認知主義（cognitivism）と呼ばれている．一方，情緒主義者は，道徳判断は感情や命令の表明であると考えていたから，道徳判断は真偽が問えるものではなく，道徳語の機能も道徳的性質を指すものではないと考えていた．このような考えは非認知主義（non-cognitivism）と呼ばれている．直観主義と情緒主義の対立に代表される認知主義と非認知主義の対立構造が，その後のメタ倫理学の中心的な論争になっていった．

ムーア以降，直観主義と情緒主義が台頭したが，1950年代の半ばに入ってからはヘア（R. M. Hare）の指令主義（prescriptivism）と呼ばれる立場がメタ倫理学において支配的な立場となる[*12]．直観主義が用いる直観的道徳判断は文化や伝統によってつくられたものに過ぎないものであるとして，ヘアはそのよ

[*11] エイアーやスティーブンソンらがどれほど自覚的に行為の動機について考えていたのか，議論が分かれるところである．彼らは道徳判断を下す者自身の心的状態についてではなく，発話された道徳判断が他者に対してどのような影響を与えるかということについて積極的に論じている節もある（Ayer 1936, p. 111, Stevenson 1944, pp. 21 など）．

[*12] 1950年代から70年代にかけてヘアの説が支配的なものになったことについては（Dancy 2013, p. 737）を参照．

うな道徳判断に訴える直観主義を否定する（Hare 1952, p. 77）．一方で，ヘアは道徳判断が事実に関するものではないとする考えを情緒主義の伝統から引き継ぐ．その上で，道徳判断は普遍化が可能な指令であり，それは合理性を問うことができるものであるとした．たとえば，「君は私に親切にするべきだ」との文は，この文の発話者の「全ての人は，このような状況におかれた場合，私に親切にするべきだ」との普遍的な指令の表明であるとヘアは主張する（Hare 1952, pp. 175-9）．もしこのような表明をしているにも関わらず，発話者が相手がおかれたような状況にある時に他者に対して親切にしていなければ，この発話者の発言は合理的なものでないとして批判することができるとヘアは主張する（Hare 1981, pp. 108-9）．

ヘアは情緒主義から道徳判断は事実に関するものではないとする主張は受け継いだが，必ずしも情緒主義の全ての主張に同意しているわけではない．たとえば，ヘアは情緒主義が道徳判断に関する合理性を彼自身が主張する説のようには確保できないものであるとして批判している（Hare 1952, p. 15-16, 1997, pp. 103-125）．ヘアがこのような仕方で古典的な情緒主義を批判しているのは，彼が道徳判断の合理性の確保を重視しており，情緒主義のような説ではそれが達成できないと考えていたからであろう．

上で述べたように，ヘアの非認知主義的なメタ倫理学説は1950年代から70年代にかけて英語圏の倫理学において支配的な考えになった．この期間，ヘアの説に替わるものはなかなか現れなかった[13]．ところが70年代に入り，にわかに状況が変わってくる．ヘアの理論によると，道徳判断は合理性を問うことができるものではあるが，それは道徳的性質に関するものでもないし，真偽が問える信念でもない．従って，この理論の枠組みは，道徳的性質に関する形而上学的探究や，道徳判断の正当化や道徳的知識に関する認識論的探究を許容しない．結果として，ヘアの影響下ではメタ倫理学の中心的な課題は道徳語に関する研究であると考えられていた．しかし70年代以降，このような道徳語の分析以外のメタ倫理学的探究が活況を呈するようになる．

---

[13] 例外として，フットによるヘアへの反論及び自然主義的なメタ倫理学説の擁護を挙げることができる（Foot 1958, 1959）．フットの反論はその後に続く自然主義的なメタ倫理学説の擁護にもつながる大変に影響力の大きなものであるが，フットの論文は出版された直後のメタ倫理学の趨勢を決定づけるような影響力を持つものではなかった．

この状況の変化は，英語圏の哲学の二大拠点であるイギリス・アメリカにおいて，それぞれ異なるものであった[*14]．イギリスにおいてはウィギンズ（David Wiggins）やマクダウェル（John McDowell）らによる非認知主義への反論が起こる．ウィギンズは道徳判断の真偽は問えるとする認知主義を掲げて，それを否定する情緒主義やヘアの指令主義とは違う立場を標榜する．そして，伝統的に直観主義が受け入れねばならないと考えられていた非自然的な道徳に関する事実に関してそれほど積極的な言及をしなくても，道徳判断や道徳的主張の真理を問うことができるとする説を展開する（Wiggins 1976, 1987, 1991a）[*15]．一方，マクダウェルはウィギンズが論じることを避けた非自然的道徳的事実の想定がそれほど奇妙なものではないと主張する．マクダウェルは正しさ，悪さ，勇敢さなどの道徳的性質は個々の状況下で我々に課される一種の要求（requirement）として現れると主張する（McDowell 1979, p. 331）．そして，それらは自然科学の対象である「法則の領域（realm of law）」にあるものではなく，適切な環境下にあれば（適切な教育の受容，など）自然なものと見なすことができる「理由の空間（space of reason）」に属するものであると主張する（McDowell 1994, p. 84, Miller 2013, p. 253）．これは，情緒主義者やヘアによって否定された非自然主義的な形而上学や認識論が，想定されていたほど擁護が難しい奇妙なものではないとの主張であると理解できる[*16]．

このように，イギリスではウィギンズやマクダウェルによる直観主義的なメタ倫理学説の復興が起こったが，アメリカでは違った動きが見られた．それは，形而上学，認識論，言語哲学，科学哲学などの諸分野で示された様々な理論や

[*14] イギリスとアメリカで異なるメタ倫理学説が発展したことについては（Little 1994a, 1994b），（Dancy 2013）を参照．

[*15] ウィギンズのこのような戦略はデイビッドソン（Donald Davidson）の影響を強く受けていると思われる（Wiggins 1973, p. 144）．ダンシーはヘアの理論がイギリスにおいて支持されなくなった一つの原因は形而上学的に問題のある客観的な事実への言及がなくても文・命題の真理を問うことができるとするデイビッドソン（もしくはタルスキ〔Tarski〕）流の意味論・真理論が特にイギリスにおいて大きな影響力を持ったことである可能性に言及している（Dancy 2013, p. 739）．

[*16] このような直観主義的なメタ倫理学説の復興を受けて，80 年代には，適切な道徳判断のためには例外を認めない道徳原理は必要ない，擁護可能な道徳原理はない，などと主張する「道徳的個別主義（moral particularism）」と呼ばれる立場も現れた．個別主義を巡る論争はその後も活発に行われており，現代の英語圏の倫理学における主要な議題の一つである．詳しくは（蝶名林 2015）を参照．

知見を活用し，ムーア以降多くのメタ倫理学者によって否定されてきた自然主義的なメタ倫理学説の擁護を目指すというものであった．この動きの主唱者には，コーネル大学と関係のあったボイド (Richard Boyd)，スタージョン (Nicholas Sturgeon)，ブリンク (David Brink) ら「コーネル実在論者 (the Cornell realists)」と呼ばれる論者や，ミシガン大学のレイルトン (Peter Railton) らが含まれる．彼らはクリプキ (Saul Kripke) やパトナム (Hilary Putnam) が示した外在主義的な意味論や自然種の本質に関する形而上学的な理論，知識の因果説などに訴えることにより，伝統的に自然主義的なメタ倫理学説に向けられてきた反論への応答を試みる．たとえば，ムーアの未決問題論証の「価値的性質を指す価値語は，自然的性質を指す語によって分析することはできない」との結論に対して，両者の関係は分析関係ではないが，水と水素原子・酸素原子との関係と同様に経験的に知られる必然的な関係である可能性があることを指摘する．その上で，もし道徳的性質と自然的性質の間にそのような必然的な関係があった場合，道徳語を自然的性質に関する語によって定義したとしても，必ずしもその定義への問いは開かれたものにならないと応答する．また，倫理学と科学の類似性を見出し，直観主義者が主張するような経験的方法とは異なる倫理の方法を想定する必要はないとの議論も展開する．

　イギリス，アメリカにおけるこのような動きは，メタ倫理学の中心的な問いに変化が生じてきたことを物語っている．ムーアからヘアにいたるまで，メタ倫理学の中心的な課題は道徳語に関する意味論的な問いであり，認知主義者と非認知主義者はこの点を巡って論争を繰り広げていた[*17]．それに対して，ヘア以降のメタ倫理学では，道徳的性質を巡る形而上学的な問いや，道徳的知識の可能性を問う認識論的な問いも，中心的な課題として論じられるようになっていった．この流れの中で，道徳的性質，関係，事実などの存在を認める「道徳的実在論 (moral realism)」と，それに対抗する様々な反実在論的な説を巡る形而上学的な問いも，ヘア以降のメタ倫理学において中心的な課題となっていった．

[*17] たとえば，フランケナが 1963 年に出版した倫理学の教科書の中での説明によると，メタ倫理学の中心的な課題は道徳語に関する意味論的，言語分析的な問題とされている (Frankena 1963)．

1.3 メタ倫理学の現状

　以上，ムーアの『倫理学原理』に始まる20世紀以降のメタ倫理学の推移を概観した．ヘアの説が急速に支持を失った70年代以降，80年代から21世紀に入った現在に至るまで，様々なメタ倫理学説が提唱されてきたが，そのどれもがかつてヘアの説が持ったような支配的な地位を得るには至っていない．かといって，そのどれもが全く支持者を失って忘れ去られているわけでもない．それぞれに支持者があり，おのおのの立場の擁護のために様々な議論が展開されている．

　それでは，80年代以降，どのようなメタ倫理学説が提唱されてきたのだろうか．以下でその論点となってきたことも含めて，概観していく．

1.3.1 内的適合と外的適合

　メタ倫理学における探究を概観すると，それが次の2つの適合（accommodation）を目指して行われていることがわかる．

　1つ目は，倫理・道徳に関して我々が常識的に持っている考えにうまく適合させることができるメタ倫理学説の構築を目指すというものである．倫理・道徳に関する我々が持つ常識とは，我々が実際に行っている倫理・道徳の実践の中で想定されている考えである．我々は，「あの裁判官が判決の際に被告に言い渡した言葉は倫理的に優れたものだった」「タロウがハナコとの約束を破ったことは悪いことだった」などの道徳判断を下すが，これらの判断に関する常識的な考えは，これらの判断は真偽が問えるものであり，それはこれらの判断が問題にしている裁判官やタロウの行為が実際にどのようなものであったのかに依存しているとの考えだろう．同じタロウの行為について，彼の行為は実は正しいものだったと主張する人がいるかもしれないが，このようにタロウの行為に関して異なる判断があることは一種の意見の不一致として理解され，この意見の不一致はタロウの行為が持つ性質によって決着が着くと考えるのが常識的であろう．もしタロウの行為が実はハナコを助けるためのものだったという事実があった場合，彼の行為は正しく，そのような背景がなかったのであれば

彼の行為は悪いということになるだろう．20世紀前半のイギリス直観主義者たちは，このような道徳に関する意見の不一致があるならば，その不一致を解決させる道徳に関する真理があるはずだ，との常識的な考えに訴えて，道徳に関する事実の存在を主張した．これは，我々の道徳に関する常識的な考えと適合するメタ倫理学説の構築を目指した一つの例と言えるだろう．このような適合は「内的適合（internal accommodation）」と呼ぶことができる．

2つ目は，形而上学や認識論など哲学諸分野で示されている適切な見解に適合するようなメタ倫理学説の構築を目指すというものである．非認知主義者は直観主義が受け入れねばならない形而上学的，認識論的含意が問題のあるものだと主張して，そのような含意を持たない自らの立場の擁護を目指した．これは，この種類の適合を目指したものだと考えることができる．この適合を「外的適合（external accommodation）」と呼ぶことができる[*18]．

「内的適合」と「外的適合」という言葉を使用したが，ある考え「A」が他の考え「B」に適合するとは，どのような事態を指すのだろうか．「適合」という概念は科学哲学においてしばしば用いられてきたが，内的適合，外的適合を説明するものとして，科学哲学における知見を援用することが適切であると思われる．それによると，ある考え A がある他の考え B に適合することは，以下のように理解できる．

≪2つの考えの適合≫
Aという考えがBという考えに適合するのは，AがBを含意しており，Bが真であり，AはBを含意させることを目的として提案された考えであった場合，かつ，その場合のみである（White 2003, p. 655 参照）．

ある社会の中で道徳に関する様々な意見の不一致があるとして，このことを含意することを目的として，「道徳に関する問いは人間には説くことができない難問である」という考えが提案されたとしよう．道徳の問いが難問であることが，人々の間にそれを巡る意見の不一致があることを含意するのか否か，意見が分かれるが，少なくとも，このような過程で提案された考えは，≪2つの

[*18] メタ倫理学における内的適合，外的適合については（Timmons 1999）を参照．

考えの適合≫に従うと，後者の考えとの適合を目指したものだったと考えることができる．

一方で，ある考えがある考えに適合しない場合は，≪2つの考えの適合≫に沿って考えると，前者が後者を含意しない場合ということになる．たとえば，「この世界には人間の知覚ではその存在が確認することができない妖精がいる」という考えは「この世界に存在するものは人間の知覚によって確認できるものだけである」という考えを含意しないから，前者は後者に適合しないということになる．

さて，メタ倫理学において問題となっている2種の適合に話を戻そう．前述した2つ目の適合である外的適合について注意するべき点は，現在の英語圏の哲学においては「哲学的自然主義」と呼ばれる立場が影響力を持っており，外的適合を重視する論者は倫理・道徳を哲学的自然主義と整合性（coherence）[19]のとれるものとして理解しようと試みる傾向があることである（Timmons 1999, p. 11）．つまり，多くの論者は哲学的自然主義を真だと見なし，この考えを含意するメタ倫理学説の構築を目指しているということである．

哲学的自然主義をどのように理解するのかは難しい問いだが[20]，大まかに言って，方法論的な主張と存在論的な主張に分けることができる[21]．

哲学的自然主義の方法論的な主張とは，物理学や化学，生物学などの諸科学で用いられている経験的な探求の方法が最も信頼のおける方法であり，哲学においてもそのような経験的な探求方法が採用されるべきであるとの主張である（Railton 1989, p. 155）．このような考えは「方法論的自然主義（methodological naturalism）」と呼ばれている．

哲学的自然主義の存在論的な主張は，この世界に存在するものは最良の科学が示す世界観の中で想定されるもので，それ以外のものは想定する必要がないとの主張である．ここで言う「最良の科学」とは必ずしも現在の科学を指して

---

[19] 整合性（coherence）の理解を巡る問いは認識論における難題の1つであるが，本書では一般的な理解に従い，整合性を，矛盾を含まないという意味での論理的一貫性（logical consistency）よりも強く，説明的・推論的な関係を含むものとして，理解する（BonJour 1999）．

[20] 哲学的自然主義の異なる主張については（Jenkins 2013）を参照．

[21] 方法論的自然主義と存在論的自然主義については（Papineau 2015）を参照．

いるわけではない．経験的な方法を用いる営みである科学が理論上最高のものとなった場合，そこで想定されるものの存在だけを我々の存在論のリストに記入するというのが，哲学的自然主義の存在論的な主張である（Ellis 1990, p. 19）．この考えはしばしば「存在論的自然主義（ontological naturalism）」と呼ばれる．

哲学的自然主義をどの程度まで受け入れるか，議論が分かれるが，20世紀後半のメタ倫理学においてはこの哲学的自然主義との適合が1つの大きな課題となっている．実際に，20世紀以降の哲学における自然主義的な傾向を検討した論文の中でキム（Jaegwon Kim）は客観的な道徳的事実の存在を信じる道徳的実在論者のほとんどは哲学的自然主義も標榜していると述べている（Kim 2003, p. 84）．これは，哲学的自然主義と自らが主張する立場をどのように折り合いをつけるかが英語圏におけるメタ倫理学の1つの課題であることを示している．

これらのことを踏まえ，21世紀に入った現代においても見込みがある立場として提唱されているメタ倫理学説を見ていく．

1.3.2 非自然主義

ムーアやその後のイギリス直観主義者たちは道徳語が指すのは自然科学の探究の対象ではない非自然的性質であると考えていた．このような考えは哲学的自然主義の観点から考えて形而上学的にも認識論的にも問題があるものとされ，長らく擁護が難しい立場であると考えられていた．

しかし，近年直観主義の復権とも言える動きが加速化している．例を挙げると，シャファー・ランダウ（Russ Shafer-Landa 2003, 2006），ウェッジウッド（Ralph Wedgwood 2007），パーフィット（Derek Parfit 2011b），フィッツパトリック（William FitzPatrick 2008），イーノック（David Enoch 2011）と言った論者たちが，この動きの主唱者である．彼らは道徳に関する事柄が経験的方法によって探究されるものではない独自のもの（*sui generis*）であることを強調する．このことから，彼らの立場は非自然主義（non-naturalism）と呼ばれる．

彼らが取る戦略は大きく2つに分かれる．1つ目は，哲学的自然主義の要求に応じて道徳的性質を自然科学が想定する世界観に適合するようなものとしつ

つ，その実態を探究する方法はア・プリオリな方法であると主張する戦略である（Shafer-Landau 2003, Wedgwood 2007）．これは，形而上学においてはできるだけ自然主義的な想定を受け入れて，認識論においては洗練された非自然主義的な立場の擁護を目指すという戦略である．直観主義の伝統を受け継いでいる現代の非自然主義は内的適合に長けていると考えられているが，近年のこのような動きは，哲学的自然主義との整合性も目指しているから，外的適合も持つメ非自然主義的な理論の構築が目指されていると考えることができる．

興味深いことに，現代の非自然主義者と呼ばれる論者の中には，このような仕方での哲学的自然主義との整合性を目指さないものもいる．彼らは，道徳的性質の本性について考えてみると，それが通常の経験科学で研究の対象とされているものとは明らかに異なることがわかると主張する．そして，もし道徳的性質があるのであればそれは他の自然的性質とは全く異なるものであり，プラトンが感覚によって知ることができる世界とは独立して存在する世界の中にあるものとして想定していたイデアのようなものであると主張する．このような考えは，哲学的自然主義との適合を重視する形態の非自然主義と差別化するために，「強固な道徳的実在論（robust moral realism）」と呼ばれている（Enoch 2011, FitzPatrick 2008）．

もう1つの戦略として，非自然主義以外のメタ倫理学説の問題点を指摘し，それらは受け入れ難いとの理由で非自然主義を擁護するというアプローチも挙げられる（Parfit 2011）．直観主義の伝統を引き継いでいる非自然主義は，道徳に関する常識的な考えと適合するという意味で，既にある程度の正当性を持っていると考えることができる．その上で，他のメタ倫理学説が問題のあるものであることを示すことは，非自然主義擁護の見込みのある戦略となるだろう．

1.3.3 総合的倫理自然主義

アメリカにおいて盛んに論じられた自然主義的な道徳的実在論によると，道徳的性質は他の自然科学の研究対象となっている性質と同種の自然的性質であり，我々は通常の経験的方法によってこれらの性質について知ることができるとされる．この主張の含意は，「嘘は悪い」などの道徳に関する主張が，「水の構成要素は水素と酸素である」という科学的な主張と同様に，総合的であり，

かつ，経験的方法によってその真偽を問うことができるという考えである．この立場が持つこのような主張の性格から，この立場はしばしば「総合的倫理自然主義（synthetic ethical naturalism）」と呼ばれる．

総合的倫理自然主義は，哲学的自然主義となるべく整合性を持たせた形で道徳的性質の存在を確保することを目指している外的適合を強く意識したアプローチである．それと同時に，この立場は道徳的性質が自然的性質として存在するという立場でもある．この「道徳的性質は存在する」という考えは道徳的実在論（moral realism）と呼ぶことができる．「道徳的性質が存在するとはどのようなことを指すのか」という問いも含めて，道徳的実在論については (2.1.1) で詳しく論じるが，道徳的実在論は内的適合にも優れているとしばしば考えられているから，総合的倫理自然主義は内的適合と外的適合の2つを満たし得る立場であると見なすことができる．

90年代から21世紀にかけてこの立場はメタ倫理学における議論の中心であったと言っても過言ではない．その代表は先に挙げたコーネル実在論者たちによる議論である．彼らは「道徳的性質は我々が経験する事象に対して説明的関連性（explanatory relevance）を持っている」と主張し[*22]，さらに，このような道徳的説明は他の説明と代替不可能であるとし，道徳的性質は自然的性質でありながらもその本性は他の性質に還元されない独自のものであると主張した（Sturgeon 1984, Boyd 1988, Brink 1989）．一方で，レイルトンは道徳的性質を他の自然的性質と同一のものであるとし，そのような還元関係を経験的に発見していくことができるとする還元主義的な立場を提唱する（Railton 1986, 1989, 1993）．

コーネル実在論者とレイルトンの意見の不一致は，総合的倫理自然主義にも2種の違う形態があることを示唆する．コーネル実在論者もレイルトンも，道徳に関する主張やそれによって表現される命題が総合的なものであり，その真偽を経験的方法によって確かめることができることは認める．その意味において，道徳的性質が自然的性質であるとの見解[*23]を，両者は共に受け入れている．

[*22] 非自然主義者の中にも道徳的説明を受け入れたいと考えている論者がいることからもわかるように（Shafer-Landau 2003, p. 100, Wedgwood 2007, p.185），道徳的性質が経験的現象と説明的関連性があるとの主張は一定の支持を得ていると考えられる．

[*23] 自然的性質とはどのようなものなのか，道徳的性質を自然的性質であると理解することはどのようなことなのか，これらの問いについては第2章で詳しく論じる．

しかし，コーネル実在論者は経験的方法によって道徳的性質の本性が知られたとしてもそれは他の自然的性質とは同一のものではないと考えている．その意味で，コーネル実在論者は道徳的性質についての非還元主義 (non-reductivism) を標榜するということになる．一方で，レイルトンは道徳的性質と自然的性質の間には同一関係が成り立つと考えている．このことから，彼の標榜する立場は還元主義 (reductivism) であると考えることができる．

道徳的性質を自然的性質として捉えようとするこのようなアプローチは21世紀に入ってからも支持する論者が見られる（Miller 2003, 2013, Schroeder 2007, Nuccetelli&Seay 2012, Sinhababu unpublished）．この立場に対する反論も様々に提唱されたが，それに対する応答もあり，果たしてどこまで擁護が可能なのか，さらなる検討が求められている．

1.3.4 分析的倫理自然主義

総合的倫理自然主義とは違った形で，道徳的性質が自然的性質であると主張する論者もいる（Smith 1994, Jackson 1998）．オーストラリア国立大学を研究基盤とする哲学者であった彼らは，哲学諸分野で伝統的に用いられてきた「因果」「自由意志」「色」「道徳」といった概念を洗練された方法によって分析し，その結果得られた分析項の役割を実際に果たすのは何か，科学的知見に訴えて同定していくというプロジェクトを哲学諸分野に渡って行う．このアプローチは，彼らが主に活動した場所にちなんで「キャンベラ・プラン（the Canberra Plan）」とも呼ばれている（Braddon-Mitchel & Nola 2009 参照）．

道徳に関してこのようなプロジェクトを遂行するということは，概念分析による道徳的性質の自然的性質への還元の擁護を目指すということである．これは，ムーアへの真正面からの反論と理解することができる．ムーアの未決問題論証を振り返ってみよう．「善とは快楽である」という主張があったとして，ムーアはこのような主張の真偽を「善」や「快楽」という概念を分析することによって確かめることはできないとした．だからこそ，彼はここで使用されている「善」という概念は他の概念（ここでは「快楽」）によって定義することはできないと結論した．キャンベラ・プランを道徳の分野においても実行することは，このようなムーアの論法に真っ向から立ち向かうことになる．というのも，キャン

ベラ・プランの遂行者は，たとえば「善とは快楽である」という主張についても，「善」や「快楽」に関する精緻な概念分析を行うことで，その真偽を確かめることができると考えているからである．キャンベラ・プランの遂行者が目指す概念分析を重視するこの立場は「分析的倫理自然主義（analytic ethical naturalism）」とも呼ばれている．

　前節で見た総合的自然主義と，本節で見た分析的自然主義には以下のような共通点がある．それは，両者は共に道徳的性質が自然的性質であると考えている点である．その意味で，彼らは同じような自然主義的な立場であると考えることができる．

　だが，分析的倫理自然主義と総合的倫理自然主義の間には，倫理の探究の仕方に関する見解に大きな違いがある．前者は「悪い」「正しい」などの道徳に関する言葉がどのように使われているのかを検討し，そこから道徳的性質がどの自然的性質に還元されるか考察するから，彼らの焦点は「言語」である．また，分析的自然主義の擁護者たちは，ある言葉の意味はそれが運用される時に想定されている概念と同じであるという想定もしている．このような想定に立つが故に，分析的倫理自然主義者は価値語が運用されている時に我々が想定している概念を分析することが価値語の意味に関する正しい分析であると考えている．

　一方で，総合的倫理自然主義者は概念分析のみでは道徳に関する正しい説明を与えることはできないと考えている．総合的倫理自然主義の擁護者は，道徳語が指していると思われる道徳的性質の形而上学的，存在論的地位についての考察を通して，道徳的性質の本性を明らかにし，経験科学が想定している世界観の中でそれをうまく位置付けることを目指している．彼らのアプローチは言語や概念に焦点を当てたものではなく、道徳的性質に関する直接的な考察を試みるものという意味で、「形而上学的」[*24] なものであると言える．

[*24] (Sturgeon 2003, p. 534) を参照．このような背景もあり，総合的倫理自然主義はメタ倫理学における「形而上学的自然主義（metaphysical naturalism）」と呼ばれることもある（Morgan 2006, p. 319 など）．

1.3.5 ネオ・アリストテレス的自然主義

　総合的倫理自然主義と分析的倫理自然主義に並び，20世紀後半から研究動向が盛んになったもう1つの自然主義的と呼ばれる動きがある．それは，フット（Philippa Foot）やトムソン（J. J. Thomson），ブルームフィールド（Paul Bloomfield）などによるネオ・アリストテレス的自然主義（neo-Aristotelian naturalism）と呼ばれる動きである（Foot 1958, 1959, 2001, Bloomfield 2001, Thomson 2008）．ネオ・アリストテレス主義者と呼ばれる論者たちは，我々が人間として特徴的に持っている性質に訴えて，そこから価値や道徳に関する規範を導き出そうとする．たとえば，フットは道徳語の規則を理解することにより，勇敢さ，正直さ，正義などの徳と，非道徳的事実の間の必然的な関係を見つけることができると主張する（Foot 2001, 2002）．この主張によると，もし私が無実の幼児を虐待した太郎のことを「正義の人だ」と表現した場合，私は「虐待」,「無実」,「正義」と言った言葉を誤用していることになる．それは，「正義」という語の規則は，無実の幼児を虐待する人間の性格を指すのに使うことを許さないからである．このような道徳語の規則の存在を認めた上で，フットは動物の欠陥と人間の欠陥が類似するものだと主張する．狼の群れの中に，群れが敵に襲われた時に仲間を守ろうとせずに逃げ出すような個体がいたとしよう．その個体の行動はこの個体が臆病であることの証拠であるように見えるが，この個体を「良い狼」や「勇敢な狼」と評価することは,「良い」や「勇敢」の誤用であるように思える．人間の評価についても同じような仕方で行うことができるとフットは主張する．いつも約束を破り，同意をした契約を無視し，物資を不公平に分配するような人物がいたとしよう．この人物の行動はこの人物が正義の徳を持っている証拠にはならないだろう．この人物のことを，「正義の人」と表現したのならば，それは「正義」の誤用となる．フットはこのような議論を展開し，道徳語の規則と人間の生活形式に関する事実に基づいてどのような証拠が道徳に関する問いに関係があるのか明確にすることができると主張する．

　ここで示したフットの議論は道徳を巡る問いに関係する証拠を巡るものであるから，認識論的なものであると言える[25]．一方で，総合的自然主義者が力点

＊25　（Sturgeon 1984, p. 327）を参照．フットが道徳語の規則に訴えることは，彼女が後期ウィトゲ

を置く点は道徳的性質の形而上学的な側面である．彼らが目座すのは，科学が対象とする世界において道徳的性質の地位を確保であり，これは形而上学的・存在論的な探求であると言える（Sturgeon 2003, p. 538）．この焦点の違いは両者の相違点の1つである．

1.3.6 表出主義

　直観主義に対抗する立場として情緒主義が現れ，そしてそれを発展的に継承する形でヘアの指令主義が現れたが，道徳判断は真偽を問うことができる信念ではないとするこれら非認知主義的な理論についても，様々な発展が見られる．

　その主なものは，ブラックバーン（Simon Blackburn）やギバート（Alan Gibbart）らによる表出主義（expressivism）と呼ばれるメタ倫理学説である．20世紀前半の情緒主義などの非認知主義者たちは，次の2つの考えを持っていたと考えることができる．

〔N①〕心理学的テーゼ：道徳語が入った文や主張は，何らかの非認知的な心的状態であり，世界のあり様を示す信念のような認知的状態ではない．

〔N②〕意味論的テーゼ：道徳語が入った文や主張は，意味のないもの（meaningless）であり，それらの役割はある種類の言語行為である．

　前述したように，このような主張を持つ非認知主義は，我々が道徳判断を下した時になぜその判断に沿った行為の動機づけもなされるのか，その点についてうまく説明ができるように見える．しかし，非認知主義は以下の「フレーゲ・ギーチ問題」と呼ばれる難問を抱えている（Geach 1965）．

　次の2つの文について考えてみよう．

ンシュタインの影響を色濃く受けていることを示唆している．この点についてフットは自身の著作の中であまり明確なことは書いていないが，2003年のインタビューでは彼女がウィトゲンシュタインの考えを受容していった経緯について語っている（Foot 2003, pp. 34-35）．フットの関心は認識論的なものであったが，ブルームフィールド（Bloomfield 2001）はネオ・アリストテレス的なアプローチを取りながら，道徳的事実がどのように科学が想定する世界観の中で適合されるかという形而上学的な関心も強く持っている．

①外で雨が降っている．
②もし外で雨が降っている場合，グラウンドは濡れている．

　①を発話することは，外で雨が降っている，という命題が真であると主張こと（assert）だろう．ということは，もし外で雨が降っていなかった場合，①を発話することは間違ったことだということになる．一方で，②を発話することは，必ずしも外で雨が降っていることを主張することにはならない．②を正しく発話するために，発話者は実際に雨が降っているか，知る必要はない．②で発話されているのは，あくまで，もし雨が降っていたならば世界はどのよう
・・・・・・
な状態になるか，ということであり，実際に雨が降っているか否かに関することではないからである．だから，たとえ雨が降っていなくても，②を発話することが間違ったことになるとは限らないし，雨が降っているかどうか知らないで②を発話することも間違ったことには必ずしもならない．

　ここで注目するべきことは，①と②で同様に発話されている「外で雨が降っている」という文言は同じことを意味している，という点である．つまり，もし雨が降っていなかった場合，①を発話することは誤りであると共に，②の前件（antecedent）も偽であるということになる．つまり，①と②の前件が意味しているのは，同様の条件で真偽が決まる同じ命題である，ということになる．これは，②の発話者が，②の前件を真であると主張していない場合においても，②の前件は①と同じ意味を持つ，ということである．

　このことを考慮にいれつつ，以下の2つの道徳語が入った文について考えてみよう．

③虐待は悪い行為である．
④もし虐待が悪い行為であるならば，そのような行為を行っている人は悪者である．

　③の発話者が誠実であるならば，発話者は③が真であると見なして発話していると考えられる．一方で，④の発話者は必ずしも虐待が悪い行為であること考える必要はない．だが，①と②の発話に関する考察を考慮にいれると，③が

1.3 メタ倫理学の現状

意味することと，④の前件が意味することは，同じでなければならないように見える．それは，④の発話者が実際には虐待は悪い行為であると思っていなくても，④の前件の発話が意味することは，③の発話と同じでなければならないということである．

だが，このような考察は，〔N①〕〔N②〕を掲げる非認知主義と衝突するように見える．エイヤーらが標榜する非認知主義によると，③の発話は虐待への嫌悪や否認などの表明である．また，もし①，②，③，④についての上記の考察が正しいとすると，③の意味と④の前件の意味は同じにならなければならない．だが，④の発話者は④を発話することによって虐待への嫌悪などの非認知的な心的状態を表明しなくても，④を正しく発話することができると思われる．この可能性は，非認知主義が真であった場合，③と④の前件の意味が違うという，一見受け入れ難い帰結が予想されてしまうことを示唆している．

このような非認知主義が抱える問題の解消を目指して登場したのが表出主義（expressivism）である．表出主義は，非認知主義の〔N①〕は受け入れる．このことにより，表出主義は非認知主義と同様に道徳判断と動機の間にある必然的な関係を担保することができる．一方で，表出主義は〔N②〕は否定し，以下の考えを主張する．

〔E②〕表出主義の意味論的テーゼ：道徳語が入った文や主張の意味論的な内容は，何らかの仕方で，それらによって表出される非認知的な心的状態によって，与えられる（Schroeder 2010, pp. 74-76 参照）．

〔N②〕は道徳語が意味を持つことを否定し，その役割はある種類の言語行為のためのものであるという主張であった．それに対して，〔E②〕道徳語の意味に関する積極的な提案できる．即ち，〔E②〕は道徳語の意味はその言葉によって表出されると考えられている非認知的な心的状態によって決まるという考えである．

この考えを援用して，近年の表出主義者たちはフレーゲ・ギーチ問題を始めとする非認知主義が抱えている様々な問題の解決を目指している．〔E②〕により③と④の前件である「虐待は悪い行為である」という表現の意味が一定の

ものとなることが考えられるから，この点を足掛かりにして表出主義者はフレーゲ・ギーチ問題の解決を目指してきた (Blackburn 1984). フレーゲ・ギーチ問題だけでなく，表出主義者は非認知主義的な理論の枠組みを受け入れながらも，非認知主義者が通常扱うことができない道徳的真理を問うことができるといった主張もしている (Blackburn 1993). また，道徳的実在論者がしばしば訴える「道徳的説明」[*26]なるものを表出主義の理論的枠組みの内で受容できるとの主張もある (Blackburn 1993, Sinclair 2011).

　非認知主義は直観主義が受け入れねばならない形而上学的，認識論的想定を受け入れないですむという意味で，もともと外在的適合に優れた説であった．それに加えて，表出主義の擁護を試みる論者たちは，それが道徳に関する常識的な考えも許容することができると主張して内的適合も目指している．

　21世紀に入ってからも表出主義の伝統に沿った道徳判断の内容に関するさらなる洗練された提案が様々に見られる (Ridge 2006 a,b, Horgan and Timmons 2006). このことからもわかるように，表出主義は現在でもメタ倫理学の議論の中心課題の1つとなっている．

1.3.7　虚構主義

　20世紀後半から21世紀にかけてのメタ倫理学における注目すべき動向の1つは，マッキー (John Mackie) が主張した錯誤説 (error theory) の継承・発展である．マッキーは，それを認識するものに行為の動機を与えるものであるとされる道徳的性質は，他の自然的性質と比べてあまりにも奇妙なものであるから，その存在を認めることはできないと主張した．ただ，マッキーは道徳判断について非認知主義ではなく認知主義の立場をとったので，道徳判断は道徳的性質の有無に関する信念であるとの主張も保持していた．このことから，マッキーは我々の道徳判断は全て偽であるという，一見，驚くべき結論に達した (Mackie 1977).

　マッキーが道徳的性質の存在を否定したことは外的適合を重視した結果であると理解できるが，彼がたどり着いた「全ての道徳判断は偽である」との結論は我々の道徳に関する考えとはかなりかけ離れたものである．我々は一般的に

[*26]　道徳的説明については第3章で詳しく検討する．

「幼児虐待は悪い」と考えているが，全ての道徳判断が偽であるならば，このような幼児虐待に関する判断も偽であるということになる．これは道徳的な観点から見て受け入れ難い含意かもしれない．マッキー自身は「幼児虐待は悪い」などの主張は道徳の一階の主張であり，このような主張は偽であるなどのメタ倫理的な二階の主張とは違うものであるとし，後者のレベルで錯誤説をとっても前者のレベルの道徳的に適切な主張を放棄する必要はないとした（Mackie 1977, p. 16）．

マッキーのこの主張は様々な反論にさらされてきたが，近年，マッキーの説に向けられてきた反論に答えようとする動きが活発になってきている（Olson 2011, Streumer 2013）．

また，マッキーの説を発展的に継承しようとする論者も現れ始めた．その1つに，道徳を一種のフィクションとして捉える虚構主義（fictionalism）という立場の擁護を目指す動きを挙げることができる．あるタイプの虚構主義は，我々の道徳語の使用はフィクションを語る場合と同じような仕方に変えるべきであると主張がする（Joyce 2001）．一方，我々の実際の道徳語の使用はフィクションを語る場合と同じような仕方で行われているとするタイプの虚構主義もある（Kalderon 2005）．前者は「変革的道徳的虚構主義（revolutionary moral factionalism）」と呼ばれ，後者は「解釈的道徳的虚構主義（hermeneutic moral factionalism）」と呼ばれている．

どちらの種類の虚構主義も，道徳を一種の虚構として説明することで，マッキーの説が保持することができなかった内的適合の確保を目指していると理解することができる．マッキーによると道徳判断は全て偽であるということになるが，この考えを信じることは難しい．それに比べると，道徳を一種のよくできた小説や劇のようなものと捉えることは，必ずしも無理筋ではないように思える．むしろ，道徳が想定する規範に則った社会を形成することで人間は自然界における競争に勝ち残ることができた，といった生物論的・進化論的な考え・知見を重視した場合，マッキーの伝統を引き継ぐ虚構主義は他のメタ倫理学説よりも外的適合において優れた説であるということになるかもしれない．このように考えると，錯誤説の伝統を引き継ぐ虚構主義も，現在のメタ倫理学において1つの見込みのある立場であると理解することができる．

1.3.8. メタ倫理学における構成主義

構成主義（constructivism）という用語はロールズ（John Rawls）の「道徳理論におけるカント的構成主義（'Kantian Constructivism in Moral Theory'）」という論文以降，メタ倫理学においてもしばしば使われるようになった言葉である．

倫理学における構成主義には，大きく分けて，倫理に関する一階の主張，倫理に関する二階の主張の二種がある．

一階の主張としての構成主義は，ある一定の理想化された状態の下で合理的に選ばれた原理が正当化できる道徳的原理であるとの規範倫理的な主張である．ロールズ本人が合理的な行為者の視点と正義の第一原理の間に密接な関係があると論じていることは，このような規範倫理的なレベル，つまり一階の主張と見なせるだろう（Rawls 1980, pp. 516-517）．

一方で，道徳的事実に関するメタ倫理学的な主張としても，構成主義はしばしば他のメタ倫理学説とは異なる立場の1つとして提案される．コースガード（Chrietine Korsgaard）は自身の立場を「手続き的実在論」（procedural realism）と名づけ，実質的実在論（substantive realism）に反対するものとして提案している（1996, pp. 35-36）．コースガードによると，手続き的実在論とは，道徳的事実の成り立ちを，我々の判断からは独立した道徳的性質の例化に求めるのではなく，道徳的な問いに関する正しい答えの提示の仕方・手続きに求める主張である．

このような理解にたつと，メタ倫理学における構成主義とは，次の2つの主張を保持する立場だと理解することができる．1つ目は，実在論者が言うような我々の判断からは独立した道徳的性質なるものを想定する必要がないとの主張である．2つ目は，そのような道徳的性質が存在しなくても，我々が下す道徳的判断は正しくもなるし悪くもなり，一種の客観性を確保することができるとの主張である．

ストリート（Sharon Street）が指摘しているように，構成主義はメタ倫理学において意外にもそれほど熱心にその擁護が取り組まれてこなかった（Street 2008, p. 208）．むしろ，構成主義者はメタ倫理学において伝統的に論じられてきた意味論的・形而上学的な議論を放棄し，単に一階理論の議論をしているだけとの反論や，これまで伝統的に論じられてきた主観主義的な理論の一種と見

なせるものでありそれほど新しい説ではないとの反論がある（Hussain & Shah 2006, Ridge 2012）.

このように，メタ倫理学説として適切な立場なのかという問いも含め，構成主義については様々な問題がつきまとっている．構成主義的な立場をメタ倫理学の中で擁護するには，構成主義が他のメタ倫理学説とどのように差別化できるのか明確にし，その上で，それを動機づける強力な論証を示す必要がある．

1.4　総合的倫理自然主義の魅力

以上，指令主義を提案したヘア以降百花繚乱状態にあるメタ倫理学の現状を概観した．ここまでで見てきたように，現在のメタ倫理学では異なる立場がいくつも提唱されており，どの立場が最も優れたメタ倫理学説であるのか明らかにするにはそれらの細部にいたる詳細かつ横断的な検討が必要になる．

だが，(1.3.1) で挙げたメタ倫理学説の評価の2つの基準に照らして考えてみると，(1.3.3) で示した総合的倫理自然主義が見込みのある立場として浮上してくる．それは，総合的倫理自然主義が，他のメタ倫理学説に比べて，内的適合と外的適合の2つをより良く満たす立場に見えるからである．

まずは非自然主義について見てみよう．伝統的なイギリス直観主義と近年の非自然主義者たちをつなぐものは，彼らが道徳に関する真である命題を知る方法として一種のア・プリオリな方法を主張している点である．この点は，哲学における最も信頼のおける方法も経験科学で用いられている経験的な方法であるとする方法論的自然主義と衝突する．哲学的自然主義との適合性を外的適合の重要な要素であると見なした場合，倫理に関するア・プリオリな方法を主張する非自然主義は外的適合に関して問題がある立場であるということになる．

これと似た理由で，分析的倫理自然主義も外的適合について問題のある立場であると考えることができる．分析的倫理自然主義は自然主義的な世界観の中で倫理的なものを位置付けようとする自然主義的な色彩が濃い立場ではあるが，(1.3.4) で説明したように，この立場は哲学における伝統的な方法である概念分析に重要な地位を与えている．この態度は哲学においても経験的な方法が最も信頼のおける方法であるとする方法論的自然主義と衝突するように見え

る．分析的倫理自然主義が概念分析を重視する態度が方法論的自然主義と衝突するように見えることは，この立場の主唱者であるジャクソンも認めている（Jackson 1998, p. vii）．

フットなどが標榜するネオ・アリストテレス的な立場も，同じように方法論的自然主義と衝突することが考えられる．フットは正しい道徳的評価を与えるために必要なものとして「正義」などの道徳に関する言葉の規則の理解を挙げているが，このような道徳語に関する言葉の規則から道徳に関する結論を導き出す作業は，経験的な方法によって確認できるものではなく，道徳語の意味に訴えるものであるから，ア・プリオリなものであると考えられる（Sturgeon 1984 p. 327）．

次に表出主義について考えてみよう．表出主義は非認知主義の伝統を受け継ぎ，道徳判断は真偽が問えるものではなく，何らかの心的状態の表出であるとする．この考えは，道徳に関する主張は真偽が問えるものだとの我々の常識的な道徳に関する考えと一致しない．このことから，表出主義は内的適合に関して問題がある立場であるということになる．

虚構主義も内的適合を満たすことができない立場であると考えられる．虚構主義が主張しているのは，我々が道徳的主張をすることは，我々が創作物について語ることと原理的に同じことであるというものだが，通常我々は道徳を創作物とは考えていないと思われるから，この考えは内的適合について問題を孕んでいる立場ということになる．

また，構成主義についても内的適合について問題があることを指摘できる．常識的な道徳に関する考えとして，「タロウがハナコとの約束を破ったことは悪い行為だった」という判断の是非はタロウの行為が持つ性質に依存している，という考えを（1.3.1）で提示した．一方で，構成主義は道徳判断の是非はその判断が下された方法に依存するという考えである．このことから，構成主義も我々が持つ常識的な道徳に関する考えとは異なる主張を保持しているということになる．

このように考えてくると，本章で提案した様々なメタ倫理学説は，それぞれが内的適合，外的適合のいずれかで問題を抱えていることがわかる．これに対して，総合的倫理自然主義は2種の適合の双方を満たしているように見える．

総合的倫理自然主義は経験的な方法によって道徳に関する主張の是非を問うことができるとしているが，この点は方法論的自然主義と一致する．また，総合的倫理自然主義は道徳的性質が他の自然的性質と同様に存在するとも考えているから，「タロウがハナコとの約束を破ったことは悪い行為だった」という判断は実際に存在し得るタロウの行為の悪さがこの判断の是非を決めるという常識的な考えも受け入れることができ，内的適合にも優れたものであるということになる．

　確認しておくが，内的適合や外的適合について問題を持つメタ倫理学説が提案されたとして，その説がこの2種の適合を満たさないという理由のみで，その説が誤ったものであると結論することはもちろんできない．たとえば，分析的倫理自然主義は概念分析を重視するが故に外的適合に問題があるが，分析的倫理自然主義の擁護者は概念分析の有用性，必要性を主張し，これを軽視する風潮を持つ方法論的自然主義はむしろ誤った考えであると論じるだろう．そして，そのような概念分析の擁護が成功した場合，方法論的自然主義は修正を迫られ，外的適合の内容も変わることになる．このことは，ある説が内的適合，外的適合を満たさないからといって，その説が誤りであるすることはできないことを示している．

　だからといって，内的適合と外的適合を無視して正しいメタ倫理学説の構築を目指すことはできない．虚構主義は我々が常識的に持つ倫理・道徳に関する考えからすると驚くべき主張であるが，虚構主義の擁護者はこの点について何らかの説明をしなければならない．その説明がないままに，倫理・道徳に関する主張は一種のフィクションであると主張しても，説得的なものとはならない．

　いずれにしても，内的適合，外的適合の両者に優れている総合的倫理自然主義は哲学者にとって魅力のある立場である．この立場は20世紀後半以降，メタ倫理学において主要な論争の的になってきたが，このような主張が議論の対象となる1つの要因は，神，もしくは神々の指令などといった通常科学的に捉えられないものを想定せずに道徳的な規範，義務，価値などの存在論的な場所を確保できるのかという問いが，哲学や倫理学で重要になってきたことが挙げられるだろう (Sturgeon 2005, p. 92)．日本を含め，多くの文化圏で道徳・倫理を支えていたのは通常の経験的な方法では捉えきることができない神や超自然

的な存在であった．そのような文化圏では「なぜ嘘をついてはならないのか」といった問いに対して，「そんなことをしたら（超自然的な存在によって引き起こされる）罰があたるから」といった説明がなされる．グローバル化が進む昨今，ある1つの文化圏の世界観を全ての人々が共有することは難しい．そこで問われるのは，そのような神や超自然的な存在を含む世界観を認めなくても，道徳や倫理が想定している義務や価値が存在すると主張することができるか否かであろう．このような問いに対して，総合的倫理自然主義の擁護者は，超自然的な存在を認めなくても道徳的な義務や価値が自然界の中に存在すると主張する．

パーフィットが言うように非宗教的な倫理が真剣に模索され始めたのは人類の歴史の中で比較的新しい現象であるから，総合的倫理自然主義者の答えを真剣に検討してみることは単なる徒労には終わらないだろう[*27]．

1.5　本章のまとめ

本章はムーアから始まる20世紀前半から現在に至るメタ倫理学の歴史の概観し，その上で，総合的倫理自然主義が，メタ倫理学説の評価の基準となる内的適合，外的適合の双方を満たす立場であることを示した．

既に述べたが，本書で擁護を試みる立場はこの総合的倫理自然主義の流れを汲む立場である．次章ではこの立場がどのような主張を持つものなのか，そして，この立場がどのような意味で自然主義的なメタ倫理学説なのか，説明していく．

[*27] （Parfit 1984, p. 254）参照．パーフィットは一方で自然主義的な答えを真剣に検討することは，それが間違っていた場合，単なる無駄な徒労に終わるとも主張する（Parfit 2011b, p. 367）．このような主張に対して，たとえ検討している答えが間違っているものであったとしても，そのような取り組み自体が我々の道徳に関する考えを進歩させたという意味で単なる無駄な徒労には終わらないと反論することもできる（Schroeder 2014, pp. 83-95）．

第2章　自然主義的道徳的実在論

　前章で現代メタ倫理学の状況を概説し，総合的倫理自然主義と呼ばれる立場がある程度見込みのある立場であることを示した．本書はこの立場の流れを汲む立場の擁護を目指すが，本章ではこの立場が持つ主張について詳細な検討を加えていく．

　本書で擁護を試みる立場は自然主義的な立場と呼ばれるものであるが，「自然主義」という言葉は哲学諸分野において様々な意味で使用されている．そのため，本書で擁護を目指す立場がどのような意味で自然主義的なものだと言えるのか，明確にする必要がある．この点を明らかにすることも，本章の目的の1つである．

2.1　自然主義的道徳的実在論の主張

　本書冒頭で本書が擁護を目指す考えは以下のようなものであると述べた．

≪規範倫理学と経験科学の類似性≫
倫理学の一階理論である規範倫理理論と科学理論には類似する特徴があり，その特徴故に，規範倫理理論は漸進的な進歩を遂げることができる．

　この考えは，前節（1.3.3）で紹介した総合的倫理自然主義の流れを汲む考えである．つまり，≪規範倫理学と経験科学の類似性≫を擁護するためには，総合的倫理自然主義が持つ考えを何らかの仕方で擁護する必要があるということになる．

　本節では≪規範倫理学と経験科学の類似性≫の擁護につながる総合的倫理自然主義の主張がどのようなものなのか，詳しく見ていく．以下，本書で擁護を目指すそのような主張を持つメタ倫理学的な立場を，他にことわりがない限り，

「自然主義」と表記する．本章で自然主義の主張を詳しく見ることにより，本書で擁護を目指すメタ倫理学的な立場が，どのような意味で自然主義的な立場と呼ぶことができるものなのか，明らかにしていく．

自然主義の主張を形式的に以下のように提示することができる．

≪自然主義≫
(M) 道徳的性質は，その例化が心的作用から独立している（mind-independent）ものであり，そのような例化が実際に存在する．

(N) 道徳的性質は自然的性質である

この (M) と (N) の連言（conjunction）が≪自然主義≫の主張である．また，この連言は以下の重要な含意も持つ．

(MN) 道徳的性質に関する探究は経験的な方法によって進めることができる．

この (MN) が，≪規範倫理学と経験科学の類似性≫を支える主張となる．もし規範倫理学の探究が道徳的性質に関する探究であり，それが他の科学と同様の経験的な方法によって進めることができるものであるとすると，規範倫理学は科学と同じように漸進的な進歩をとげることができるものであるということになるように思われる．故に，(MN) を含意する (M) と (N) の連言の擁護が，≪規範倫理学と経験科学の類似性≫の直接的な擁護となる．

このような想定を踏まえて，(M), (N), (MN) について，以下で説明していく．

2.2　道徳的実在論

まずは (M) について見てみよう．(M) はメタ倫理学において「道徳的実在論（moral realism）」と呼ばれる主張である．前節で見てきたメタ倫理学説の中では，非自然主義，総合的倫理自然主義，分析的倫理自然主義，ネオ・アリ

2.2 道徳的実在論

ストテレス的自然主義は，この主張を受け入れると考えられる．本稿で論じる自然主義は（M）を保持していることから，道徳的実在論の一種ということになる．

（M）では，「道徳的性質」「例化」「心的作用からの独立」といった用語・考えが使用されている．まずはこれらについて，順を追って説明していく．

まずは「道徳的性質（moral properties）」について見てみよう．道徳的性質とは，行為や信念，性格や方針などが持つ，それらの道徳的価値・道徳的評価を決めるもの，と理解することができる．

道徳的性質を表す言葉の例として，「悪さ」，「正しさ」，「正義」，「勇敢さ」，「臆病さ」などを挙げることができる．これらの語は，行為，信念，性格，方針などの道徳的価値・評価を表すものとして使用される．たとえば，「私の行為は悪い」，との表現は，私の行為が道徳的に問題のあるものであることを表している．

道徳的性質を指す概念は，「悪い」「正しい」「良い」などの薄い概念（thin concepts）と，「親切だ」「臆病だ」などの分厚い概念（thick concepts）に分けることができると言われる（Williams 1989, pp. 129-130, Kirchin 2013, p. 3）[*1]．

薄い概念とは，完全に価値的・規範的なものであり，それによって対象が道徳的にどのような評価を受けるのか示すことはできるが，どのような具体的な特徴を持っているかは記述することができないものだとされる．

たとえば，「私の行為は悪い」という主張では，「悪い」という薄い概念が使用されている．この表現により，私の行為が道徳的に問題のあるものであるとの評価を受けていることはわかる．だが，この表現だけでは，私の行為が具体的にどのようなものであったか，よくわからない．このような意味で，薄い概念は問題となっている対象の道徳的評価については示すことができるが，その対象が具体的にどのような特徴を持っているか表すことはできないものであ

[*1] 'thick concept' や 'thick term' の訳語として，「濃い概念」や「濃い評価語」が使用されることがあるが，ここでは横路（未発表）の「分厚い概念」「分厚い語」との訳語に従う．横路も指摘しているが，薄い概念，分厚い概念を巡る論争の1つに，これらを程度の差を表すものとして捉えるか，それとも別種のものであると捉えるか，という問題があり（Kirchin 2013, p. 2），もし「濃い概念」「濃い評価語」という訳語を採用すると，すでにこの論争について1つの考え（＝薄い概念と濃い概念の違いは程度の差であるという考え）を支持してしまうことになるように思える．このことを考慮すると，「濃い概念」よりも「分厚い概念」の方が適切であろう．

る.

　一方で，分厚い概念は対象の道徳的評価も示しているが，それと同時に，対象が具体的にどのようなものか，多少の記述も与えることができるものだと考えられている．たとえば，「私の行為は勇敢な行為だった」という主張では，「勇敢な」という分厚い語が使用されている．この言葉によって，私の行為が良く評価されていることがわかると同時に，私の行為がどのような仕方で道徳的に賞賛されるものだったのかも示されている．私の行為が勇敢であったことから，その行為が何らかの恐れを克服し，それによって価値ある目的を達成するものであったことを類推することができる．

　道徳的性質は，これら薄い概念，分厚い概念のどちらかによって表される，行為，信念，性格，方針などが持つ性質であると考えることができる．道徳に関する分厚い概念，薄い概念については，両者の関係を巡って様々な論争があるが，ここではそのような論争には深入りせず，我々はある程度常識的にどのような概念が道徳に関する分厚い・薄い概念か知っているという想定に立ち，それらによって表されるものが道徳的性質であるとして，議論を進めていく．

　次に「例化（instantiation）」について考えてみる．「例化」とは，性質に関する形而上学でしばしば使用される言葉である．道を走る赤い車や，テーブルに置かれている赤いコップ，そして絵の中で使われている赤い絵の具は，それぞれ別の個物（particulars）であるが，共通して同じ赤さという性質を持っていると考えることができる．このことから，それぞれの個物は赤さという性質によって特徴づけることができる．それと同時に，それぞれの個物によって赤さという性質が「例化される（be instantiated, be exemplified）」と言われることがある．ここで表現されている例化とは，ある個物によって他の個物も持ち得るある性質が共有されている状態，と理解することができる（Loux 2006, p. 19）．

　(M) は道徳的性質が例化されるとしているが，これは道徳的性質も赤さという性質と同様に異なる対象によって共有されるという主張である．ハナコがタロウとの約束を破ったこと，ジロウがチエコには内緒で彼女の悪口をネット上に書き込んでいること，トミコが会社の金を横領して贅沢をしていること，これらの行為は「悪い」という薄い道徳的概念によって特徴づけることができ

るように思えるが，(M) を受け入れた場合，これらの異なる対象（ハナコの行為，ジロウの行為，トミコの行為）によって悪さという道徳的性質が共有されていると考えることができる[*2]．

次に「心的作用からの独立」について見てみよう．道徳的性質の例化が心的作用から独立しているとは，その例化の有無が，その例化に関する判断に依拠しないこととして，理解することができる．

道徳的実在論者は道徳的性質の例化がそれに関する判断から独立したものだとの主張をする．もし道徳的性質の例化がそれに関する判断から独立しているのであれば，ハナコがタロウとの約束を破ったことに悪さが例化されていることは，「ハナコがやったことは悪い」などの我々の判断とは独立して成り立っているということになる．道徳的性質の例化がこのような形で判断から独立したものであると主張することで，道徳的実在論者は道徳にある種の客観性があることを確保しようとする．このような主張は，道徳的性質に「存在論的客観性」(ontological objectivity) があるとの考えとしてまとめることができる．

道徳的性質が存在論的客観性を持つという考えは，理想的観察者理論 (ideal observer theory) について考えてみると，より明確になる．この理論によると，道徳的性質の例化は道徳的に理想的な行為者（agent）の反応によって構成されている (constituted by)．この考えに従うと，無実の子どもを虐待する悪さは，「そのような行為は悪い」との理想的観察者の判断によって構成されるということになる．このような理論を支持するものにとっては，それが存在論的に理想的観察者の是認に依っているという意味で，道徳的性質は心的状態に依っているものである．このような考えは (M) と一致しない．(M) の支持者はこのような理想的観察者理論に対して，「道徳的性質は理想的観察者の判断にも，そしていかなる観察者の判断にも，依存するものではない」と主張する．

(M) を受け入れて道徳的性質が上のような仕方で道徳判断に依存しないことを主張したとしても，道徳的性質の例化が心的状態に全く依存しないといった強い主張を受け入れる必要はない．ツヨシが我が子に虐待を加えていること

[*2] 例化されない性質（uninstantiated property）の存在を認めて，道徳的性質は例化されないが道徳的性質は存在するという主張も論理的には可能である．正義などの道徳的性質は実際に例化することはないのかもしれない．本書ではこのようなタイプの主張を実在論とは見なさず，存在する性質は例化される性質であるとの想定をして論を進める．

は悪いことであるように思えるが，この行為の悪さはツヨシの意図や子どもの苦しみといった心的状態によって成り立っているように思える．その意味で，この悪さは心的状態に依存していると言える．道徳的実在論者はこのようにある種類の心的状態によって道徳的性質が例化されることは認める．その上で，この場合でも，この悪さは「ツヨシの行為は悪い」と誰かが判断することには依存しないと主張する．たとえ誰もツヨシの行動を悪いと判断することができなくても，彼の子どもへの虐待には悪さという道徳的性質が例化されていると道徳的実在論者は主張する．

　道徳的性質の存在論的客観性は，道徳を論じる上で重要なもう1つのタイプの客観性の可能性を保証し得る．このもう1つのタイプの客観性は道徳的判断の「認識的客観性」(epistemic objectivity) と呼ぶことができる．

　認識的客観性は判断の正しさ（correctness）という観点から理解することができる．ある判断が認識的客観性を持つのは，その判断の正しさが特定の観点（point of view）に依存しない場合，かつ，その場合のみである，と理解することができる．

　タロウが自分の文化圏で認められている価値観から考えて，「嘘をつくのはどんな場合でも悪い」と判断する一方で，ジロウもまた自分の文化圏の価値観から考えてこの判断を否定したとしよう．もし道徳判断に認識的客観性があり，かつ，タロウとジロウがそれぞれの判断によって表しているのが異なる命題であった場合，どちらの判断も正しいということにはならない．道徳判断には立場に依らない客観性があるはずであり，このような場合はどちらか一方が間違っている，もしくはどちらも間違っている（嘘をつくことは悪くも正しくもない）ということになる．

　このような認識的客観性は道徳的性質の存在論的客観性によって保証され得る．それは，ある道徳判断の正しさを，その判断がいかに心的状態から独立した道徳的実在の描写に成功しているかという観点から理解することができるからである．

　道徳判断の認識的客観性は道徳的相対主義（moral relativism）とは両立しないと考えられる．道徳的相対主義によれば，「あの人はxという行為を行うべきだ」「あの人がxを行わなかったことは悪いことだった」などの道徳判断の

2.2 道徳的実在論

正しさは，一定の集団内でその判断が適切なものとして同意されているか否かに依る[*3]．この考えによると，「タロウが教育目的のためにジロウに体罰を行ったことは悪いことだった」との道徳判断が正しいか否かは，これらの判断により支持されている規範が彼らが属する集団の中で承認されているかどうか，同意されているかどうかに依る．このような道徳的相対主義の考えに従うと，道徳判断の正しさはある個人の考えに依るものではないが，それでもある特定の集団や社会の視点には依るということになる．

このような道徳的相対主義は，道徳判断の認識的客観性を道徳的実在論者のようには確保できないと考えられる．後者を支持する人は，たとえある集団内で多くの人から是認された規範があったとしても，その規範に従うべきとの判断が正しいかどうか，それだけでは決めることができないと主張するだろう．道徳判断の認識的客観性の支持者は，上の体罰に関する判断はその判断が下された集団のなかで体罰に関する規範が認められているか否かではなく，実際に体罰が悪さや残酷さなどの道徳的性質を持っているか否かによる，と主張する．

以上，（M）で使用されている言葉を説明することで，その内実である道徳的実在論の主張を概観した．

さて，ここで道徳的実在論の含意ついて簡単な考察を加えてみる．道徳的実在論に対して，この立場が一種の教条主義に陥るのではないかとの恐れを抱く人がいるかもしれない．それは，道徳的実在論が道徳において重要な可謬主義（fallibilism）を保持できない恐れがあるからである．

道徳における可謬主義とは，我々は自分たちが現在持っている道徳判断に関して，たとえ優れた正当化を持っていたとしても，偽である可能性を許容するべきであるという主張である．このような可謬性の想定は道徳に関する議論の中で一定の寛容さを保つことを可能にするものであり，重要なものであろう．もし私が自分の道徳判断が間違っている可能性があることを意識していた場合，自分とは異なる道徳的見解に対してある程度寛容であるだろう（Brink

---

[*3] （Harman 1975）を参照．道徳的相対主義は以下のような 2 つの主張からも特徴づけられる．(1) 普遍的な道徳原理は存在しない．(2)人はその属する集団で用いられている原理に沿って行為するべきである．(2)は普遍道徳原理であるように思われるので，このように特徴づけられる道徳的相対主義はしばしば整合性のないもの（incoherent）として批判される．（Williams 1972, p. 20）を参照．

1989, pp. 92-5）．

　道徳的実在論に恐れを抱く人は，道徳的実在論がこの可謬主義と衝突するのではないかと考えるかもしれない．それは，可謬主義と，道徳判断の認識的客観性から導き出される「見解が異なる道徳判断は同時に真にならない」という考えが，両立しないと思われるからである．私が「A は悪い」という判断をしたとして，それを信じる正当な理由も持っていたとしよう．さらに，私は道徳的実在論も受け入れていると想定しよう．道徳的実在論が真であった場合，「A は悪い」という文で表される命題と，「A は悪くない」という文で表される命題が共に真であるとは考え難い．このことから，自分の判断が正当であることを信じる理由を持つ私は，自分の判断は真であり，これを否定する考えは偽である，という態度を取ることが自然であるように思える．自分の判断は正しく，それを否定する考えは間違っている，と考えるということは，可謬主義を否定することである．このように考えてくると，道徳的実在論と可謬主義は両立しない考えであるようにも見える．

　このような考えに対して，筆者は認識的客観性を保持する道徳実在論が道徳的可謬主義と両立しないとすることは誤りであると考えている．むしろ，認識的客観性によって道徳判断の可謬性を確保することができると筆者は考える（Sturgeon 1986, pp. 119-20, pp. 127-9）．共に道徳実在論が真であると考えているタロウとジロウがいたとして，タロウは「奴隷制度はどんな場合でも許容されるべきものではない」と信じている．一方で，ジロウは「奴隷制度が許容されるべき場面もある」と考えている．このような場合，彼らは道徳実在論者であるが故に，同時に道徳的可謬主義者にもなれる．たとえそれぞれの立場から見て信じるに足る証拠を持っていたとしても，彼らの道徳判断が真か偽かは心的作用からは独立した道徳的実在に依るのであるから，彼らは自分たちの考えが間違っている可能性を想定する理由がある．

　むしろ道徳判断の認識的客観性を道徳的性質の存在論的客観性によって確保することができない非実在論者，反実在論者が道徳的可謬主義を擁護することは難しいだろう．もし我々の道徳判断の正確性に客観性がないのであれば，我々の道徳判断が間違っていると考える理由がなくなってしまうように思える．

　このように，道徳的実在論は道徳的可謬主義と両立するだけでなく，むしろ

我々がなぜ道徳的可謬主義を採用して異なる道徳的見解に対しても寛容な態度を取るべきなのか，その理論的な支えともなる．

　道徳に関する可謬主義は多くの人に受け入れられる考えであると思われるが，その他の我々の道徳に関する常識的な考えも，道徳的実在論を想定することによって説明することができるように思える．「私は彼が悪い人間だということを知っている」「彼は彼女との約束を守らなければならないことを知っていた」などの表現は，我々が道徳に関して真偽が問える信念を持つことができ，それが状況によっては知識と言える場合があることを示唆している．また，「もし殺人が悪いのであれば，赤ん坊を殺すことは悪いことになる」などの条件文も，殺人が悪いという命題，もしくは文が，真偽を問えるものであり，それを演繹的な推論に用いることができることを想定しているように思える．これらの考えを支えるものとして，我々の道徳判断とは独立した道徳的性質なるものの存在を挙げることができる．我々の道徳判断やそれによって示される道徳に関する文や命題を真にする道徳的性質の存在を想定すれば，ここで挙げた道徳に関する常識的な考えがなぜ正しいものなのか，説明することができる．

　他の道徳に関する実践についても道徳的実在論を想定して説明することが自然だろう．たとえばここに関係が冷め切っているカップルがいて，そのうちの一方が他の人とつきあい始めた．それを友人が咎めて，「完全に前の人との関係を清算していないのに他の人とつきあい始めるのはよくない」と言ってきたとする．このような咎めも道徳的実在論を想定していると理解することができる．それは，この状況下に関する客観的な答えが存在していて，咎められた方はそれを受け入れるべきだ，との想定がなされているということである．これはある状況下における客観的な道徳的事実が想定されている証左であると理解することができる．

　このように，道徳的実在論は我々が通常抱いている道徳に関する考えを説明することができる立場であると考えることができる．道徳的実在論によって我々が常識的に持つ道徳に関する考えが説明できるということになると，当然，前者は後者に許容される考えということになるから，道徳的実在論は内的適合に優れた主張であるということになる．メタ倫理学の探究において内的適合を理論的利点（theoretical virtue）の1つであると想定すると，もし自然主義が

このような道徳的実在論を保持することができるのであれば，道徳に関する常識的な考えと適合するという意味で，ある程度見込みのある立場であると結論づけることができる．

もっとも，道徳的実在論が内的適合に本当に優れているのか，議論が分かれる問題でもある．非実在論的なメタ倫理学説を想定しても，実在論と同じように，あるいはそれ以上に，優れた内的適合を達成できると主張する論者もいる[*4]．このことから，道徳的実在論が内的適合に最も優れた説かどうかはさらなる検討が必要だが，この節では少なくとも以下の点を確認したい．即ち，道徳的実在論の一種である自然主義はある程度の内的適合を達成することができ，そのことから，まずは見込みのある説であると考えることができる，という点を確認したい．

2.3 道徳的自然主義

次に，(N)「道徳的性質は自然的性質である」という主張について見てみる．この主張の主な動機は，道徳的性質を「諸科学で探究されている性質と同種の」(Sturgeon 2005, p. 92) 性質と見なし，道徳的性質を自然科学が想定する世界観の中で問題なく位置づけたいというものである．この主張は自然主義が外的適合を強く意識したものであることを示唆している．

この (N) は≪規範倫理学と経験科学の類似性≫を考える上で重要な主張である．規範倫理学と経験科学が類似性を持ち，前者が科学において見られるような漸進的な進歩を遂げるためには，両者が探究の対象とするものが似たような本性を持たなければならないだろう．このことについて述べているのが (N) であるから，(N) の擁護は≪規範倫理学と経験科学の類似性≫の擁護と深い関係がある．

道徳的性質が自然的性質だという (N) の主張をもう一歩立ち入って説明するためには，科学で探究されている性質が何によって自然的なものとなるのか，さらなる理解を得なければならない．自然的性質の特徴づけは難しい課題であ

[*4] たとえば，ウォン (Wong 2006) やプリンツ (Prinz 2007) などは道徳的実在論でない立場の方が道徳に関する見解の不一致をよりよく説明できると主張している．

2.3 道徳的自然主義

るが，以下のように理解することができる．

≪経験的性質としての自然的性質≫
ある性質 x は，その性質の例化に関する総合的命題（もしくは文）の真偽を経験的に知ることができる場合，自然的性質である（Copp 2007, p. 39）

　この考えに従うと，水は以下のように自然的性質として特徴づけられる．「水は2つの水素原子と1つの酸素原子を持つ」という命題は，ある対象に水という性質が例化された場合，その対象は2つの水素原子と1つの酸素原子を持つということを表している．水という概念をいくら分析したところでそこから水素原子や酸素原子に関する概念は出てこない．だから，この命題は分析的命題ではなく，総合的命題であるように思える．さらに，この命題の真偽を我々は知覚や観察，実験などの経験的方法によって知ることができる．即ち，水についての実験や観察などを通し，実際に水がこれらの原子の組み合わせでできていることを知ることができる．故に，その性質に関する総合的命題が経験的に知られるという意味で，水は自然的性質であると理解することができる．
　さて，ここで言うところの「総合的命題の真偽を経験的に知ることができる」という考えは，どのようなことを意味しているのだろうか．そして，この考えを支えている想定はどのようなものなのだろうか．この点は（N）の擁護にあたって重要な点であるから，少し立ち入って考えていく．
　はじめに，≪経験的性質としての自然的性質≫が，性質に関する総合的命題についての考えであることに注目しよう．この，総合的命題を問題にしている点は重要である．自然主義者が（N）を≪経験的性質としての自然的性質≫として理解する場合，その真偽を知るのに経験的方法を必要としない道徳的性質に関する分析的命題があることや，そのような道徳に関する分析的命題が有用であることを，自然主義者は全く否定する必要はない．たとえば，自然主義者であっても，「勇敢な人間は，臆病な人間ではない」といった命題は，分析的な命題であり，この命題の真偽を知るために必要なのはこの命題で使われている言葉の意味のみであり，その他の何らかの経験的方法に訴える必要はない，との考えを受け入れることができる．それは，≪経験的性質としての自然的性

質≫が問題にしているのは性質に関する総合的命題についてであり，性質に関する分析的命題については何も禁じていないからである．

このような考えに対して，クワイン（W. O. Quine）が分析性と総合性の区別を否定したことを挙げ，自然主義者はその真偽を確かめるために経験的方法を必要としない道徳に関する分析的命題の存在を受け入れることができない，という反論が試みられるかもしれない（Quine 1951）．だが，この反論はそれほど深刻なものではない．というのも，自然主義が主張したいことはあくまで道徳に関する総合的命題が経験的方法によって知ることができるという考えであり，分析的と思われる命題などないとするクワインの主張を受け入れることはさして問題ではないからである（Copp 2007, p. 41）．

次に，≪経験的性質としての自然的性質≫が用いている「経験的方法」という考えについて考察してみる．≪経験的性質としての自然的性質≫を用いて（N）を理解した場合，道徳的性質はその総合的命題の真偽を経験的方法によって知ることができるものということになる．では，ここで想定されている経験的方法とは，どのような方法のことなのだろうか．

経験的方法は伝統的にア・プリオリな方法と比較して理解されてきた．ア・プリオリな方法とは，何らかの仕方で経験から独立した方法であるとされる．経験的方法において用いられる代表例が知覚や観察などであることに対して，ア・プリオリな方法としてしばしば挙げられるのは，合理的洞察（rational insight）や合理的直観（rational intuition）などに訴える方法である．

経験的方法を，経験的でないア・プリオリな方法と比較して理解する場合，ここで言われているア・プリオリ性とはそもそも何か，明示する必要がある．この点について，≪経験的性質としての自然的性質≫を自然主義理解のための考えとして提案しているカップ（David Copp）はここで問題となっているア・プリオリ性を以下のようなものとして提案する．

≪ア・プリオリ性≫
ある命題は，それが経験的証拠（empirical evidence）なしで理性的に信じることができ，かつ，経験的証拠によって反証され得ない場合（empirically indefeasible），その場合のみ，ア・プリオリである（Copp 2007, p. 42, Field 2000,

p. 117).

　ここで言うところの経験的証拠とは，ある現象が起きていることを表す命題の真理性を支持するものであり，知覚，観察，及びそれらに基づいた記憶などの通常の経験的方法によって得られるものと理解することができる．私が，今日は昨日よりも寒い，と感じていることは，「私が住む地域の今日の気温は昨日に比べて低い」という命題が真であることを支持するように見えるから，その意味で，この命題の経験的証拠ということになる．
　≪ア・プリオリ性≫によると，ある命題の真偽について，もし合理的洞察や直観のみに基づいて信じることができ，かつ，それが知覚や観察といった経験的証拠によって反証することができない場合，その命題はア・プリオリなものということになる．「1 + 1 は 2 である」などの数学的命題は，経験的証拠に訴えることなく合理的洞察のみで理性的に信じることができ，かつ，この命題が何らかの経験的証拠によって反証されるとは考え難いから，ア・プリオリな命題であると考えることができる．
　このア・プリオリ性の理解に従って (N) を考えた場合，(N) が主張していることは，道徳的性質に関する総合的命題は少なくとも経験的証拠によって反証され得るものである，という主張であるということになる．
　この考えは，道徳に関する総合的命題を経験的証拠なしに合理的に信じることができることを許容する．私が育ってきた文化圏の常識から考えると，「何の理由もなく人を殺すことは許容されない」との命題を信じることは自然なことであり，常識的な考えとの整合性という意味で，理性的とも言えるだろう．私はこの考えを何かの経験的証拠に基づいて信じているわけではないから，その意味において，経験とは独立してある道徳に関する総合的命題を理性的に信じていることになる．≪ア・プリオリ性≫によって (N) を理解した場合，(N) はこのような仕方で道徳に関する命題を理性的に信じることができることを認める．それは，≪ア・プリオリ性≫で規定されている 2 つ目の条件，即ち，ア・プリオリな命題は経験的証拠によって反証され得ない，という条件が，非経験的な方法によって命題を信じることだけでは否定されないからである．同じように，思考実験によって「汲みだされる (pump)」合理的洞察や直観などの伝

統的にア・プリオリな方法において用いられると考えられてきたものによって道徳に関する総合的命題が理性的に信じられることも，(N) は許容する．

　このように考えると，(N) を受け入れたからといって，伝統的にア・プリオリな正当化に用いられるものだと思われている経験に依らない合理的洞察や直観などが持つ認識論的な価値を全て否定する必要はないということになる．道徳的性質の例化に関する命題について経験に依らない合理的洞察や直観などによる正当化を一切拒絶するという考えを「強い自然主義」とした場合，(N) の支持者はそのような強い自然主義は採用しないということになる．

　倫理学と科学の類似性を擁護しようとする (N) の擁護者がこのような仕方で強い自然主義を採用しないことは重要な意味を持つ．科学の歴史を見てみても，アインシュタインによるエレベーターの思考実験など，様々な思考実験が提案され，それによって重要な発見がなされてきた．これは，科学においても経験に直接的に依らない方法が理論構築において用いられていることの証左である．この点を受容するには，自然主義者は経験に依らない正当化の方法を一切拒絶する強い自然主義を退ける必要があるように思われる．

　一方で，(N) を受け入れた場合，「何の理由もなく人を殺すことは許容されない」などの道徳的命題も，経験的証拠によって反証され得るということになる．このように考えてくると，道徳的性質に関する総合的命題は全て経験的証拠によって反証され得る，という主張が，(N) の実質的な主張であることがわかる．

　このように (N) を理解した場合，(N) の擁護のためには，どのような仕方で道徳に関する実質的な主張である総合的命題が経験的証拠によって反証され得るのか，示す必要があるということになる．この点について論じていくことが，本書の主な課題となる．

　≪経験的性質としての自然的性質≫とは異なる仕方で自然的性質を理解する仕方もいくつか考えられる．そのうちの1つに，自然的性質を因果的性質として理解するという戦略がある．

≪因果的性質としての自然的性質≫
ある性質 x は，その性質の例化がそれを保持した対象の因果的な力に貢献す

2.3 道徳的自然主義

る場合，自然的性質である（Shoemaker 1980 参照）．

　経験科学の対象となっている性質が因果的な力を持つと考えることはそれほど難しいことではないし，自然的性質を一種の因果的傾向性として理解する動きもあるから，このような考えは見込みのないものではないであろう．付言しておくと，次章の（3.2）で詳しく見るが，自然主義を擁護するための論証として提案されてきた典型的な論証は≪因果的性質としての自然的性質≫を前提としている．このことから，このような理解も自然的性質を理解する有力な候補として，考慮しておく必要がある．

　≪経験的性質としての自然的性質≫と≪因果的性質としての自然的性質≫は決して相反する考えではない．もしある性質の例化がそれを持つ対象の因果的な力に貢献する場合，その性質はそのような因果的な力を対象に与えることができる故に，経験的な探求の対象となるだろう．

　負の電荷という性質について考えてみよう．ある対象が負の電荷という性質を有する場合，この性質を持つが故に，電荷を持つものの間で発生する引力や斥力といった，様々な因果的な力をこの対象は備えることになる．負の電荷という性質は，それを保持する対象にこのような因果的な力を与えるため，我々の観察や実験の対象となり，経験的な探求の対象となる．

　性質の因果性はその性質を経験的な探求の対象とするものであるから，≪因果的性質としての自然的性質≫は≪経験的性質としての自然的性質≫の一形態であると考えることができる．また，非因果的ではあるが経験の対象となる性質が存在する可能性を考えると，後者の方が前者よりも広い考えであるということになる．

　2つの提案に関するこのような考察に鑑み，本書では≪経験的性質としての自然的性質≫，≪因果的性質としての自然的性質≫のそれぞれを自然的性質の十分条件と措定する．そして，自然主義者は道徳的性質が上の条件のうちどちらかを満たすとの主張の擁護を目指していると理解して，議論を進めていく．

　さて，自然主義者が≪経験的性質としての自然的性質≫や≪ア・プリオリ性≫に訴えて（N）「道徳的性質は自然的性質である」に内実を与えようとすることには以下のような問題がある．それは，ここで想定されている「経験的

証拠」の外延を決める作業が容易ではないことである．

たとえば，近年心理学の一分野において，被験者の主観的幸福度（subjective happiness）を測る方法として被験者自身の報告が採用されている（Diener & Seligman 2004）．被験者の幸福度には他の人は直接アクセスすることができないことを考えると，被験者の経済力などから類推する方法よりもこのような方法の方が適していると考えることもできる．だが，この方法がどれほどの信頼性・正確性を持つのか，議論が分かれるところであろう．被験者が被験者自身の主観的幸福度について報告するという方法を巡ってこのような問題があることは，被験者の報告が経験的証拠と見なせるものであるか否か，議論が分かれる問題であることを示唆している．たとえば，このような被験者自身の報告による被験者の主観的幸福度の測定と，合理的洞察に基づいた数学上の問題解決との差はどこにあるのだろうか．両者は共にある個人の中にだけ発生するものであり，それを認識することができるのもその個人だけである．このように考えると，両者は実はいくつかの共通性を持つということになる．もし両者の違いについて明確な答えを出すことができないということになると，≪ア・プリオリ性≫に訴えて自然的性質を理解するという戦略は破綻することになる．

この問いは(N)の意義を考える上でも重要な問題である．この問いに対して，本書では以下のような方針を採用する．即ち，経験的証拠の外延に関する哲学一般の問題については深入りせずに，(N)をメタ倫理学において重要な問題であるとされてきた問いへの1つの回答として理解し，本章前半で論じたメタ倫理学の論争史の中で理解するという戦略をとる．

(N)は「道徳的性質は自然的性質である」との道徳的性質の本性に関する形而上学的な考えである．この考えは，「道徳的性質の本性は何か」というメタ倫理学的な問いに対する1つの答えである．(1.2)でも見たように，20世紀以降のメタ倫理学の出発点となったムーアの『倫理学原理』においても，「良い」という言葉によって指されている性質の本性は何かという問題が，倫理学の中心課題だとされた（Moore 1903, p. 2, p.6）．(N)はこの問いに対して，道徳的性質は自然的性質である，と答えることにより，倫理学の探究の対象となっている道徳的性質は他の経験科学の探究で対象になっている性質と同種のものであるという実質的な主張を提示している．

では，(N) を否定するメタ倫理学説はどのような立場だろうか．

まず (N) を真っ向から否定するのと思われるのは，「道徳的性質は自然的性質ではなく非自然的性質である」，と考えていたイギリス直観主義者らであろう．また，(1.3.2) で言及した，強固な道徳的実在論を擁護する論者たちも，(N) を受け入れることはないだろう．それは，両者が共に≪経験的性質としての自然的性質≫によって理解された (N) を受け入れることができないからである．イギリス直観主義や強固な道徳的実在論の擁護を目指す論者たちは，道徳的性質の本性は他の自然科学で探究されている性質とは根本的に異なるものであると考えている．≪経験的性質としての自然的性質≫によって (N) が理解された場合，(N) が主張するのはまさに道徳的性質と他の経験科学で探究されている性質との類似性である．そのため，道徳的性質を非自然的性質であると考えているこれらの論者らは (N) を受け入れることはできない．

問題になるのは (1.3.2) で言及した哲学的自然主義との適合を重視する非自然主義的なメタ倫理学説についてである．ここでは仮にこの立場を「穏健な非自然主義」と呼ぶ．穏健な非自然主義を標榜する論者たちは，形而上学のレベルでは，非還元主義的な総合的自然主義者たちに同意すると主張する．たとえば，パーフィットは自身の立場のことを非形而上学的認知主義 (non metaphysical cognitivism) と呼び，自らの立場が伝統的な非自然主義者が持っていたような形而上学的コミットメントを持たないものであることを主張する (Parfit 2011b, p. 479)．ウェッジウッドやシャファー・ランダウも彼らが擁護を目指す非自然主義は形而上学のレベルではコーネル実在論，即ち，非還元主義的な総合的自然主義と同様の主張を持つと述べている (Wedgwood 2007, pp. 5-6, Shafer-Landau 2003, p. 76n)．

自然主義にも還元主義と非還元主義の 2 種があることについては (2.5) で詳しく述べる．ここでは，次の点を確認しておきたい．即ち，自然主義者は「道徳的性質は自然的性質である」と主張したとしても，「道徳的性質は他の自然的性質に還元できない」との道徳的性質に関する非還元主義を受け入れることができる可能性がある．だが，そうなると，非還元主義的な自然主義と穏健な非自然主義は道徳的性質の本性についてはそれほど異なる主張を行っているようには見えなくなる．この問題について明確な見解を示さなければ，(N) を

メタ倫理学の論争史の中で理解するという戦略が行き詰ってしまう．

著者はこの問題について，上で示した《ア・プリオリ性》を用いて，自然主義と穏健な非自然主義の間にどのような違いがあるのか，示すことができると考えている．

穏健な非自然主義者の代表として，パーフィットを取り上げよう．パーフィットは形而上学のレベルでは強固な非自然主義者が想定していたような道徳的性質の存在を想定していない．一方で，道徳に関する実質的な真理は総合的であり，我々はそれが真であると知ることができると述べる（2011b, p. 490）．ということは，パーフィットは実質的な規範的主張は総合的命題だと考えており，かつ，その真偽を我々は知ることが出来ると考えていることになる．

ここで，「痛みは悪である」という主張について考えてみよう．この主張が真であり，かつ，この主張は総合的命題であると措定しよう．《ア・プリオリ性》によると，この主張の真偽をア・プリオリに知ることができるのは，以下のような場合である．即ち，この主張を経験的証拠に依らずに理性的に信じることができ，かつ，この主張が経験的に反証され得ない場合のみである．パーフィットら穏健な非自然主義者は，このような主張は経験的証拠なしで理性的に信じることができると考えている．パーフィットは，痛みに関する事実を認知していれば，その事実によってこの命題が真であるという理由があたえられ，痛みは悪だという命題を信じることができると言う（2011b, p. 493）．《ア・プリオリ性》はこれだけではパーフィットの方法がア・プリオリであるとまでは言わない．《ア・プリオリ性》によると，もし「痛みは悪である」は経験的には反証し得ないものであった場合，この命題に関する知識はア・プリオリということになる．パーフィットは彼の標榜する立場は道徳的事実を経験的に発見することはできないものとすると述べているから（2011b, p. 307, p. 496），道徳に関する総合的命題も経験的な方法以外の方法でのみ知ることができるものと考えていると思われる．ということは，パーフィットは道徳に関する総合的命題は経験的には反証し得ないものであると考えているということである．つまり，パーフィットのような穏健な自然主義者でも，《ア・プリオリ性》を通して理解された（N）を拒絶するということである．

以上，（N）の理解のためにメタ倫理学における自然主義と非自然主義の対

立を考察した．ここまでの考察をまとめると以下のようになる．

- (N) を≪経験的性質としての自然的性質≫，≪ア・プリオリ性≫を通じて理解しようとしても，何を「経験的方法」の外延とするかという問題があり，(N) が何を肯定し，何を否定しているのか，曖昧になるという問題がある．この問題は難しい哲学的課題であるから，本書では正面からこの問題には取り組まない．

- (N) を巡るメタ倫理学における論争を見てみると，(N) は直観主義と強固な道徳的実在論者，穏健な非自然主義者，双方に拒絶される考えであることがわかる．これらの非自然主義は，道徳に関する総合的命題は経験的に反証し得るという考えを拒絶する．

このように考えてくると，上述したが，(N) の擁護のための重要な課題は，道徳に関する総合的命題がどのような仕方で経験的に反証し得るか，示すことだということになる．

2.4 倫理学における方法論的自然主義

ここまでで，(M) と (N) について説明することで，自然主義がどのような形而上学的な想定を持つ立場なのか，確認してきた．(M) と (N) は形而上学的な主張であるが，この2つの主張は (MN)「道徳的性質に関する探究は経験的な方法によって進めることができる」との方法論的な主張を含意している．

自然主義の骨格となるのは (N)「道徳的性質は自然的性質である」との主張である．この主張を説明するために，前節で自然的性質の条件の1つとして，「自然的性質はその例化に関する総合的命題を経験的方法によって知ることができるもの」という考えを提出した．このことから導き出されることは，道徳的性質の探究は自然科学で用いられている経験的な方法と同種のものになるということである．

この方法論に関するテーゼは，(1.3.1) で論じた哲学的自然主義が持つ方法

論的な主張から派生したものであると考えることができる．方法論的自然主義の擁護者は，哲学諸分野における探究は科学諸分野における経験的な探求の一部としてア・ポステリオリに進んでいくべきであると主張する（Railton 1993, p. 315）．(MN) はこの主張を倫理学にも拡張したものと考えることができる．

(MN) は哲学全般に関するテーゼである方法論的自然主義よりも弱い主張である．(MN) を受け入れるということは，倫理学において経験的推論方法を採用するべきであるとの含意はあるが，哲学全般に渡って経験的推論方法を採用するべきとの強い主張は含意していない．それは，(MN) を受け入れたとしても，他の分野でア・プリオリな概念分析などを主な方法として採用することも許容できるからである．例えば，(MN) を受け入れたとしても，数学の探究には経験的推論方法を用いることはできないと主張することもできる．

(MN) を受け入れることは倫理学の一階理論である規範倫理学のレベルに重要な含意がある．(MN) が真であった場合，たとえば正義に関する理論も，その理論が提示する規範の是非を巡って，経験的知見に訴えることで探究することができるということになる．同じようなことが，徳に関する理論や道徳に関連する福利に関する理論にも言えるということになる．

(MN) が規範倫理学の探究に影響を与えるとの主張は，以下の想定に支えられている．

≪道徳的性質の探究と倫理の一階の探究≫
倫理の一階の探究は，道徳的性質の本性に関する探究である．

この想定があるが故に，正義に関する一階の探究は，正義という道徳的性質の本性を巡る探究であると理解できるということになる．この想定はコーネル実在論者らが伝統的に主張してきた考えである（Boyd 1988, pp. 199-200, Brink 2001, p. 162, Sturgeon 1985, p. 195, p. 207, Copp 2007, p. 45）．

規範倫理理論が経験的方法によって発展させることができるという主張はそれほど真新しいものではない．『功利主義論』の第1章でJ. S. ミルは自らの倫理学における方法について，それを「帰納派」(the inductive school of ethics) と呼び，正しさや悪さといった道徳に関する問いは観察や経験によって探究で

きるとした．一方で，カントなどは，このような主張を否定する代表格と言えるだろう．

このように考えると，(MN) はある一定の自然主義的方法を用いる規範倫理理論と親和性があり，その他のいわゆる非自然主義的な理論とはそのような親和性がないということになる．自然主義と非自然主義的な方法を用いる規範倫理理論がどのような関係になるのか，このことは自然主義を擁護する上で重要な問いである．このことについては第3章以降で詳しく論じていく．

2.5 還元的自然主義と非還元的自然主義

ここまでで，自然主義の主張である (M), (N), そして両者の含意である (MN) を説明した．このような主張を持つ自然主義は，(1.3.3) で論じた総合的倫理自然主義の流れを汲む考えである．

(1.3.3) でも言及したが，総合的倫理自然主義を受け入れたとしても，道徳的性質の本性について，2つの異なる見解を受け入れることが可能である．コーネル実在論者は，道徳的性質は自然的性質だがそれは非還元的で「独自の」(*sui generis*) ものであると主張する (Brink 1984, 1989, Boyd 1988, Sturgeon 1998a, 2005, 2006). 一方で，レイルトンなどは，道徳的性質は最終的には自然的性質に還元できると主張している (Railton 1986, 1993, Miller 2003, Sinhababu unpublished).

還元主義と非還元主義が争っている問いは，道徳的性質が他の自然的性質と同一であるか否かを巡る問いである．還元主義者は，道徳的性質はどれも他の自然的性質と同一であると考えている．だから，還元主義者は道徳に関する探究が進めば悪さなどの道徳的性質がどのような自然的性質と同一であるか，明確な定義を与えることができるはずだと考えている．一方で，非還元主義者はこのような同一関係を何らかの仕方で否定する．たとえば，今現在はそのような還元的関係を信じるに足る証拠がない，または，道徳的性質の本性上決して道徳的性質が他の自然的性質と同一であることは明らかにされない，といった主張をして還元主義を否定することが考えられる．

(M) と (N), そしてその含意である (MN) を標榜する自然主義者は，還元

主義，非還元主義，どちらかの立場を採用しなければならないのだろうか．この問いへの答えは，自然主義者がどのような論法を用いて自説の擁護を目指すかに依る．(M)のような性質の存在に関する主張を擁護するための論法として，その性質にしか担えない役割を示し，そのことによってその性質の存在を擁護するという方法がある．もしこのような種類の論法に訴えて道徳的性質の存在を擁護するのであれば，還元主義を取ることができず，非還元主義しか選択肢がないということになるかもしれない．また，すでにその存在がある程度認められている自然的性質によって道徳的性質の存在を立証していくという手法を取った場合，自然主義者は還元主義を取る必要が出てくるかもしれない．

　一方で，自然主義者は「自然主義者であるが故に」ここで判断を留保することもできるようにも思える．道徳的性質が自然的性質であるならば，上で述べたように道徳的性質は経験的手法によって探究されるということになる．そうであるならば，道徳的性質が他の自然的性質に還元できるものかどうかも，そのような経験的手法を用いた探究の中で明らかにされるべき問いであると考えるべきだろう．たとえば，規範倫理学における探究の結果，悪さが様々な異なる自然的性質によって例化されることが示されたとしよう．そのような場合，自然主義者は道徳的性質が非還元的なものであることに同意するだろう．一方，一階の探究の結果，薄い概念も分厚い概念も，否定的な道徳的評価を問題となっている対象に下す概念は，どれも他者を傷つけようとする心的状態と結びついていたことが明らかになったとしよう．このような場合，道徳的性質は他の自然的性質に還元できるという結論になるかもしれない．

　このように考えると，(M)と(N)から成り立つ自然主義は，現時点では，非還元主義，還元主義，どちらとも両立する可能性があると考えて，どちらか一方を支持する必要はないと考えることができる．筆者はこの考えを採用し，自然主義の擁護を始めるにあたって現時点では還元主義・非還元主義のいずれも積極的に否定もしないし支持もしないという方針を取る．

2.6 本章のまとめ

　この章では本書で擁護を目指す自然主義的なメタ倫理学説が持つ主張の説明を試みた．本書で擁護を目指す自然主義がどのような意味で自然主義的な考えであると言えるのか，この点について明らかにすることが本章の目的の1つであったが，この点についてまとめると以下のようになる．

・本書で擁護を目指す自然主義は（MN）を含意している．このことは，前章 (1.3.1) で見た方法論的自然主義が，少なくとも道徳の分野には拡張されることを，積極的に支持することを意味する．

・本書で擁護を目指す自然主義は（M）と（N）を含んでいるため，以下のような意味で，存在論的自然主義が少なくとも倫理の分野では適切な考えであることを示唆する．（M）と（N）が真であった場合，道徳的性質の本性を巡る探究の仕方と，他の科学で用いられている探究の仕方は，どちらの分野においてもその実質的な主張である総合的命題が経験的証拠によって反証され得るという意味で，同種の経験的方法であるということになる．となると，同じ方法が用いられているという意味で，道徳の探究も科学の一部であると考えることができるということになる．最良の科学において想定されているものの存在のみを認めるという考えが存在論的自然主義であるが，本書で擁護を目指す立場はこの考えに沿って，経験的方法を用いる最良の規範倫理論によって想定される道徳的性質のみが我々の道徳に関する存在論のリストに入ると主張する．

　それでは，自然主義はどのような論証によって擁護することができるのだろうか．次章ではその主な動機である説明的論証と呼ばれるものについて見ていく．

第 3 章　自然主義のための説明的論証

　第 1 章で 20 世紀前半から現在にいたるメタ倫理学の歴史を概観した．その上で，本書で擁護を目指す自然主義が持つ道徳的実在論の主張と道徳的性質は自然的性質であるとの主張，そしてこの 2 つの主張に含意される倫理学における方法論的自然主義について，第 2 章で見た．

　自然主義は内的適合性と外的適合性の双方を満たすことを目指す，ある種「理想的な」主張である．即ち，自然主義は我々の道徳に関する一般的な理解に説明を与え得る道徳的実在論の一種であるので，内的適合性に優れた立場である．同時に，道徳的性質を自然的性質として理解し，科学が想定している世界観とも適合するような仕方で価値や規範の存在論的な地位を確保しようとする外的適合性にも優れたものである．

　このように考えると自然主義そのものは哲学者にとって魅力のある立場であるわけだが，道徳的性質を自然的性質として科学が想定する世界観の中で位置づけることは難問である．では，そのような問題を解消して自然主義を真であると信じる動機になり得る論証があるのだろうか．

　自然主義擁護のための代表的な論証にスタージョンらが展開している「説明的論証」（the explanationist argument）[*1] と呼ばれるものがある（Sturgeon 1985, 2006）．本章ではこの論証について検討し，この論証には実は「個別の道徳的説明による論証」と「規範倫理理論による論証」と呼ぶことができる 2 つの異なる形態があることを明らかにする．本章では主にこれまでメタ倫理学において盛んに論じられてきた個別の道徳的説明による論証について主に見ていくが，この形態をとる説明的論証には様々な問題があることを示す．その上で，自然主義擁護のための見込みのある論証として規範倫理理論による論証の可能性を示す．

[*1]　説明的論証（the explanationist argument）の呼称はシンクレア（Sinclair 2011）が用いている．

3.1 説明的論証の概要

本章で検討する説明的論証は以下のような形式をとる.

≪説明的論証≫
(1) ある性質 x は，それが我々の経験する現象の最良の説明に欠かせないものであった場合，存在する[*2].
(2) 自然的道徳的性質は我々が経験する現象の最良の説明に欠かせない.
∴（故に）(3) 自然的道徳的性質は存在する.

≪説明的論証≫の結論部である(3)「自然的道徳的性質は存在する」は，前章で見た自然主義の主張である（M）と（N）の連言である．そのため，もしこの論証が健全であった場合，自然主義は真であるということになる.
　この論証は妥当な論証である．だから争点となるのは前提1と前提2が真であるか否かという点にある.

3.1.1 十分条件としての説明テーゼ

はじめに論証の最初の前提について見てみる．前提(1)は「ある性質 x は，それが我々の経験する現象の最良の説明に欠かせないものであった場合，存在する」であるが，この前提は，ある性質はその性質を措定する仮説や理論が最良の説明に欠かせないという説明的利点（explanatory virtue）を持っていた場合，「存在論的権利」[*3]を獲得できるとの主張だ．この主張を「説明テーゼ」と呼ぶことにしよう.
　説明テーゼの説明にあたり，まず始めにこのテーゼの性格について考察し，次にこのテーゼで用いられている「経験的現象」，「説明」，「最良の説明」といった言葉・考えについて，順を追って説明していく.

[*2] スタージョン自身はこの前提を十分条件ではなく，必要十分条件として提出しているように見えるが，この点については後述する.

[*3] 「存在論的権利（ontological right）」という言葉はミラー（Alexander Miller）が用いている（2003, p. 173）.

まずは説明テーゼの性格について説明する．このテーゼは十分条件として与えられているが，このテーゼをさらに強固な自然主義的な主張とするために，必要十分条件とすることもできる．即ち，「ある性質 x は，それが我々の経験する現象の最良の説明に欠かせないものであった場合，かつその場合においてのみ，存在する」というものに変更することができるということである．実際に，説明的論証を論じる上でこのテーゼは必要十分条件として提示されることがある*4．この必要十分条件は，我々が経験する事象の説明に必要のないものは我々の存在論のリストから除外するという強い含意を持っていることから，前章で見た存在論的自然主義の一形態であると考えることができる．

筆者は道徳における自然主義者はこのような強固な自然主義的主張を初めから保持する必要はないと考えている．道徳的性質を自然的性質と見なしたとしても，そのことによって数学において想定されている性質，例えば実数などというものが自然的性質であると想定する必要はないだろう．数学的性質が経験的現象の説明には必要がないと考え，さらにそのことが数学的性質の存在を否定することにもつながらないとして数学的性質の非自然主義を採用することもできるだろう．自然主義者がこのような穏健なスタンスをとることができるのは，そのことが「自然的道徳的性質が存在する」との道徳に関する自然主義的な主張にさしたる影響を及ぼさないと思われるからである．

3.1.2 経験的現象

次に説明テーゼで使用されている言葉・考えについて，順を追って説明していく．

はじめに「我々が経験する現象」について検討していく．説明テーゼは我々が経験する現象の説明に不可欠なものの存在論的権利を保証することを目指しているが，この考えが説明テーゼの射程を制限している．この考えは，ある性質によって説明されるものが我々の経験する現象でなかった場合，説明テーゼに訴えてこの性質の存在を主張することはできないことを含意している．その例となるのは神による奇跡や，魔力など通常の経験的方法で知覚することがで

---

*4 ミラーはなどが説明的論証の説明テーゼを必要十分条件として理解している（Miller 2003, p. 140）．

きないものだろう．

　さて，それではこの「我々が経験する現象」とはどのようなことを指しているのだろうか．ある現象が「我々が経験する現象」として数えられるのは，その現象が知覚や観察，それらに基づいた記憶などの経験的方法によって与えられる場合だと考えることができる．「経験的方法」の内実を巡る問題については (2.3) で既に論じたが，知覚，観察，それらに基づいた記憶，そしてそれらを使った帰納的推論などは，経験的方法の代表例として含めることはそれほど奇異な考えではないだろう．このことを踏まえて，「我々が経験する現象」を「我々が経験的証拠を持っている現象」と理解することができる．この理解に基づいて考えると，私の机の上に本が3つ置かれているという現象は，それを表す命題の真理性が私の視覚によって支持される現象だから，経験的証拠を持った現象ということになり，経験的現象の1つとして数えることができる[*5]．

3.1.3　説明と最良の説明

　次に「説明」と「最良の説明」について検討する．一口に説明といっても様々なタイプのものがあると思われるが[*6]，説明的論証で問題にしている説明は主に科学哲学において論じられてきた科学的説明であると理解してよいだろう．というのも，説明的論証の擁護者が目指しているのは，科学において法則や理論的存在者が経験的現象の説明に用いられるのと同じ仕方で道徳的性質も説明的利点を持つことができるという主張であるからである．

　近年の科学的説明を巡る議論はヘンペル（Carl Hempel）が提案した演繹的法則的モデル（deductive-nomological model）と呼ばれる説明モデルを巡る議論を出発点としている．ヘンペルはxがyを説明するとは，補助仮説と共に，xからyを演繹的推論によって導き出すことができるということだと考えていた（Hempel 1965）．この提案そのものには様々な問題があり，これを額面通りに受け入れる論者は少ないが，ヘンペルの「全ての科学的説明を説明すること

[*5]　ここで問題となっているのは，経験的証拠によって我々が日常的に信じている命題が実際に正当化されるか否かということではない．そうではなく，ここで問題にしているのは，あくまで，どのような現象が説明テーゼが射程におく経験的現象なのか，という点である．

[*6]　科学的説明以外の様々な種類の説明については（Ruben 1992）を参照．

3.1 説明的論証の概要

ができるモデルがある」との想定を受け入れている論者は多い．たとえば，ヘンペルの提案が抱えていた問題を解消し得るものとして，xがyを説明するとはxがyの原因である場合だとする提案がなされたが，この提案もヘンペルが持っていた「科学的説明はモデル化できる」との想定を保持している．

説明をモデル化して理解しようとするアプローチとは違う考え方も提案されている．それは，何かの現象を説明すると思われる仮説をいくつか出し，それらを比較検討することで，何がその現象を最も良く説明するのか明確にしていくというアプローチだ[*7]．このアプローチを採用すれば，全ての科学的説明を説明できるモデルを巡る議論をすることなく，道徳的性質を想定する理論・仮説が説明的利点を持つことができるのか，検討することができる．同時に，このアプローチを採用するには，ある説明が他の説明と比べてどのような長所を持っているが故に優れていると言えるのか，ある程度の見解を示す必要がある．

適切な説明が持つべき利点として，以下の3点を挙げることができる．

① メカニズムの提示：被説明項のメカニズムを明らかにできることは，説明が持ち得る利点であろう（Bunge 1997, Bird 1998, Bechtel & Abrahamsen 2005, Bechtel 2011）．たとえば，エネルギーがアデノシン3リン酸に蓄えられる際に使われる酸素がいつもある一定の量であるという現象を説明するには，この一連の化学作用がどのようなメカニズムを持っているのか，説明する必要があるだろう．

② 包括性：ある仮説が提案されたとして，その仮説がどれほど多くのことを説明できるかという点も，その説明の良し悪しを測る基準になるだろう．このような説明的利点は「包括性」（consilience）と呼ばれている（Thagard 1978）．窃盗が起こった家の庭に足跡があったとして，その足跡が男物の靴のそれであったとしよう．このことから，隣の家のタロウが盗みに入ったと仮定することができる．たしかに，この仮説は男物の足跡について説明することができるが，他の証拠を説明できないかもしれない．たとえば，タロウ

[*7] モデルを想定しないで説明について考察していくというアプローチについては（Bird 1998）を参照．

は盗みがあったとされる時間に町にいなかった，タロウの足は小さく，彼の靴では男物の足跡はできない，などの事実があった場合，仮説はこれらの事実を説明することができない．一方で，隣町のジロウが盗みを働いたという説明は，これらの事実を全て説明することができるとしよう．このような場合，最初の仮説よりも2番目の仮説の方が説明仮説として優れていることは明確であるが，それは後者がより多くの事実を説明できるという包括性を持っていたからであるということが言える．

③単純性：単純性（simplicity）とは，提案された仮説に伴う補助仮説（auxiliary hypotheses）がより少ない場合に得られる説明的利点である．ラボアジエの燃焼理論とフロギストン説を比較してみよう．フロギストン説によれば，物の燃焼はそれに含まれているフロギストン（燃素）とい物質が放出されることによって起こる．ただ，この説を受け入れるためには他の様々な補助仮説が必要になる．金属が燃焼するとその金属の質量が増すという現象があるが，単純なフロギストン説だけではこの現象を説明できない．そこで，「フロギストンは負の質量を持っている（つまり，フロギストンがなくなった物は質量が増加する）」などの他の仮説を想定する必要が出てくる．これに対して，物の燃焼を酸素との結合という観点から説明するラボアジエの説は，観察される現象を説明できるだけでなく，フロギストン説が持つような補助仮説を想定する必要がないという意味で，単純である．

　これらの説明的利点は，最良の説明に関する必要十分条件ではなく，最良の説明に関する一種の基準として理解できる．つまり，2つの相反する仮説があったとして，その2つの仮説はここで示された基準を用いて比較することができる，ということである．
　この基準を用いれば，科学的説明一般のモデルを持たなくても，ある仮説の説明能力が他の仮説のもつそれと比べてどのように優れているのか，検証することができる．そこから，どの仮説が他の仮説に比べて最も優れた説明的利点を持つのか検討して，どの仮説が最良の説明であるのか，明らかにすることができる．

3.1.4　最良の説明への推論と実在論

　ここまでで説明テーゼが用いる「我々が経験する現象」，「説明」，「最良の説明」について，それがどのような内容であるのか，ある程度の見解を示してきた．次に説明テーゼの根幹をなす主張について見てみる．それは，ある性質に関する想定が我々の経験する現象の最良の説明に不可欠であった場合，その性質が「存在する」という存在論的主張である．果たして，ある性質の想定が最良の説明に不可欠であった場合，その性質は存在論的権利を獲得できるのであろうか．

　たとえある性質の想定が最良の説明に必要なものであったとしても，その性質の存在を保証することはできないとする反論は様々に挙げることができる（Van Fraassen 1980, 1989, Laudan 1981）．一方で，仮説がある一定の説明的利点を持っていた場合，その仮説が想定している性質の存在を信じる理由が与えられると主張する論者も多く存在する（Boyd 1980, Psillos 1999, Lipton 2003）．説明テーゼを真であるとすることは，この論争に関して後者に属するということになるが，となると，説明テーゼを用いる説明的論証の擁護者はこの論争に深く立ち入らねばならないのだろうか．

　筆者はメタ倫理学における1つの立場である自然主義の擁護を目指す説明的論証の擁護者は，説明テーゼを巡る上のような論争に深く立ち入る必要はないと考える．筆者がこのように考える理由は次の2つである．

①メタ倫理学において説明的論証を受け入れることを拒む論者も，説明テーゼについては，彼ら自身の立場の擁護のために受け入れている

②メタ倫理学における論争の中で，説明テーゼを積極的に否定する必要性が今のところ示されていない

　①の例として，スミス（Michael Smith）を挙げることができる．スミスは自然主義が掲げる（M）には同意すると思われるが，道徳的性質の例化に関する命題はア・プリオリであるとしているから，（N）は否定すると思われる（Smith 1994, p. 187）．（N）を否定するということは，その結論が（N）である説明的論

証も受け入れられないということになる．一方で，ア・プリオリな道徳的真理を擁護する1つの戦略として，スミスはその説明力に訴えるという戦略を提示している（同上）．スミスが被説明項として挙げるのは道徳に関する議論が我々の間で一定の同意を生み出す傾向があるという経験的事実である．スミスはこの経験的事実から，我々が完全に合理的であった場合，我々の異なる欲求は，同じ対象への欲求（他者を大切にする，など）に収斂されていくことが予想できるとする．そしてこの事実を最も良く説明するものとして，我々が合理性を発揮して発見することができるア・プリオリな道徳的真理を想定することができると述べる．つまり，合理性によって我々の欲求が収斂していくことは，その合理性に対応したア・プリオリな道徳的真理の存在によって説明することができるということである．このような論法が想定しているのは説明テーゼである．即ち，ア・プリオリな道徳的真理は，それが我々の経験する現象の最良の説明に必要であるが故に，その存在が保証されている，ということである[*8]．

また，非実在論者であるマッキーも自身の立場を擁護するにあたり説明テーゼに訴えている（Mackie 1977, pp. 36-37）．スミスとは異なり，マッキーは我々の道徳に関する見解がしばしば一致しないことに着目する．たしかに，遺伝子操作によって生まれてくる子どもの能力などもあらかじめ強化することが許されるか否かといったヒューマンエンハンスメントに関する問題など，道徳においては意見が一致しない問題が多く存在する．マッキーはこのような意見の不一致を説明するのは，そもそも道徳に関して客観的な事実などないという想定であると主張する．注目すべき点は，ここでもマッキーが依っているのは説明

[*8] スミスの議論のこのような理解は（John Doris & Alexandra Plakias, 2008 p. 312）を参照．この箇所でのスミスの議論は，個々の道徳的事実の発見のされ方が合理的な考察（rational reflection）や話し合い（conversation）によるものであり，経験的な方法に頼らないという意味で，そのような仕方で発見される道徳的事実はア・プリオリである，というものである（Smith, p. 187）．だが，もしそのような道徳的事実の存在が，我々の欲求の収斂という経験的事実の説明によって保証されるとすると，少なくとも「道徳的事実が存在する」という真理はア・ポステリオリであるようにも思える．このことを踏まえると，ここでスミスは以下のような3つの考えを保持しなくてはならないように思える．①「華子は太郎との約束を守るべきだ」「他者に対しては慈悲深くあるべきだ」などの個々の道徳的真理は，合理的な考察などの非経験的方法によってのみ知られるという意味で，ア・プリオリである．だが，②「我々の合理性に対応する道徳的事実が存在する」という真理は，欲求の収斂などの経験的事実によって知られることから，ア・ポステリオリである．そして，③①と②は両立する．

テーゼであるという点だ．マッキーが客観的な道徳的事実が存在しないと主張しているのは，それが最良の説明に必要ないと考えているからである．ここでマッキーが，それが説明的利点を持たないという観点から道徳的事実の存在を否定することができるのは，彼が「ある性質は，その性質の存在の想定が経験的現象の説明に際して利点を持たない限り，存在しない」との強い形態の説明テーゼを受け入れているからである．

上で示した論者たちは自らの立場を擁護するために説明テーゼを積極的に必要とするが，そうでない立場もある．だが，異なる立場を主張する論者たちも，説明テーゼを積極的に否定することはないし，そのような理由も見当たらない．説明テーゼを巡っては，たとえばネーゲル（Thomas Nagel）はそれが道徳的性質の存在論的地位を確保するための適切なテストにはならないと主張している．ネーゲルがこのような主張をする理由は，たとえ道徳的性質の想定が我々に何の説明力も提供しないからといって，そのことによって道徳的性質の存在を否定する必要はなく，道徳的性質にはそれにふさわしい他の存在論的テストがあると考えているからである（Nagel 1980, p. 114n）．ネーゲルはこのような仕方で説明テーゼを用いた道徳的性質の存在の擁護に否定的な見解を示しているが，これは説明テーゼそのものの否定ではない．というのも，ネーゲルが主張しているのは，説明テーゼを用いた存在論的テストを道徳的性質が通過しなかったからといってその存在論的権利の確保を断念する必要はないということであり，このことは，もし説明テーゼのテストを道徳的性質が通過した場合，その存在論的権利を確保できることを否定するものではないからである（Sturgeon 1985, p. 187 参照）．

このように考えると，説明テーゼそのものについては議論が分かれるが，メタ倫理学の論争という文脈においては真であると想定して論を進めても問題がないものと思われる．

3.2 個別の道徳的説明による論証

前節までで，説明的論証の最初の前提を解説し，メタ倫理学における論争の中ではさしあたりそれを問題視する必要がないと論じた．では，次に説明的論

証の 2 つ目の前提について見てみよう.

説明的論証の 2 つ目の前提とは,「自然的道徳的性質は我々が経験する現象の最良の説明に欠かせない」との, 道徳的性質の説明能力に関する主張である.

説明的論証に関する論争の中で中心的に議論がなされてきたのはこの 2 つ目の前提についてである. 自然主義者はこの前提をどのような形で擁護しようとしてきたのだろうか. そして, 自然主義者の試みにはどのような問題点があるのだろうか.

前提(2)を擁護する戦略として, これまでのメタ倫理学で論じられてきたものは「個別の道徳的説明による論証(「個別論証」と省略する)」と呼ぶことができるものだ. これは,「道徳的説明」と呼ぶことができる説明を提示し, それらが適切なものであると主張することで, 前提(2)が真であることを示すという戦略である. この戦略は説明的論証の主唱者であるスタージョンが提案し, メタ倫理学では主に彼の提案を巡り活発な論争が繰り広げられてきた.

以下で見ていくように個別論証には様々な反論があり, その擁護は容易でない. 本節では個別論証の概要を説明し, なぜその擁護が難しいのか, 明らかにしていく.

個別論証は以下のような形式を取る.

≪個別論証≫
(個1) いくつかの個別の道徳的性質の例化を想定することにより, 最良の説明を与えることができる経験的現象が存在する.
(個2) (1)で道徳的性質が説明的な役割 (explanatory role) を果たすのは, それが因果的性質であるからである.
(個3) ある性質は, それが因果的性質であった場合, 自然的性質である.
∴ (故に)(個4・結論) 自然的道徳的性質は我々が経験する現象の最良の説明に欠かせない (説明的論証の前提 2).

上の論証において, (個1) は道徳的性質を想定することで最も良く説明することができる経験的現象があるということを述べている. (個3) は前章 (2.3) で確認した, 性質の因果性に訴える自然的性質の定義・真理条件である. さら

に，（個2）と（個3）により，ここで言及されている道徳的性質が自然的性質であることが帰結するから，説明論証の前提(2)（「自然的道徳的性質は我々が経験する現象の最良の説明に欠かせない」）である（個4）が結論として導き出される．

　スタージョンは道徳的性質をその説明項に用いた「道徳的説明」の例を示すことで（個1）が真であると主張し，個別証証の擁護を試みる．

　たとえば，スタージョンは我々が持つ道徳的信念の形成を説明する際に，道徳的性質の存在が最良の説明に欠かすことができないものであると主張する．スタージョンが示したものとして以下のようなものがある．

≪ヒトラー事例≫
我々が「ヒトラーは道徳的に堕落した人間だった（morally depraved）」という信念を持っている，もしくはそのように判断するのは，ヒトラーが実際に道徳的に堕落していたからである．

　上の説明の被説明項は，我々があるタイプの道徳的信念・判断を持っているという経験的現象であり，それを説明するものとして道徳的事実が挙げられている．また，この説明は我々の信念・判断を「因果的に」説明するものとして提案されている．つまり，この説明はヒトラーの悪徳が我々のヒトラーに関する信念・判断と因果的な関連性があることを示して，両者の間に説明関係があることを示している．

　このような道徳的説明がもし適切なものであった場合，個別論証を擁護して説明的論証を擁護することができる．では，どのようにこの説明が適切なものであり，経験的現象の最良の説明に欠かせないものであると主張することができるのだろうか．ある性質の説明的関連性を調べる方法としてスタージョンは以下のような反事実条件文（counterfactual）によるテストを提案している．

≪反事実条件文テスト≫
x が y に対して全く説明的関連性がないのであれば，たとえ x が偽であっても y は成り立つし，y に関する説明が劣ったものになることもない（Sturgeon

1985, p. 198).

　スタージョンはこのテストを使い，道徳的性質の説明的関連性の擁護を試みる．反事実条件文テストによると，ヒトラーの事例を適切な説明であると見なすためには以下の反事実条件文が真であると主張する必要がある．

《ヒトラー事例に関する反事実条件文》
ヒトラーがもし道徳的に堕落していなかったならば，我々がヒトラーを道徳的に堕落した人間であったと信じることはない．

　上のような反事実条件文の真理値に関する典型的なアプローチに，現実の状況・世界と，ヒトラーが道徳的に堕落していなかった状況・世界を想定し，それらの類似性 (similarity) から反事実条件文の真理値が解明できるというものがある (Lewis 1973)．このアプローチによると，ヒトラーが道徳的に堕落していない状況・世界の中で最も現実の状況に近いところでも，我々がヒトラーを道徳的に堕落した人間であったと信じている場合，上の反事実条件文は真であると見なすことができる．
　さて，もしヒトラーが悪徳を持っていなかった状況や世界を想像しろと言われた場合，我々は彼の考えや行動が実際とは大きく異なっている状況を想像するだろう．たとえば，ヒトラーが悪い人間でなかったのであれば他の民族の大量虐殺を命じたりはしない，と多くの人は考えるだろう．ヒトラーが悪徳を持っていなかったとしても，彼が現実の世界と同様に大量虐殺を命じている状況を想定することは困難であるように思える．しかしこのような困難な状況を想定することも論理的には可能であろう．では，ヒトラーが道徳的に堕落していなかった状況を想像するように言われた場合に，なぜ我々はこのような状況を思い浮かべないのだろうか．それは，我々が道徳的に堕落するとはどういうことなのか，ある程度の共通認識を有しているからであろう．即ち，ヒトラーの悪徳は彼の考えや行為に依存しているものであるといった考えや，堕落していない人間は大量虐殺など命じないという考えなどの，堕落に関する一階の考えが共有されているが故に，我々はヒトラーが道徳的に堕落していないにも関わら

ず，彼が現実世界と同じように大量虐殺を命じるような状況を想像しないということである．

このように考えると，ヒトラー事例に関する反事実条件文が真であるとするには，道徳的な堕落に関する背景理論を想定し，それが真であると想定する必要が出てくる．この点について，スタージョンは科学理論とのアナロジーに訴えることで，背景理論を真であると想定することは必ずしも不適切なことではないと主張する（Sturgeon 1986 pp. 203-7）．次のような科学実験の事例について考えてみよう．物理学者たちが陽子（proton）に関する実験を行っていて，そこで実験器具の中で一筋の煙を確認し，「陽子の発生によりこのような煙が発生した」と判断したとしよう．物理学者たちのこのような判断は，実験器具の中で実際に陽子が発生した，と想定することにより説明できるように思えるが，この説明の適切さを評価するためにスタージョンが提案する反事実条件文テストを用いると，次のような反事実条件文を検討することになる．

≪陽子に関する反事実条件文≫
もし実験中に陽子が発生していなかったならば，物理学者たちは陽子の発生によって一筋の煙が発生した，とは判断しなかった．

さて，この反事実条件文が真であるためには，陽子が発生しておらず，かつ，煙も発生しない状況が，現実の状況に最も近いものである必要が出てくる．これに反する状況は，陽子が発生していないにもかかわらず煙が発生し，物理学者たちが「陽子が発生した」と判断するという状況だが，そのような状況を考えることは，論理的には，可能であろう．だが，このような状況の想定は，陽子に関する理論や関連する物理学の理論が大部分誤りであると見なすことにつながる．このことが示しているのは，≪陽子に関する反事実条件文≫が真であると見なすためには，陽子に関する理論や関係する物理学の理論がある程度正しいものであると想定する必要があるということである．

スタージョンはこの点に着目して，次のような議論を展開する．もしヒトラー事例において道徳の背景理論を偽であると想定して反事実条件文が真であることを認めない場合，陽子の事例においても背景理論を偽であると見なして，

≪陽子に関する反事実条件文≫も偽であるとしなければならなくなる．だが，多くの人は科学理論が大部分において誤っているとは考えないであろうから[*9]，道徳に関する理論だけを偽であると想定することは許されない．このことから，スタージョンは我々が常識的に持っている道徳に関する一階理論を真と見なして，≪ヒトラー事例に関する反事実条件文≫を真であると見なすことができると主張する．

また，道徳的説明と道徳的性質・事実に言及しない説明を比較してみると，前者の方がより多くの事実を説明することができるとも考えられる．個別論証の擁護者は上のような道徳的信念に関する説明の他，次のような道徳的説明も提示する．

≪歴史的事実に関する道徳的説明≫
18 世紀から 19 世紀にかけてイギリスやフランス，北アメリカで大規模な奴隷制度廃止運動が起こったのは，これらの地域での奴隷制度がそれまでのものよりも一層悪いものであったからである．

　この説明では社会的制度が持つ悪がその制度の廃止運動に繋がることが示されているが，社会制度の悪がこのような因果性を持つと想定すると，その他の似たような事例も説明することができるだろう．女性の隷属とそれに対する反対運動や，ある一部の人々に対する差別的な政策とそれに対する反対運動なども，社会制度の行き過ぎた悪がその制度の反対運動に繋がるという想定によって説明することができる．さらに，もし奴隷制度の実際の内容が違っていたとしても（多くの奴隷が黒人ではなく白人であった，奴隷制度があった地域が違った，など），その制度が同じように行き過ぎた悪いものであった場合，同じようにそれに対する反対運動が起こることが考えられる．これは様相的事実（model fact）であるが，このような様相的事実がもし成り立っている場合，社会制度の悪に関する想定はこの様相的事実も説明することができる．このように考え

[*9] 少なくともスタージョンが反論を試みたハーマン（Gilbert Harman）は上のような陽子のケースでは陽子に関する理論を真であると想定することでなぜ物理学者が陽子が発生したと説明することを試みている（Harman 1977）．このことから，スタージョンの議論はハーマンに対しては一定の説得力を持つものと考えられる．

ると，道徳的説明を欠くことは，(2.1.3) で見た，最良の説明が持つべき包括性を欠くことになる．これにより，道徳的性質への言及は最良の説明に欠かせないものであるとの主張が説得力のあるものに見えてくる．

3.3 道徳的説明への反論

以上，道徳的説明に訴えて説明論証の擁護を目指す個別論証の概要を見た．スタージョンがこの道徳的説明に訴える論証を提案して以来，個別論証を巡って様々な論争がなされてきた．以下でその論争を概観しつつ，個別論証の問題点を確認していく．

3.3.1 反事実条件文テストへの反論

スタージョンが提案した反事実条件文テストは，説明的関連性を調べるテストとして不適格であるとの反論がある（Harman 1986, Thomson 1996）．道徳的性質が因果的な力を持たないエピフェノメナル（epiphenomenal）なものであると想定してみよう．ある性質が因果的な力を持たないのであれば，その性質に言及して何かを因果的に説明することはできない．だから，反事実条件文テストが性質の因果的な説明的関連性を保証するものであるならば，道徳的性質をエピフェノメナルなものと想定した場合，このテストは通過してはならないということになる．ところが，実際は道徳的性質をエピフェノメナルなものと想定しても，そのような道徳的性質の想定は反事実条件文テストを通過してしまうとこの反論の提唱者は主張する．

再び≪ヒトラー事例≫を考えてみよう．もし我々の一般的な道徳理解がある程度正しいものであった場合，ヒトラーの道徳的な堕落は，彼の残酷な行為や性格に依る．となると，「もし彼が道徳的に堕落していなければ，彼の行為や性格も残酷なものではなく，我々は彼を道徳的に堕落した人物だとは判断しなかっただろう」という反事実条件文が真であるということになる．ところが，この反事実条件文は道徳的性質をエピフェノメナルなものと想定しても真となるように思える．この理解によると,我々のヒトラーに関する判断は，ヒトラーの道徳的な堕落性が依っている彼の行為や性格に起因しており，道徳的な堕落

性そのものが原因ではない．この理解を受け入れたとしても，もしヒトラーが道徳的に堕落していなかったのであれば，彼の行為や性格に変化が表れるはずであるから，上の反事実条件文は真となる．このことが示しているのは，たとえ道徳的性質をエピフェノメナルなものと想定しても反事実条件文テストを通過してしまうので，このテストは性質の説明的関連性を調べるテストとしては不適格なものであるということである．

これは，反事実条件文による因果性の分析が抱える多重決定（overdetermination）の問題と似たような構造を持つ問題であろう．因果性の分析における多重決定の問題も，実際の原因でないものが反事実条件文テストを通過してしまうというものである．スタージョン自身もこの問題については始めから示唆しており（Sturgeon 1985, pp. 198n-199n），このテストのみに依拠して道徳的性質の説明的関連性を擁護することは難しいだろう．

道徳的性質をエピフェノメナルなものと見なすことができるという見解への反論として以下のようなものがある．

≪高階性質全てをエピフェノメナルと見なさなければならないとの反論≫
もし道徳的性質が担うと思われていた因果的役割が，それが付随する低階の性質によって担われていると想定した場合，道徳的性質だけではなく，心的性質，社会的性質，生物学的性質などの多くの高階の性質を，説明的関連性がないものと結論しなければならなくなる（Sturgeon 2006）．

ある対象「a」がある道徳的性質「M」を持っていたとしよう．「a」が「M」を持つことに関して何らかの変化がある場合（「a」が「M」を持たなくなる，など），「a」が持つ他の性質にも何らかの変化がなければならない．たとえば，タロウがある時点においては親切であったが，その後，親切でなくなったというような場合，彼が持っていた後輩を大事にする傾向性などの，何らかの道徳的性質以外のタロウの特徴に変化がなければならない．このような意味で，道徳的性質は他の性質に「付随する（supervene）」と言われる．

タロウの例に即して考えてみると，もし道徳的性質が担っていると思われていた因果的役割をそれが付随する低階の性質が担っている場合，タロウの親切

さが担っていた因果的役割は，実はそれが付随する後輩を大事にする傾向性によって担われている，ということになる．道徳的性質がエピフェノメナルなものであると主張する論者たちは，まさにこのような仕方で，道徳的性質は因果的役割を果たさないものであると主張している．

だがもし道徳的性質がこのような理由で因果的役割を失うことになった場合，その他の様々な性質も同様に因果的役割を失っていくように思える．

心的性質について考えてみよう．心的性質が因果的役割を持っているのか否かとの問いは，形而上学，心の哲学，行為論などにおける難問であるが，常識的には，心的性質はある程度の因果的役割を持っていると考えることができる．のどの渇きを感じていた私が机の上にあるコップの水を飲みほしたとしよう．この行為の自然な説明は，のどの渇きを感じていたが故に，私はコップの水を飲みほした，というものである．のどの渇きは心的性質であるから，この説明はある心的性質が因果的役割を担っていることを示すものである．

ここで注目したいのは，心的性質は道徳的性質と同じように他の性質に付随しているという点である．心的性質に変化があるのは，それに対応する脳の物理的な性質に変化があった時のみであると考えられるから，前者は後者に付随していると考えられる．だがそうなると，道徳的性質が因果的役割を失った理由と全く同じ理由で，心的性質も因果的役割を剥奪されるように思える．これが≪高階性質全てをエピフェノメナルと見なさなければならないとの反論≫の内実である．

このような主張に対して，道徳的性質と他の科学で想定されている高階の性質の間に区別を見出して，前者は因果的役割を果たさないが後者はそれを果たすとする議論もある一方，そのような議論へのさらなる応答もある．たとえば，アウディー（Robert Audi, 1997）は道徳的性質と心的性質の差異を論じて前者が因果的役割を果たすことを否定するが，この主張に対してメジャーズ（Brad Majors, 2003）などが反論を加えている．

もし道徳的性質が他の科学で想定されている高階の性質と同等の因果的役割，説明的関連性を持つことを論じることに成功すれば，道徳的性質がエピフェノメナルなものであるとする主張を退けることができる．ただ，自然主義者によるそのような応答は少なくとも反事実条件文テストについて論じるだけでは

できないので，他の議論を示す必要がある．

3.3.2 道徳的説明を最良の説明とすることへの反論

道徳的説明が最良の説明であるという考えに対しても反論がある．この反論は，個別論証の（個1）に対する反論である．

この反論は上で見た反論とは異なり，道徳的性質の想定が説明的関連性を持ち得ることは認める．しかし，この反論を標榜する論者は，たとえ道徳的性質の説明的関連性が認められても，道徳的説明の被説明項を最も良く説明するのは道徳的事実ではなく他の非道徳的事実であるから，道徳的説明は最良の説明ではないと主張する．この反論によると，ヒトラーに関する信念・判断を最も良く説明するものは我々の信念に関する心理学的，生物学的，社会学的な事実であり，そのような説明の方が道徳的説明よりも優れているということになる (Leiter 2001)．

この反論は主に最良の説明が持つべき「単純性」を巡っての議論であると考えることができる．悪さという性質について，我々が通常どのような考えを持つか，考えてみよう．「a」という行為は悪い行為だ，と言われた場合，我々はそれを控えるべきだと考えるだろう．我々がこのように考えるのは，悪さと行為を控えることの間に密接な関係があることが常識としてある程度共有されているからである．その意味で，「悪さと行為を控えることの間には密接な関係がある」という考えは我々が通常持つ考えに適合するものであり，単純性を損なうものではない．一方で，「ある行為が悪いものであった場合，その悪さが原因となって，我々がその行為に対して否定的な道徳判断を下す」などといった悪さの因果的な役割についての考えは，それほど常識的に共有されているわけではないだろう．このような意味で，道徳的性質が因果的関連性・役割を持つという考えは，通常あまり想定されない補助仮説であり，単純性に欠けるものであるということが示唆される．

このような補助仮説を想定しなければならないという意味で，道徳的説明は単純性を損なうものである．それに比べて，道徳的性質を想定する必要がない説明が想定するのは諸科学で認められていることだけである．その意味で，後者は前者に比べて単純性という説明的美徳に関して優れているということがで

きる．

　このような主張に対する素直な応答は，道徳的説明の方が優れた説明的利点を持っていると主張することだ．スタージョンの議論を紹介する際にも述べたが，道徳的説明は関連する様相的事実を説明することができるという包括性を持つものと考えられる．この点についてさらに立ち入った考察をしたものに，道徳的説明をジャクソンとペティットが提案したプログラム的説明（program explanation）と見なして（Frank Jackson & Phillip Pettit 1990），その説明的美徳の確保を目指すというものがある（Miller 2003）．プログラム的説明とは，生物学的性質，心理学的性質，社会学的性質などの，それらより低い階層の性質によって成り立っている高階の性質の説明的関連性を確保するために提出された考えである．これによると，因果的効果（causal efficacy）を持つものは物理的性質などの低階の性質だが，温度などの高階の性質はそのような低階の性質の出現を保証するという意味で，因果的・説明的関連性があると見なすことができる．道徳的説明をプログラム的説明と見なすとは，道徳的性質の例化も温度に関する性質と同じように必然的に低階の性質の例化を保証するものであり，因果的効果はないが，因果的・説明的関連性はあると想定するということである．

　この提案を行ったミラー自身が最終的にこの考えを拒絶していることからもわかるように，この提案の是非は議論が分かれる（Nelson 2006, Miller 2009, Bloomfield 2009）．道徳的説明が他の説明が持たない説明的利点を持つとする主張は見込みのあるものではあるが，この主張が最終的に擁護可能なものなのかどうか，まだ明確になっていないのが現状であろう．

3.3.3　道徳に関する悲観的帰納法

　以上，道徳的説明を巡る近年の論争を概観した．これらの他にも筆者は道徳的説明を用いた個別論証には問題点があると考えている．それは，個別論証が我々の常識的に持っている倫理の一階理論を必要とする点に起因する．

　道徳的説明では「悪さ」「道徳的堕落」などが説明項で使用されているが，この使用はこれらの道徳的概念に関する我々の一般的な理解に基づいたものである．「ヒトラーの道徳的な堕落がヒトラーに関する我々の信念・判断を説明

する」という説明が良い説明であるとされるのは，反事実条件文テストについて論じた際に指摘したように，この説明に出てくる道徳的堕落に関してある程度の一般的な共通理解があり，かつ，その共通理解がある程度正しいことが前提となる．つまり，個別論証は我々が常識的に保持している倫理の一階理論を必要とする論証だということである．スタージョン自身もこのことを意識しており，道徳的説明の利点は我々の道徳に関する一般的な理解がある程度正しいものであるとの想定で確保されると述べている（Sturgeon 1985, pp. 204-207）．となると，このような常識的な一階理論の使用に関して，次のような疑問が浮かぶ．即ち，我々が持つ常識的な一階理論は実は根本的に間違ったものなのではないか，との疑問である．

　常識的な一階理論の真理性について，疑う理由はいくつか考えられる．科学において一時期フロギストン説が最も説明力があるものと考えられていたが，この説は後に酸素による燃焼理論に取って代わられた．これと同様のことが，道徳においても起こっているのかもしれない．我々は川に飛び込んだタロウを勇敢な人物であると考えているが，これは，我々が持つ常識的な一階理論によるとこのような状況で川に飛び込む人物は勇敢な人物であり，勇敢さは重要な徳の1つであるとされているからである．だが，規範倫理理論が進歩した場合，我々の考えは根本的な改訂を迫られ，タロウの行為は勇敢なものではなかったと判断する日がくることも考えられる．もしくは，そもそも勇敢さが規範的に大した重要性を持っていないことが明らかになるかもしれない．これは科学における理論の真理性を疑う悲観的帰納法（pessimistic induction）と同じような推論が，規範倫理理論に関してあてはまる可能性があるということである[*10]．もし常識的な一階理論が根本的に間違っていた場合，それを用いた道徳的説明の理解も間違っているということになるから，道徳的説明の擁護も頓挫してしまう．

　さて，このような悲観的帰納法に訴える反論は，説明的論証とその前提(2)を支える個別論証に対してどのような問題を提示するのだろうか．

[*10] 燃素説などの科学史的な事実に訴えて，最良の説明力を持つ理論を近似的にですら真と見なすことは正当化できないとの議論をラウダン（Larry Laudan, 1981）が展開している．ライター（Brian Leiter, 2014）はこのような規範倫理理論に関する悲観的な推論の可能性に言及している．

3.3 道徳的説明への反論

悲観的帰納法の性格を考えてみると，この論法が標的とするのは説明的論証の結論部である(3)「自然的道徳的性質は存在する」との主張であることがわかる．悲観的帰納法によると，たとえある仮説が最良と考えられる説明的利点を持っていたとしても，その仮説を真であると見なすことはできない．この論法に従うと，たとえ説明的論証の前提(1), (2)が真であっても，(3)が真にはならない，という反論が与えられる．このような仕方で，道徳に関する悲観的帰納法は説明的論証の前提から結論への推論に問題を投げかける．

では，悲観的帰納法に訴える反論は説明的論証に関するものであるから個別論証に関するものではない，ということになるのだろうか．筆者はそのようには考えていない．議論の流れをもう一度整理してみよう．

①説明論証による自然主義の擁護
②個別論証による説明論証の擁護
③悲観的帰納法による説明論証への反論

個別論証の擁護は②であるが，②の目的は当然自然主義の擁護であり，①である．その①に対して悲観的帰納法による反論が与えられているというのが③の状態である．このような状態を受け，個別論証の支持者は当然，③を検討して悲観的帰納法を退けなければならない．即ち，以下の課題に取り組まなければならない．

④個別論証の支持者による悲観的帰納法に訴える反論への応答

筆者の関心はこの④の課題，即ち，個別論証の支持者による悲観的帰納法への反論にある．筆者は，個別論証に訴えるだけでは悲観的帰納法への十分な反論を構築することができないと考えている．その意味で，悲観的帰納法からの反論は，個別論証の支持者にとって難問となる．以下でこの点について詳しく見てみる．

悲観的帰納法に訴える反論に対して，個別論証の擁護者は以下のような応答を試みるかもしれない．たしかに道徳に関する悲観的帰納法は可能であるが，

スタージョンの論法は常識的な一階理論を真であると想定することができる理由も示している．スタージョンの反事実条件文テストを思い返してみよう．ヒトラー事例において問題となっている反事実条件文を真であると見なすことができるのは，常識的な一階理論がある程度真であると見なすことができた場合のみであった．この点に関して，スタージョンは以下のような議論を展開していた．もし倫理の一階理論を偽と見なすのであれば，科学の一階理論についても偽と見なさなければならなくなる．だから，倫理の一階理論のみに懐疑的になることは許されない．そして，一階理論を真であると見なして道徳的性質の説明的関連性を検討してみると，実際に説明的利点を持つことも確認できた．このことも，我々の一階理論を真と見なすことを支持する．これらのことを考察すると，道徳的説明の説明的利点を無視して我々が持つ一階理論に関する悲観的帰納法に訴えることは，適切な議論とは言えないのではないか．

このような応答に対して，道徳に関する悲観的帰納法を支持する論者は以下のような再反論をすることができると思われる．科学の歴史を見てみると，当時最も説明力を有していた理論も，時代が下り誤ったものであると破棄されるに至った．だから，たとえ個別論証の支持者が訴える道徳的説明が説明的利点を持っていたとしても，そのことからそれを支える一階理論が真であると結論するのはあまりに楽天的な推論である．さらに，悲観的帰納法の支持者は，現在の科学理論についても悲観的帰納法を与えることも辞さない．となると，科学において実在論的な理解をとるならば道徳においても実在論的な理解をとらざるを得ないとのスタージョンの議論は有効性を失う．

個別論証の支持者が訴えることができるのは常識的な一階理論に支えられた道徳的説明の説明的利点であるから，それを認めても悲観的帰納法が可能であるとの主張に対して，個別論証に依拠した反論を試みることは困難であると考えられる．悲観的帰納法を退けるには，道徳的説明の説明的利点以外の何らかの説得的な理由に訴える必要がある．

ここで先回りして述べると，次章から論じる理論論証は，このような悲観的帰納法に対して，さらなる応答を試みることが可能であると思われる．この点については後述する．

3.3.4 規範性からの反論

たとえ個別論証と説明的論証が健全なものであったとしても，道徳的性質が持つべき規範性を確保できないとの反論がある．この反論を「規範性からの反論」と呼ぶことにする．

この反論を展開している近年の代表的な論者はパーフィットやダンシーである (Parfit 2011b, Dancy 2006)．彼らの自然主義に対する反論は多様であり，様々な分類をすることができるが[*11]，彼らが主張しているのは，もし自然主義的なメタ倫理学説が真であった場合，道徳的性質が持つと思われる規範性を十分に説明できない，という点である．

また，特に説明的論証に焦点を当てて規範性からの反論のある1つの形態を提示している論者としてモーガン (Seiriol Morgan) を挙げることができる (Morgan 2006)．この反論に対する自然主義者からの応答については (7.5) で詳しく論じる．ここでは，モーガンの自然主義への反論の概要だけ，簡単に紹介しておく．

個別論証に訴えて，ヒトラーの悪徳などの道徳的説明において用いられている道徳的性質が因果的な力を持つ自然的性質であると認められたとしよう．だが，もしある性質の存在を因果的な説明能力に訴えて擁護することができるのであれば，道徳に反する価値の存在も擁護できてしまうとモーガンは主張する．

たとえば，「強固な自己中心性は良い」という価値観について考えてみよう．ある人物が強固な自己中心性を持つということは，その人物の目的の達成のためには良いことだと考えることもできる．一方で，このような性格の人は，自らの目的達成のためには残酷な決断も辞さないだろうし，その強い意志のために，周囲に威圧感や恐怖感を与えるだろう．さて，フランス革命がおこった原因を考えてみた時に，支配層が持っていた強固な自己中心性を想定する必要があるように思える．つまり，支配層がもともと持っていたこの強固な自己中心性が失われたがために，徐々にその支配体制がほころび始め，最終的には支配体制そのものが崩壊した，と言えるかもしれない．このことは，スタージョン

[*11] 規範性からの反論を体系的に整理し，それらに対して自然主義者がどのような反論をすることができるのか，論じたものに (Copp 2012) がある．また，それ以外の自然主義からの応答として，(Schroeder 2014)，(Dowell & Sobel 刊行予定)，(Railton 刊行予定) などがある．

の反事実条件文テストも通過するように見える．「もし支配層が強固な自己中心性を失わなければ，フランス革命は起こらなかっただろう，もしくはもっと遅れていただろう」との反事実条件文は真であるように思える（Morgan 2006, p. 332）．

さて，上で示した反事実条件文が真であるということは，スタージョンの提案に従えば，そのような価値が存在することになる．さらに，フ・ラ・ン・ス・の・支・配・層・は・そ・の・よ・う・な・自・己・中・心・性・を・持・つ・べ・き・で・あ・っ・たと言うことすらできる．それは，もし彼らが強固な自己中心性を持っていれば彼らが望む支配体制が維持されていたという意味で，彼らにはそのような強固な自己中心性を持つ理由があったということができるからである（Morgan 2006, p. 333）．だが，この結論は，道徳に関する理論として重大な欠陥であるように思える．自然主義は道徳的実在論の一種であり，道徳の客観性を支持する立場である．そのような立場であるならば，我々がなぜ道徳的であるべきなのか，その規範が示されるべきであろう．つまり，フランスの支配層も自己中心的であるべきではない，という結論が出されなければ，自然主義による道徳的実在論の擁護は失敗しているように見える．このことから，自然主義は道徳に関する理論である道徳実在論の一種として不適格な論証や結論しか提供できない，とモーガンは結論する．

さて，モーガンの反論は個別論証，説明論証のどの部分を標的にしているのだろうか．ここまでの議論の流れを以下のようにまとめてみる．

①説明論証による自然主義の擁護
②個別論証による説明論証の擁護
③規範性からの反論：もし個別論証によって説明論証の前提(2)を擁護する場合，道徳的実在論が許容できない想定（「自己中心性は良い」など）を受け入れなければならない．

モーガンが訴える③を支える想定は，もし道徳的実在論が真であるならば，上のような仕方で自己中心性の良さの存在を擁護することは許されない，という考えである．モーガンは上で論じた点に訴えて，もし①及び②によって道徳的性質の存在を擁護することができるならば，自己中心性の良さの存在も擁護

されなければならなくなると主張する．このことは道徳的実在論と両立しないから，説明論証・個別論証による道徳的実在論擁護は成功していない．これがモーガンの論法の概要である．

自然主義と規範性に関する問いはメタ倫理学において現在最も盛んに論じられている問題でもあるから，説明的論証の擁護者がこのような反論に対してどのように応えることができるのか，詳しい検討が必要であろう．この点については第8章（8.5）で詳しく論じていく．

3.3.5 小括

以上，説明的論証の前提(2)の擁護を目指す個別論証について考察した．個別論証には様々な反論が加えられているものの，それに対する応答もあり，健全な論証であるのか，議論が分かれているのが現状であることがわかった．また，個別論証は道徳に関する悲観的な帰納法にうまく応答することができない可能性を本節では指摘した．さらに，個別論証によって道徳的性質の存在を擁護できても，それによって道徳の規範性が擁護できるかどうかという難題も自然主義者には残されていることも示した．

個別論証を強固なものにすることでこれらの問題を解決し，自然主義を擁護する方法もある．一方で筆者は説明的論証の前提(2)の擁護としてこの個別論証とは違った方法もあると考えている．本書の以下のメインテーマは，この2つ目の説明的論証擁護のための戦略がどれほど見込みのあるものなのか，この戦略をどのように擁護することができるのか，検討していくことにある．次節でこのもう1つの戦略について見ていく．

3.4 規範倫理理論による論証

説明的論証の前提(2)を擁護するもう1つの戦略は，「規範倫理理論による論証」（以下，「理論論証」と表記する）と呼ぶことができるものである．その考えの萌芽は，自然主義に関する非常に影響力のある論文であるボイドの「どのように道徳的実在論者になるか（'How to be a Moral Realist'）」の中に見出される．

理論論証は以下のような形態をとる．

≪理論論証≫
(理1) 規範倫理理論は経験的信頼性を有している．
(理2) 規範倫理理論の理論構築の過程には，背景理論に関する想定がある (assumptions about background theories)．
(理3) (理1)と(理2)の連言の最良の説明は（道徳的性質の存在を含意する）道徳的実在論である．
∴ (故に) (理4・結論) 道徳的性質は経験的現象の最良の説明に欠かすことができないものである．

　この論証の結論は説明的論証の前提(2)であるから，この論証の擁護は説明的論証の擁護になる．そのため，自然主義擁護のための決定的な論証となり得る．
　この理論論証と前章で見た個別論証には明らかな違いがある．この点は理論論証を論じることの新規性を示す上で重要な点であるから，この節で詳しく見ていく．
　理論論証と個別論証は共に説明的論証の前提(2)の擁護を目指すものである．説明的論証の前提(2)とは以下の主張であった．

≪説明的論証の前提(2)≫
自然的道徳的性質は我々が経験する現象の最良の説明に欠かせない．

　この前提は，何らかの経験的現象の説明のために道徳的性質の想定が必要だとするが，個別論証と理論論証とではこの前提に関して何を被説明項とするかに違いがある．個別論証は我々のヒトラーに関する信念や奴隷廃止運動などの経験的現象が被説明項に入るとする一方，理論論証が問題とする被説明項は倫理学の一階理論である規範倫理理論に関する経験的事実である．ここに両者の差異がある．
　また，個別論証と理論論証が説明項として道徳的性質の想定を提案する仕方にも違いがある．
　個別論証は，個別の道徳的性質を想定することが特定の経験的現象の最良の説明に必要であるとする論証であった．たとえば，ヒトラー事例においては道

徳的な堕落という個別の性質が例化されており，この性質を想定することで我々がヒトラーに関して持つ信念の最良の因果的説明を与えることができるというのが個別論証の議論である．この議論が必要とするのは，道徳的に堕落するとはどういうことなのか示す一階理論である．個別論証を検討する際に確認したように，この役割を与えられているのは，我々が常識的に持っている「道徳的に堕落していない人間は大量虐殺などを命じない」といった倫理に関する一階理論，もしくは我々の道徳に関する常識的な考えであった．

一方で，理論論証が擁護を目指すのは，特定の道徳的性質の存在ではなく，ある規範倫理理論を実在論的に理解することがその規範倫理理論の特徴を説明するのに最も優れた説明であるとの主張である．この点については以下で詳しく見ていくが，ある規範倫理理論を実在論的に理解するとは，その理論が採用している方法も道徳的な真理の探究に適した信頼のおけるものであると見なすことでもある．個別論証は常識的な一階理論には訴えることができるが，そこで言及される理論とは常識的に持たれている道徳に関する考えの集合に過ぎない．だから，その理論の方法やその信頼性といったことを射程に入れることはできないだろう．

2つの論証の違いは，科学的実在論擁護のための2つの異なる論証と類似的に比較することができる．科学的実在論擁護のための論証も実在論的な科学の理解の説明力に訴えるが，ボイドによるとこのような説明力に訴える論証は大きく2つに分けることができる[*12]．

1つ目は，特定の科学的仮説の説明能力に訴え，他の仮説ではなくその仮説が少なくとも近似的に真であると主張することができるとの戦略である．たとえばリプトン（Peter Lipton）は，科学者が仮説の説明能力に訴えて理論選択をする方法は信頼性のおけるものであり，このことからこの方法で少なくともどの仮説が他の仮説よりも真理に近いかどうか明らかにすることができるとして，特定の仮説が近似的に真であると信じることができるとの議論を展開している（Lipton 1993）．

2つ目は，特定の科学的仮説ではなく，科学的実在論という哲学的主張を1つの仮説として理解し，この仮説が科学の特徴を最も良く説明することができ

[*12] （Boyd 2002）を参照．

ると主張する戦略である．このような戦略はボイド自身やシロス（Stathis Psillos）が擁護を試みている（Boyd 1983, Psillos 1999）．この戦略については以下で詳しく述べるが，差し当たり次の点について確認したい．第一に，この戦略は個々の科学的仮説・理論が近似的に真であると主張することよりも，そのような科学理論を生み出している背景理論が近似的に真であるとの主張を擁護することを目的にしていることである．第二に，そのような背景理論を用いて探究を進めていく方法は真である理論を生み出すのに信頼がおけるものである，との科学の方法の信頼性に関する主張も擁護することを目的にしていることである（Psillos 1999, p. 77）．

このように両者を比較すると，両者の違いは以下の点にあることが明らかになる．1つ目の戦略が目指しているのは，ある特定の科学理論を少なくとも近似的に真であると信じる理由があることを擁護することであり，2つ目の戦略が目指しているのは，背景理論を活用して理論構築を行う科学という営みそれ自体が真理探究に適しており，信頼性を持っているという主張を擁護することにある．

倫理に関する論証である個別論証と理論論証はこれら2つの科学的実在論擁護のための論証と類似的に理解することができる．個別論証が目指しているのは，個々の道徳的事実がいくつかの経験的現象の最良の説明に欠かせないと主張し，それらの事実において例化している道徳的性質が最良の説明に欠かせないものであると主張するものである．一方で，理論論証が目指しているのは道徳的実在論という哲学的主張を1つの経験的仮説として理解し，この仮説が道徳の一階理論である規範倫理理論の特徴を最も良く説明すること，そして，規範倫理理論の理論構築の仕方が道徳的真理の探究に関して信頼性のおけるものであるとの主張を擁護することを目的としている．

このように両者は異なる主張であるにも関わらず，これまであまり区別されてこなかった．理論論証に関する議論が述べられているボイドの論文はしばしば説明的論証を支持するものとして言及されるが，ボイドの論文に言及する論者が中心的に論じるのは個別論証であった[*13]．

[*13] (Darwall et al., 1992), (Morgan 2006), (Rea 2006) など．ボイドが示した論証が科学的実在論擁護のための論証と類似する道徳・倫理学の一階理論に関するものであったと明示しているも

ボイドの論文が不公平な形で無視されてきたというわけでは決してない．むしろ，ボイドの論文は道徳語の意味論に関する重要な提案を含んでおり，特にこの点を巡って非常に活発な論争が起こった．しかしながら，論文の中で示唆されている理論論証に関してはそれほど活発な議論がなされてこなかった．

その原因の1つはボイドの論文のスタイルにあるかもしれない．ボイドの論文は概括的な要素が強く，細かい議論がなされていない部分が多い．また，自然主義擁護のための重要な考えを示してはいるものの，その考えがその他の自然主義的な議論とどのような関係にあるのか説明している箇所は少なく，スタージョンが提案している個別論証との比較も行われていない．

このようなボイドの論文そのものが持つ問題もあり，これまで理論論証を巡ってそれほど活発な議論が行われてこなかった．これは自然主義者にとって不幸なことであろう．理論論証は自然主義を動機づける積極的な論証である．もしその擁護に成功した場合，自然主義者はこれまでとは違った形でその立場を擁護できる．このように考えると，自然主義がどこまで見込みがあるものなのか考察するにあたり，理論論証についての検討は非常に重要なものになる．

このような現状を受け，次章以降で理論論証について詳しく検討していく．理論論証を検討するにあたり，まずは次章でボイドの提案がどのようなものだったのか，どのような問題点があったのか，浮き彫りにしていく．

3.5 本章のまとめ

本章では自然主義のための説明的論証について概観した．

前半部では説明的論証の前提とそれに至る結論への推論を検討し，メタ倫理学において論争の的となってきたのは説明的論証の2つ目の前提である「自然的道徳的性質は我々が経験する現象の最良の説明に欠かせない」との主張であることを確認した．

後半部では説明的論証の2つ目の前提を擁護するものとしてこれまで提案されてきた個別論証について検討した．そこで，個別論証には様々な問題があり，

のに（Doris & Plakias 2008, pp. 310-311）がある．

その擁護にはいくつかの困難が伴っていることを示した．

　その上で，本章最終部では個別論証とは違う仕方で説明的論証の前提(2)の擁護を目指す理論論証が紹介された．本書の以下の主な課題はこの理論論証に関する検討となる．次章ではこの理論論証の概要を示し，その検討を行っていく．

第4章　ボイドによる「規範倫理理論による論証」の提案

前章で自然主義擁護のための論証には2つの異なるものがあることを示した．1つは個別の道徳的説明に訴える個別論証と呼ぶことができるものであり，メタ倫理学において中心的に論じられてきたのはこの論証であった．もう1つは規範倫理理論の特徴に訴えるという理論論証と呼ぶことができるものであった．前章で述べたように，メタ倫理学においてこの論証はそれほど詳しく検討されてこなかった．このような現状を受け，本章ではこの理論論証について，この提案の発端となったリチャード・ボイドの論文に詳細な検討を加えることで，それがどのようなものか，どのような課題があるのか，明らかにしていく．

4.1　科学的実在論のための論証

理論論証の骨格は，コーネル実在論の主唱者であるボイドの「どのように道徳的実在論者になるか（'How to be a Moral Realist'）」という論文の中で示されている．ボイドは道徳的実在論のための論証として，科学的実在論のための論証と類似するものが可能であると主張する．科学的実在論は議論が分かれる主張であるが，支持者や擁護者もおり，その擁護は不可能ではないと見られている．この立場のための論証と類似するものが可能であるということは，道徳的実在論も擁護が不可能でない見込みのある立場であると言えるようになると考えられる．

この提案を検討するにはまず科学的実在論のための論証の概要を見る必要がある．ボイドが提案する科学的実在論のための論証は以下のような形式をとる．この論証は（3.4）で既に紹介した理論論証と類似する構造を持っている．

≪科学的実在論のための論証≫
(科1) 科学理論は経験的信頼性を持っている．

（科2）科学の理論構築の過程には，背景理論に関する想定がある．
∴（故に）（科3）（科1）と（科2）の連言を最も良く説明するのは科学的実在論である．

　この論証を巡って様々な論争があるが，本節ではこれと類似する理論論証の性格を明らかにすることに焦点を置き，ごく簡単に，論証の前提とそこからどのように結論が導き出されるのか，その概要を説明していく．

4.1.1　科学の経験的信頼性

　まず≪科学的実在論のための論証≫の最初の前提である（科1）「科学理論は経験的信頼性を持っている」について見てみる．この前提は，科学理論が観察などの経験的方法によってその信頼性を問うことができるということを述べている．

　理論の経験的信頼性を問う方法に予測（prediction）と適合（accommodation）が挙げられる．予測と適合は，科学哲学おいてその性格や認識的価値を巡る問いが伝統的に論争の的となってきた．既に類似する適合に関する提案は（1.3.1）で見たが，科学哲学の伝統に沿ってこの2つの用語に以下のような定義を与えることができる（White 2003を参照）．

≪理論の予測≫
ある理論 T がある出来事 E を正しく予測するのは，T が E を含意しており（entail），E に関する命題が真であり，T は E を含意することを目的として提案された理論でなかった場合，かつ，その場合のみである．

≪理論の適合≫
ある理論 T がある出来事 E に適合するのは，T が E を含意しており，E に関する命題が真であり，T が E に適合することを目指して提案された理論であった場合，かつ，その場合のみである．

　科学理論による予測の例は科学史の中に溢れている．科学理論は「ニュート

リノ」「電気抵抗」などで表現される通常の観察や視覚では確認できない「理論的存在者（theoretical entity）」と言われるものをしばしば想定する．そして，それらに基づいて今まで知られていなかった経験的現象がどのような場合に起こるか予測し，それが実際に観察によって裏付けられることがある．上で示した《理論の予測》に沿って考えてみると，Ｅが真であることが実験や観察で明らかにされ，そのことにより，それを含意していた理論の予測能力が示されるということになる．一般相対性理論は太陽の近くで光がある程度曲がることを予測するが，このことは1919年の皆既日食の際に実際に確認された．これは，一般性相対性理論が予測能力を持っており，そのことにより経験的信頼性を持っていることを示している．

一方で，ある仮説がすでに知られている経験的現象を含意することを目的の1つとして提案された場合でも，その仮説には経験的信頼性があると考えることができる．《理論の適合》に沿って考えてみると，ある実験でＥという出来事が確認され，それを説明する理論としてＴが提案されたとしよう．ＴはＥを含意するが故に，それを説明するものとして提案されているから，上で示した予測と適合の理解に沿って考えると，ＴはＥを予測したわけではないが，ＴはＥに適合しており，その意味において，Ｔも経験的信頼性を持っていると考えることができる．

科学理論はこのような2つの仕方で経験的信頼性を持つとするのが（科1）の内実である．この前提のみで科学的実在論の擁護を試みることもできる．即ち，科学理論が理論的存在者を想定することにより経験的信頼性を持つことができるのは，その理論が理論的存在者に関して少なくとも近似的に真である命題を有しており，想定されている理論的存在者に関する我々の知識も近似的に真であるからである，と論じることができる．

だがこの主張は以下のような反論にあう．クワインが「世界の体系（systems of the world）」と呼んだ，観察された全ての出来事を説明することを目指して提案された科学的理論の集合について考えてみよう．そのような理論の集合は，単に観察されたことの羅列ではなく，それらがどのようにして行ったのか説明するものである．だから，そのような理論を考える科学者たちは観察だけでは確認することができない理論的存在者を想定する理論を提案して，観察された

出来事を説明しようとするだろう．だが，理論的存在者を想定して観察結果を説明するということになると，様々な異なる理論的存在者を想定して観察結果を説明することができるように思われる．つまり，世界の全ての観察可能な出来事について説明が可能な「世界の体系」，もしくは理論の集合は，異なる理論的存在者を想定するという意味で，違ったものになり得る．この問題は決定不全性の問題（the problem of underdetermination）と呼ばれている（Quine 1975, p. 313, Hoefer & Rosenberg 1994, p. 594）．

決定不全性の問題に訴えて，「科学理論は経験的信頼性を持つから，真である」という推論を以下のように退けることができる．決定不全性の問題によると，ある理論の集合が経験的信頼性を持っていたとしても，その理論の集合の想定とは反する理論的存在者を想定し，かつ，全く同じ経験的信頼性を有する理論の集合を考えることができる．実際に，そのような2つの異なる理論の集合を考えることは，科学史を詳細に見てみると可能かもしれない．となると，ある理論の集合が経験的信頼性を持つという理由だけでは，それが真であると推論することはできない（Van Fraassen 1980, pp. 41-69）．

決定不全性からの問題を考慮すると，科学的実在論擁護のためには科学理論が持つ経験的信頼性以外の何かに訴える必要がある．では，ボイドは科学が持つどのような特徴に訴えて科学的実在論の擁護を目指すのだろうか．

4.1.2 科学における背景理論の想定

決定不全性の問題に応えるために，ボイドは2つ目の前提，即ち，科学における背景理論の想定を強調する．

観察，実験，理論の改訂，理論の選択，研究計画の作成など，科学におけるあらゆる活動は，背景理論（background theories）が想定している理論的存在者に言及する．そして，そのような背景理論に基づいて，経験的信頼性を持つ理論が生み出されている．たとえば，ニュートリノ理論はベータ崩壊を説明する仮説として提案されたが，この仮説は電子理論や中性子理論など，様々な物理理論の想定の上に成り立っている．

仮説が立てられる際も背景理論が前提されているが，科学においては観察や実験結果の評価にも背景理論が一定の役割を果たしている．ある実験で試験管

の中に一筋の煙が確認されたとして，物理学者がそれを陽子であると判断できるのは，陽子がある条件下で一定の動きをするとの背景理論が想定されているからである．

さらに，同じ理論的存在者は2つ以上の異なる理論体系の中で使用されることもある．たとえば，電子顕微鏡と電子レンジはどちらも電子の振る舞いや電磁場に関する想定に基づいて設計されている．これは，同じ理論的存在者が異なる2つ以上の理論構築において使用されている良い例である．

このように，科学において様々な背景理論が想定されていることは非常に一般的なものであり，その経験的信頼性と共に，科学が持つ特徴として疑うことは難しい．よって，（科1）と（科2）の2つの前提を真とすることは問題がないように思われる．実際に，科学的実在論に反論を試みる論者たちも，この2つの前提に関して争うということはない．

4.1.3 科学の実在論的説明

ボイドはこれら2つの前提を最も良く説明するのは科学的実在論という仮説であると主張する．ここで言うところの科学的実在論とは，以下の意味論的テーゼ，認識論的テーゼ，そして形而上学的テーゼの3つから成り立っていると考えることができる（Boyd 1983, p. 45, 1988, p. 181）．

≪科学的実在論の3つの主張≫
［意味論］：科学理論が想定している理論的存在者の記述と実際の世界の在り様にはある程度の対応関係がある
［認識論］：科学の方法によって世界の在り様に関するより正確な近似的知識を得ることができる
［形而上学・存在論］：科学理論が想定している理論的存在者は実際に存在する

この科学的実在論の3つの主張を支えるのは「科学理論が近似的に真である（approximately true）」という考えである．近似的な真理という考えを巡って様々な議論があるが，科学的実在論擁護のために必要なこの考えの理解は次のようなものである．

≪近似的真理≫
ある理論 T は，それが措定する理論的存在者と実際の世界の在り様の間にある程度正確な対応関係があり，かつその対応関係があるが故にその理論を利用してさらに正確な理論を生み出せる場合，かつその場合のみ，近似的に真である[*1]

　科学理論と実際の世界の在り様の間にある程度の対応関係があること（意味論），科学の方法は世界に関する近似的な知識を得るのに信頼のおける方法であること（認識論），科学理論が想定している理論的存在者が存在すること（形而上学・存在論），これらの実在論的主張はそのどれもが科学理論が記述する世界観がある程度実際の世界の在り様に近いという考えに支えられている．
　ボイドは，(4.1.2) で見たような科学的探究を支えている背景理論が近似的に真であると想定することが,科学が持つ特徴の最良の説明であると主張する．背景理論で想定されている理論的存在者を前提にして科学理論が生み出され，そしてそれが経験的信頼性を持ち得ている理由として，そのような背景理論がある程度真であると考えるのは自然だろう．一方で，反実在論的説明はこの科学の特徴を説明するのに一種の奇跡を想定しなければならなくなる (Putnam 1975)．もし背景理論が示す世界の記述が実際の世界の在り様とはかけ離れたものであるにも関わらず，それをもとに生み出された理論が経験的信頼性を持っているのであれば，これは奇跡的な偶然であるといわねばならなくなる．奇跡による説明は最良の説明が持つべき基準からして劣ったものと言わざるを得ない．奇跡に訴える説明は，奇跡に関する余計な想定をしなければならないので単純性が失われるし，奇跡による説明は何の実質的なメカニズムも我々に示せない．

4.1.4　科学的実在論のための理論パッケージ

　このような実在論的な説明に対して，それが循環に陥っているという反論がある．実在論的説明を受け入れない反実在論者は最良の説明が真理を導きだすことに対してそもそも懐疑的である．そのような反実在論者たちにとって，こ

[*1] (Boyd 1988, p. 208) を参照．

のような実在論的な説明は受け入れられるものではないだろう．

　この反論に対して，ボイドは実在論の説明は循環に陥っていることを認める．しかしこの循環は受け入れられないものではないと主張する．それは，実在論的説明によって我々は様々な哲学的諸理論からなる理論パッケージ（theory package）を受け入れることができるようになるからである．反実在論的説明を受け入れる場合，それに対応する理論パッケージを受け入れなければならないが，その理論パッケージは実在論的理論パッケージと比べて劣ったものになるとボイドは言う．実在論者が受け入れることができる理論パッケージの中身として，ボイドは認識論的基礎づけ主義の否定，因果に関するヒューム主義の否定（因果に関する非還元主義），科学理論が使用している用語の外在主義的意味論などを挙げる．ボイドは反実在論が受け入れねばならない理論パッケージはこれらの理論よりも受け入れ難いものであり，そのことから，実在論的説明を受け入れてこれら実在論的理論パッケージを受け入れる理由があると主張する．

　なぜボイドは実在論的な理論パッケージの方が反実在論的な理論パッケージよりも優れていると考えているのだろうか．ここではその1つの例として因果性に関する理論を取り上げる．ボイドは因果性に関するヒューム主義を取り上げ，この立場は因果性を法則のもとでの規則性によって分析する立場であるとの理解を示す．だがこのような分析は，方法論的自然主義の立場から考えると奇妙なものであるとボイドは言う．というのも，因果性の内実がどのようなものであるか明らかにするには，単に我々の因果に関する概念を分析するだけではなく，様々な仕方で因果性に訴えて理論を提案している物理学者，化学者，心理学者，歴史学者たちの理論を参照しなければならないからである．つまりボイドは自然主義的な観点から考えると因果性に関するヒューム主義は問題のあるものでありそのような理論を受け入れなければならない反実在論的な立場もまた問題のあるものであると考えているということになる（Boyd 1988, pp. 193-194）．

4.1.5　小括

　ボイドが示した科学的実在論のための論証の概要をまとめると，論証は2つ

のステップを踏む．第1に，この論証は科学の特徴を最も良く説明するのは科学的実在論であると主張する．そして第2段階として，この実在論的説明を受け入れたならば様々な哲学的理論パッケージを受け入れることができ，これは反実在論が受け入れねばならない理論パッケージに比べて優れたものであるとの主張がなされる．ボイドの科学的実在論擁護の戦略はこのような二段構えの構造を持っている．

4.2 道徳的実在論のための類似的論証

　ボイドはこのような科学的実在論の論証と類似的な道徳的実在論のための論証を提示することができると主張する．

　前節で確認したように，ボイドの科学的実在論擁護のための論争は2つのステップを持っていた．これに即して考えると，ボイドが道徳的実在論のために行う提案も，次の2つのステップを持つということにある．即ち，①「道徳的実在論は真である」との仮説は規範倫理理論の特徴を最も良く説明することができる，②形而上学，言語哲学，認識論の発展を援用して，道徳的実在論者のための優れた理論パッケージを提供することができる，との2つの主張である．

　ではまず始めにボイドの提案の第一段階を見てみる．この第一段階が，本書で「理論論証」と名付けている以下の論証である．

≪理論論証≫
（理1）規範倫理理論は経験的信頼性を有している．
（理2）規範倫理理論の理論構築の過程には，背景理論に関する想定がある（assumptions about background theories）．
（理3）（理1）と（理2）の連言の最良の説明は（道徳的性質の存在を含意する）道徳的実在論である．
∴（故に）（理4・結論）道徳的性質は経験的現象の最良の説明に欠かすことができないものである．

4.2.1 論証図式としての理論論証

前提（理1）と（理2）は道徳・倫理学の一階理論である規範倫理理論（以下，「規範理論」も「規範倫理理論」を指す言葉として使用する）が持つ特徴についてである．この2つの前提は擁護可能なものだろうか．

科学的実在論のための論証の場合，この2つの前提に類似する主張の擁護は容易だった．それは，科学の一階理論である科学理論について，我々はある一定の合意を形成することができるからである．細部で様々な意見の違いがあるにしろ，「科学理論は経験的信頼性を持つ」と言われたら，我々は物理学や化学，生物学などにおける有名な理論を思い出し，それがたしかに経験的信頼性を有していることに気が付く．これは，科学においてはどのような理論が信頼のおけるものなのか，ある程度の合意が形成されていることを示している．

では倫理学の場合はどうであろうか．まず，「規範倫理理論」と言われても，哲学や倫理学の専門家でない限り，この言葉が何を指すのか，多くの人は考えが及ばないだろう．さらに，哲学者，倫理学者であっても，規範倫理理論と言われて思いつくのはそれぞれで見込みがあると思っている説であり，そうでない説に対しては理論として不適切だとの思いを抱くだろう．さらに，倫理学においては理論化がそもそも難しいとの主張もある．

このような状況下では，道徳の特徴に関する2つの前提が受け入れられるものであるのか，不明確だということになる．ある前提が正しいものとして受け入れられるには，少なくともその前提はある程度明確なものでなければならないだろう．（理1）と（理2）がそもそも不明確であるということになると，この2つの前提を正しいものとして受け入れることに最初から困難が伴っているということになってしまう．

このような問題を受けて，筆者はこの論証を一種の論証図式として理解することを提案する．つまり，この論証内の「規範理論」にはある程度の整合性を保った主張の集合である異なる規範理論を入れることができ，その都度ごとに論証の良し悪しを検討することができるということである．

論証を評価する際に違った規範理論をその都度使用することができるというのはどういうことだろうか．異なる規範理論を用いてこの論証を評価した場合，以下の3つの可能性が考えられる．

①どの規範理論を使用しても論証が擁護できる場合
②どの規範理論を使用しても論証が擁護できない場合
③論証が擁護できる規範理論と擁護できない理論の両方があった場合

　まず①の場合だが，どのような規範理論を用いても理論論証が擁護できるのであるから，この場合は論証が一種の一般性を持つということになり，支持する規範理論に関わらず多くの論者がこの論証を受け入れることができるということになる．ボイド自身は①の可能性が高いことを主張している (Boyd 1988, p. 202)．
　②の場合は理論論証が規範理論の特徴を捉え損なっているということになるので，論証の擁護は難しくなる．
　③の場合は，たとえばある帰結主義的な理論を用いた場合は理論論証を擁護できるが，他の非帰結主義的な理論を用いた場合は擁護できないことがわかるということになる．このような場合，理論論証によって説明論証を擁護することができると言えるのだろうか．この問いについては (8.1) で詳しく検討する．さしあたっては②の可能性を消すために，ボイドがどのような仕方で理論論証の擁護を目指したのか見ていく．

4.2.2　規範倫理理論とは何か

　ボイドは理論論証が見込みのあるものであることを示すために，道徳の一階理論のサンプルとして非功利主義的な帰結主義理論を提示する．この理論を使って，ボイドは規範理論が経験的信頼性を持つこと，その理論構築の過程において科学理論の構築の際に見られるものと類似する背景理論の想定が見られること，そしてこの2つの特徴が実在論的に説明できることを示そうとする．
　ボイドがどのような規範理論を示したのか見る前に，そもそもここで言われている規範理論とはどのようなものなのか，考察してみる必要があるだろう．
　一見すると，規範理論に経験的信頼性などを見出すことは困難なように思える．それは，規範理論とは我々の行為や方針，決定などに道徳的評価や指導を与えるものであり，科学理論のように予測やこれまで得られた経験的証拠との適合などを目指しているものではないからである．たとえば，カントの人間性

原理は他者を手段化する行為は道徳的に悪い行いであるとするが，この道徳原理の主な役割は，他者を手段化している様々な行為を道徳的に悪いものであるとして禁じることであり，経験的に検証することができる予測をすることではないだろう．

このように規範理論は経験的信頼性の獲得を目指すものではないと思われるが，それにも関わらず，それが経験的信頼性を持つか否かを問うとはどういうことなのだろうか．この問いに答えるために，まずは規範倫理理論（規範理論，normative ethical theory）そのものをどのように理解することができるか，確認していく．

上述したように，規範理論は我々の行為などに道徳的評価を与え，それらを指導する役割があると思われるが，この役割を果たすために規範理論は規範的命題（normative propositions，もしくは規範的文 normative sentences）と呼ぶことができるものを含んでいると考えられる．

規範理論が持つ規範的命題として，個別の道徳的主張や道徳原理が考えられる．

個別の道徳的主張とは，「タロウがジロウとの約束を破ったのは悪いことだった」「ハナコがキミコの手助けをするのは正しい選択だ」など，その中に「悪い」「正しい」といった道徳的述語が使用されている個別の事例に関する主張である．

一方，道徳原理とは，「嘘をつくことは悪い」「x という状況下において他者を助けることは正しい」などの固有名が入っていない全称命題で表せる文・命題であると理解できる．

正しい規範理論が個別の道徳的主張や道徳原理をどれほど含むのかという問いは，その理論の擁護の中で論じられるべき議論の分かれる問いであろう．論者によっては，個別の道徳的主張は一般的な道徳原理とその理論の擁護者が許容できる経験的前提から演繹することができるから，正しい規範理論が含むのは道徳原理のみであり，個別の道徳原理は含まないと主張することが考えられる．このような主張に対して，正しい規範理論はある一定の個別の道徳的主張を含むべきだという考えもあるかもしれないし，正しい規範理論が持つのは個別の道徳的主張のみであり道徳原理は含まないという極端な考えも可能であろ

う．規範理論の性格やそれと個別の道徳的主張・道徳原理の関係については道徳的個別主義（moral particularism）を巡る論争の中で既に多少の議論の蓄積がある問いでもある（Hooker 2012）．この問いは議論が分かれるものであるから，ここではひとまず，正しい規範理論は，個別の道徳的主張，道徳原理，もしくはその両者を，必ず含むものである，との考えを想定して，議論を進めていく．

個別の道徳的主張と道徳原理は共に規範的命題と呼ぶことができると思われるが，それは，両者が我々に何らかの行為を促すという意味で規範的であるからである[*2]．「ハナコがキミコの手助けをするのは正しい選択だ」という道徳的主張は，ハナコ自身にキミコを助けるという行為をするように促すし，周囲の人間にハナコがこのような行為をするよう働きかけることを促す．一方，「嘘をつくことは悪い」との道徳原理は，サブロウに嘘をつくか否か迷っているシロウに対してそのような行為を控えるように促す．規範理論が規範的命題によって持つこのような特徴は「行為指導性（action-guidingness）」と呼ぶことができる．

「行為指導性」という言葉は倫理学においてしばしば用いられるが，この言葉を本書でどのような意味で使っているのか，ここで確認しておきたい．

功利主義への反論として，功利主義は正しい規範理論が持つべき行為指導性を持たない，との主張がしばしばなされる（Hudson 1989, p. 221）．ある功利主義理論が，最も功利を最大化することができる行為のみが正しい行為である，と想定するとしよう．このような理論には以下のような問題があるように見える．我々の世界に関する認識には限界があり，どの行為を行うことで他の可能な行為よりも功利を最大化することができるのか，正しく知ることは不可能に近い．ということは，たとえこの功利主義理論を受け入れたとしても，実際にどのような行為を為すべきかわからないということなる．これは，この功利主義理論は我々が実際にどのような行為を為すべきか明確にすることができないことを示している．このことは，この理論が結局我々に対してどのような行為

[*2] 道徳的主張や命題などが持つ規範性（normativity）をどのように理解するかという問題は倫理学における最重要の問題の１つであろう．この問題に対して様々な考えがあるが，ここでは規範性に関する論争に立ち入ることなく，ある命題が持つ規範性をその命題が我々に何らかの行為を促す性質と措定して議論を進める．

を促しているのか明確にできないという意味で，問題を抱えていることを示しているのかもしれない．功利主義のこのような特徴はしばしば「行為指導性の欠如」（同上）として表現される．

　この議論の中で言及されているのは，強い意味での行為指導性であると理解することができる．本書が正しい規範理論に帰属しようとしている行為指導性はこれよりも弱いものである．即ち，本書が想定しているのは，正しい規範理論は上で述べた何らかの規範的命題を持っているという意味で，行為指導性を持っている，という考えである．上述したように，規範的命題が持つ特徴は，我々に何らかの行為を促すという性質である．ある理論が規範的命題を含むことによって何らかの行動を我々に促したとしても，その理論は我々が具体的にどのような行為を為すべきか，明確にすることはできないかもしれない．本書で想定している行為指導性は前者の意味であり，上述した功利主義批判の文脈で想定されている行為指導性は後者の意味である．

　さて，規範理論が道徳的主張や道徳原理を含んでいることは，それが行為指導的であるだけでなく，一種の記述的な側面も持つことを示している．ここで言う記述的な側面とは，どのような対象にどのような道徳的評価を帰属させることができるのかという意味で，記述的であるということである．「嘘をつくことは悪い」という道徳原理は，嘘というタイプの行為には悪さを帰属させることができるという意味で，記述的である．規範理論はこのような記述的な側面を持つが故に，我々の行為に道徳的評価を与え，道徳的決定を下す際に指導を与えることができるとも考えられる．

　これらに加えて，規範理論はそれが含んでいる道徳的主張や原理がなぜ正しいのか，悪いのか，説明するための情報源（resource）を備えることもその目的の1つに数えられるだろう．ここで言う規範理論による規範的主張の説明とは，その理論が想定している道徳的な事柄を被説明項とする非因果的説明である（Väyrynen 2013, pp. 155-156, Schroeder 2014, p. 2 参照）．タロウがジロウとの約束を破ったことが悪かったとして，この事例を説明するものは何だろうか．この事例の説明として，嘘を破ることは悪い，との道徳原理に訴えることができる．さらに，この嘘に関する道徳原理それ自体も，何らかの別の原理や事柄によって説明されることも予想できる．これらがここで言うところの道徳的な

事柄を被説明項とする非因果的説明の例である．

　規範理論がこのような説明自体を含むものなのか，それとも説明を可能にする情報源さえ提供できればよいのか，この問いも，上で言及した個別の道徳的主張と道徳原理がどれほど正しい規範理論に含まれるべきかという問いと同様に，議論が分かれるものであろう．だが，正しい規範理論は，何らかの形で，ここで見たような説明を提供することができるものであるべきだろう．というのも，もし規範理論がこのような説明を提供できなかった場合，その理論は自説が提示する道徳的主張を正当化する手段を持たないことになり*3，我々はその事実をもってしてその理論の正当性を疑うことができるからである．カントの人間性原理が示されたところで，なぜその原理に従うべきなのか，何らかの説明が与えられ，それによってその原理の正当化がなされなければ，この原理を受け入れることは難しいだろう．このような説明的な側面があってはじめて，規範理論は説得的なものとなる．そして，規範理論は一定の説得性を持つが故に，それによって示された行為は正当なものとして受け入れられる．

　このように，規範理論は行為指導性，記述的な側面，そして説明的な側面を持ち合わせた体系的な主張の集合であると理解することができる*4．

　たとえばここに以下の2つの道徳的主張があるとしよう．

①嘘をついてはいけない．
②他人に親切にしなければならない．

　この2つはどのタイプの行為が悪いのか，為さねばならないものなのか，示しているから行為指導的な側面と記述的な側面を持っている．しかし，この2つの主張は，なぜそれぞれが悪い行為なのか，説明や正当化を提供できていない．このことから，この2つの主張の集合を規範理論と呼ぶことはできない．

---

*3　規範理論が提供する説明と正当化の関係については，様々な考え方が可能であろう．たとえば，ここで見ているような説明を全く提供できない規範理論であっても，何らかの仕方で正当化を提供することが可能であるかもしれない．本書では，規範理論がこのような仕方で説明を提供できる場合，それに訴えて正当化も提供できる（Väyrynen 2013, p. 173）という想定をして，議論を進めていく．

*4　規範理論がもつ記述的な側面と説明的な側面を持つことについては（Kagan 1992）を参照．

一方で，次のような主張の集合を見てみよう．

① もしxが他者を害するものであった場合，xは悪い．
② ある道徳原理Pは，それが誰によっても理性的に拒絶できないものであった場合，かつその場合のみ，正しい原理であり，そのような側面を持つが故に，その原理は正しさを持つ（Scanlon 1998, p. 4 参照）．
③ ①は誰によっても理性的に拒絶できない．

この道徳的主張の集合は規範理論と呼ぶことができる．①によってどのような行為のタイプが悪いか示されており，それによりどのような行為を控えるべきなのか示されている．そのような意味で，この理論は行為指導的な側面と記述的な側面を持っている．さらに，我々は②に訴えて①がなぜ正当な原理なのか説明することができる．だから②は①の説明のための情報源を備えているということになる．その意味で，この理論は説明的でもある．

4.2.3 ボイドの帰結主義的規範理論

このような仕方で規範理論を理解した上で，ボイドが示した規範理論について見てみよう．ボイドは以下のような規範理論を提案する（Boyd 1988, p. 203）．

(ボ1) ある行為や行為を指導する方針，性格などの道徳的評価は，それが人間の福利に貢献するか否かに依る．
(ボ2) ある人の福利が増進されている状態とは，その人が人間として根本的に必要とするもの（fundamental needs）が満たされている状態である．人間が根本的に必要とするものの例として，友人関係，恋愛関係，協力をして何かに取り組む事，自己決定，知性的・芸術的な活動，適度な運動などが挙げられる．

ボイドは自身の規範理論を提案するに際して，それがどのような説明的側面を持っているのか，明確にはしていない（同上）．しかし，以下で規範理論の背景想定について論じる際にも述べるが，ボイドはロールズの名前も挙げて，

反省的均衡の方法（the method of reflective equilibrium）と科学の方法の類比を試みている（Boyd 1988, p. 207）．このことから，ボイドが提案する規範理論は次のような説明的側面を持つと解釈することができるだろう．

（ボ3）ある道徳原理や道徳判断は，それが反省的均衡の方法によって保持される場合，かつそれによって，正当化される．

　ボイドの提案をこのように理解すれば，これらの主張の集合は規範理論として理解することができる．上の主張によって，どのような行為が道徳的に良い行為なのか，悪い行為なのか，知ることができる．この理論によると，もし私がある商品を買うことでその企業が潤い，そしてそれによってその企業が貧しい人たちから行っている搾取をさらに促進させるという事態がある場合，私の行為は間接的に他者の福利の増進を妨げていることになりそうであるから道徳的に悪い行為ということになるだろう．また，この理論の原理やこの原理から導き出せる個々の道徳判断がなぜ正当化できるのかも，それが反省的均衡の方法によって支えられているからという理由で説明することができる．

4.2.4　規範理論の経験的信頼性

　では，この理論はどのような経験的信頼性を持つのだろうか．これは理論論証の最初の前提，即ち，「規範理論は経験的信頼性を有している」という主張に関する問いである．

　(4.2.2)で見たように，規範理論は記述的，行為指導的，説明的な側面を持っているとされるから，当然，道徳に関する総合的な規範的命題を含むということになる．だから，規範理論が経験的信頼性を有しているという主張は，規範理論が持つ様々な総合的な規範的命題が経験的信頼性を持つという主張だということになる．ある命題が経験的信頼性を持つということは，その命題が経験的証拠によって反証され得ることを示しているから，規範理論が持つ経験的信頼性を論じることは，(2.3)で提示された道徳的性質を自然的性質として理解する方針がどれほど見込みのあるものなのか，明らかにしていく作業ということになる．もし規範理論が持つ規範的命題が経験的信頼性を持ち得るものであ

るのならば，それによって表される道徳的性質は（2.3）で示された定義に従うと自然的性質ということになる．一方で，もしそれが経験的信頼性を持ち得ないことが示された場合，道徳的性質を自然的性質の一種と見なす考えには困難が付きまとっていることが明らかになるということになる．

　さて，規範理論が経験的信頼性を持つのか否かについて，ボイドは他の経験科学と同様に観察によってこの帰結主義理論の経験的信頼性を問うことができると主張する．この理論の価値理論にあたる（ボ2）を見てみよう．（ボ2）は人間の福利を人間が根本的に必要とするものが満たされた状態であるとしている．この点について，ボイドは人間の福利は人間の性質についての経験科学によって示すことができ，そのような探求においては観察が用いられると主張し，観察が規範理論の構築においても他の科学と同様な役割を果たすとしている（Boyd 1988, p. 205）．

　ボイドはこのように主張しているが，'How to be a Moral Realist' の中で観察がどのような形で規範理論の経験的信頼性を擁護することができるのか，はっきりとした説明は示されていない．しかし，一種の社会実験によって我々が人間にとっての良さを知ることができるとの主張はある（同上）．以下の2つの例がボイドが提示する例である．

例1：芸術的な表現やそれに触れることは人間にとって必要なことである．これは，人間がある程度娯楽のために時間や労力を割くことができる場合に，知ることができる．

例2：奴隷制度は道徳的に許容されない．このことは，民主主義や平等主義が社会の中でどのように機能するのかある程度の情報が得られている場合に，知ることができる．

　この他にも，歴史学や経済学の知見から，人間がどのようなことを必要としているのか，知ることができるとボイドは主張する（同上）．ボイドが主張していることは，これらの諸科学によって人間にとって何が必要なものなのか示すことができ，これらの諸科学において観察は理論構築のために重要な役割を果たしていることから，規範理論の構築に観察は重要な役割を果たすというこ

とである.

(4.1.1) において,ある理論の経験的信頼性を評価する方法として,その理論の予測能力とこれまで得られた経験的知見との適合能力が挙げられると述べたが,ボイドはこれらの諸科学が人間に関する良さを想定することでどのような予測ができるのか,その想定がどのような形でこれまで得られた経験的知見と適合するのか,具体的には述べていない.だが,この点についてはここまでのボイドの議論を前提にすれば以下のように考えることができる.ある心理学理論が友人関係や家族関係,恋愛関係などの人間関係を持たなければ人間は安定した心の状態を保つことができないということを示したとしよう.このことから,「全ての人間はある程度の人間関係を持たなければ安定した心の状態を保つことができない」との経験的含意を引き出すことができる.これは予測でもあるし,これまで得られた人間に関する知見との適合を目指した主張ともとれる.もし人間の社会行動に関する観察を通して人間関係を全く遮断された者が安定した心の状態を保つことができないことが観察された場合,この経験的含意は正しかったということになり,この心理学理論は経験的信頼性を有するということになる[*5].

ボイドが主張しているのは,人間に関する経験的科学はこのような仕方で経験的信頼性を得ることができ,このことにより,それに立脚する規範理論の経験的信頼性も擁護できるということだ.

この提案にはいくつかの問題点がある.まず1つ目は,ボイドの提示する規範理論が理論として不完全であることが挙げられる.ボイドの帰結主義理論はその価値理論として一種の福利理論を提示している.この理論は,人間の福利は人間が根本的に必要とするものが満たされている場合に増進するとしているが,この根本的に必要とするものがどのようにして知られるのか,詳しい説明が与えられていない.ボイドは関係する諸科学において人間が根本的に必要とするものが何であるのか明らかにされるとしているが,それらの科学において人間が根本的に必要とするものと,必要とはするがそれほど根本的でないもの

[*5] このような考えは,人間は社会的に孤立した状態におかれた場合,精神的に不安定になるという知見によって支えられるかもしれない.たとえば,ブラウンリー(Kimberley Brownlee, 2013)は社会神経学や刑事司法からの知見に訴えて,社会的剥奪を免れる権利について論じている.

4.2 道徳的実在論のための類似的論証

とをどのように区別できるのだろうか．このことを明らかにするには，どのようなことが人間にとって根本的に必要なものなのか説明できるさらなる価値理論が必要になるだろう．

この問題はボイドの規範理論に必要という概念に関する主張を加えることで解決できる．必要という概念に関して，ウィギンズは通常2つの意義があると主張する（Wiggins 1991b, pp. 7-9）．1つ目は道具的（instrumental）な意義と呼ぶことができるもので，xがyを道具的に必要とするのは，xがzという目的を持っており，zを達成するためにyが欠かせない場合，かつ，その場合のみである，と理解することができる．必要という概念が持つもう1つの意義として，ウィギンズは絶対的（absolute），もしくは定言的（categorical）な意義を挙げる．xがyを絶対的に必要とするのは，xがyなしでは深刻な害を得る場合，かつその場合のみである．

このウィギンズのこの考察を活用して，ボイドの規範理論に以下のような主張を加えることができる．

(ボ2 + 1) 人間が根本的に必要とするものとは，それなしでは人間が深刻な害を得るものである

人間にとって深刻な害が何かという問題もあるが，害については我々の常識的な理解に訴えることである程度の理解を得ることができるようにも思える．たとえば，ある程度の健康状態を保てない場合，それはその人にとって深刻な害を与えるように思えるし，精神の安定を損なうこともその人にとって深刻な害になるように思える．このような常識的な害に関する理解に訴えて，関係する諸科学がそのような深刻な害を被らないで生きていくには何が必要か，示すことができるだろう．

しかしこれだけでは関係する諸科学がどのような仕方で人間の福利に関して経験的信頼性があると言えるのか，まだ不明確である．ある理論が経験的信頼性を持つのは，それが正確な予測をすることができる場合，またはこれまで得られた経験的知見と適合する場合であった．関係する諸科学は人間の福利に関して，何らかの予測をすることができるのだろうか．また，それらは今まで得

られた経験的知見に適合するものなのだろうか.

　ボイド自身はこのような問いについても細かい議論をしていないが，諸科学がどのような予測をし，過去に得られた経験的知見と適合するか，ある程度の見通しを得ることはできる．公衆衛生学を例にとってみよう．公衆衛生学とは社会における人間の習慣と病気の発症の関係についての学問である．典型的な例として，公衆衛生学の知見に訴えて，うがいが風邪の予防にどの程度効果があるものなのか，示すことができる．このような学問は，人間の行動パターンと病気の発症について，ある程度の予測をすることができるだろうし，その理論構築自体がこれまで得られた経験的知見との適合を目指したものだろう．公衆衛生学についてこのように考えてみると，たしかにこの学問は人間にとってどのようなことが害となるのか，どのような行動が人間の福利に貢献するのか，経験的に信頼のおける知見を示すことができるように思える．

　ただ，ボイドの理論にこのような修正を加えたとしても，ボイドの提案にはさらに深刻な問題があるように思われる．それは，ボイドが示しているのが規範理論の経験的信頼性ではなく，関係する諸科学のそれであるという点である．再び公衆衛生学について考えてみよう．たしかに公衆衛生学は人間がどのような行動をとると深刻な害を得るのか，どのような行動をとるとそれを避けることができるのか，ある程度正確な予測をすることができると思われるし，これまで得られた経験的知見と適合する理論を構築することもできると思われる．しかし，公衆衛生学が与える予測はあくまで公衆衛生学において想定されている菌やそれによる感染といったものと病気の発症に関するものである．このような予測は規範理論によってなされたものとは言えないだろう．規範理論によってなされる予測とは，たとえば x は人間にとって福利である，y は道徳的に悪である，といった想定によって与えられるものである．ボイドはこのような規範理論の想定によってどのような予測が得られるのか，もしくはこのような想定がどのような仕方でこれまで得られた経験的知見と適合するのか，示すことができていない．

　理論論証の前提の 1 つは関係する諸科学ではなく規範理論に経験的信頼性があるという主張であるから，どのような仕方で規範理論が予測をし，それが想定するものがこれまで得られた経験的知見と適合するのか示すことができなけ

れば，(理1) を擁護することは難しいだろう．ボイドの提案はこの点について十分な回答を示すことができていない．

4.2.5 規範理論構築における背景理論に関する想定

それではボイドは理論論証の2つ目の前提である (理2)「規範倫理理論の理論構築の過程には，背景理論に関する想定がある」という主張についてはどのような提案をしているのだろうか．

ここで問題となっている背景理論が想定しているものは，何らかの道徳的性質の存在でなければならない．というのも，この理論論証によって自然主義者が擁護したい考えは道徳的実在論であり，(2.2) で確認したような道徳的性質に関する存在論的な主張であるからである．理論論証はある理論の理論構築の際に想定されている背景理論が近似的に真であるとする理由を提供するものであるが，ここで想定されている背景理論が道徳的性質に関するものでなければ，理論論証を擁護したところで道徳的性質の存在の擁護につながらない．そのため，ここで想定されている背景理論は道徳的性質の存在に関するものでなければならないということになる．

規範理論の構築においてどのような背景理論が想定されているのか検討するには，その理論の理論構築がどのように進められていくのか，即ち，その理論の方法について，考察しなければならないということになるだろう．この点に関して，ボイドは次の2つの提案を行っている (Boyd 1988, pp. 206-209)．

①規範理論構築のために欠かせない道徳的直観 (moral intuitions) は，科学理論構築の際に用いられる観察が理論負荷的 (theory-dependent) であるのと同様に，背景理論を前提としている．

②彼の提案する規範理論が採用する方法は反省的均衡の方法 (the method of reflective equilibrium) であり，この方法による規範理論の構築には，背景理論に関する想定を見出すことができる．

ボイドはここでもこの2つの提案についてそれほど実質的な説明を加えてい

ない.だが,道徳的直観を物理学者の直観的な判断 (physical intuitions) と類似的に比較していることから (Boyd 1988, p. 208), ①に関してボイドが想定しているのは以下のような考えであると思われる.

ハナコがアサコによって会社の中で孤立させられているのを見て,我々が直観的に「アサコの行いは悪い」と判断したとしよう.ボイドの提案に沿って考えると,この判断は次のような背景理論,もしくは背景的想定を前提にしていることが考えられる.

≪アサコ・ハナコ事例における背景理論≫
(1)自分が所属している社会の中で精神的に孤立することはその人の福利に大きな悪影響を与える
(2)人間の福利を減退させる行為は悪い行為である

これらの背景的想定がなされているが故に,アサコによって会社の中で孤立させられているハナコを見て,我々は「アサコの行いは悪い」と判断すると考えられる.このような想定がなければ,たとえアサコによってハナコが孤立させられている現場を目撃しても,我々はアサコの行いを悪いものだと考えないだろう.

たしかにこのような仕方で我々の道徳判断の形成が背景理論に支えられていることは,ボイドが主張するように,科学哲学でしばしば指摘される観察の理論負荷性 (the theory-dependence of observation) に通じるものがある.テーブルの上に携帯電話がある,という観察も,テーブルが単なる張りぼての物体でないこと,その上に置かれている物体の内側は電話をかけたりインターネットに接続したりすることができる機械であること,などの様々な前提があって始めて与えられるものである.ボイドは,観察の理論負荷性は科学という営みが持つ背景的想定の一種であるとしているが (Boyd 1988, p. 206), そうであるならば,規範理論構築のために欠かすことができない直観的な道徳判断がそれと似たような性質を持つことは,(理2)を支持することになる.

さて②についてだが,ボイドは科学において採用されている方法も一種の反省的均衡の方法 (the method of reflective equilibrium) であり,道徳における方

法と同じものであるとの想定をしている（Boyd 1988, p. 200）．このような想定に立ち，ボイドは科学理論の構築の過程で見られる背景理論に関する想定が，反省的均衡の方法による規範理論の構築の過程でも見られると主張する．

たしかに，この方法の名づけの親でもあり，倫理学，政治哲学においてこの方法を大変に影響力のあるものにしたロールズ本人も，反省的均衡の方法の基盤となる考えを示した1951年の論文において彼が提案する倫理の方法は科学における方法と類似するものであると述べている（Rawls 1951, p. 189）．このような歴史的な背景からも，科学で用いられている方法と倫理学において用いられている反省的均衡の方法は，同種のものと考えることができるのかもしれない．しかし，ここで問題になっているのは，科学理論構築の際に見られる背景理論の想定と類似するものが，倫理学の方法においても実際に見出せるか否かということである．少なくともボイドはこの点について，詳しく論じていない．

②に関してはこのように問題があるが，①に関してはある程度見込みがある．ただ，ここから次の推論へ至る時に必要なのは，規範理論が想定する理論的存在者，つまり道徳的性質に関する想定が，規範理論の経験的信頼性に貢献していることを示すことである．科学的実在論のための論証においては，理論的存在者を想定することにより科学理論が経験的信頼性を得ていることが示され，そのことが実在論的に説明されている．では，道徳的性質に関する想定をすることで規範理論はどのような経験的信頼性を得ることができるのだろうか．たとえば，道徳的性質の存在を想定することにより，理論をより正確なものに修正していくといったことがあるのだろうか．また，電子レンジと電子顕微鏡のケースのように，同じ理論的想定がなされ，そのことにより，異なる２つの理論が経験的信頼性を持つということが規範理論のケースにおいても見出されるのだろうか．ボイドはこれらの点について，明確な説明を与えていない．このことから，ボイドの（理2）に関する議論も不十分なものと言わざるを得ないと思われる．

4.2.6　規範理論の実在論的説明

以上，理論論証の前提（理1）と（理2）に関してボイドがどのような提案をしているのか見てみた．この２つの前提について様々な論点があることがわ

かったが，ここではボイドの規範理論がこの2つを満たしていると仮定して，そこからどのように実在論的な説明が導き出されるか，見てみよう．

はじめに確認しておくべき点は，理論論証は演繹的論証ではなく，命題（道徳的実在論は真である）の説明力に訴える論証だという点である．命題の真理性をその説明力によって確保することはできないと主張する論者は，この論証をはじめから受け入れることができない．そのような論者に対してこの論証は無力である．しかし，前章で確認したように，メタ倫理学においては説明力という観点からある命題が真だとする推論を始めから否定するということは通常しない．むしろ，このような推論形式を用いて自然主義以外の立場の擁護を目指す論者もいる．故に，理論論証がこのような命題の説明力に訴えることは，必ずしも問題視される必要はない．

また，ここで問われていることは，この命題が規範理論の特徴の最良の説明であるか否かという点である．故に，ここで確認するべきことは，提案されている結論が本当に他の仮説に比べて優れた説明的利点を有しているのかという点である．

この点を確認した上で，道徳的実在論が他の仮説に比して説明的に優れているのか，検討してみよう．(4.1.3)で見たように，科学的実在論擁護のための論証においては科学の特徴を最も良く説明する仮説として科学的実在論が提案されていた．科学的実在論は意味論的な主張，認識論的な主張，形而上学的・存在論的な主張の3つの主張からなっていたが，それを支えるものは，科学の探究を支える背景理論が近似的に真であるとの考えであることを(4.1.3)において確認した．これに従うと，科学的実在論擁護のための論証と類似的なものであるはずの理論論証は，以下のような考えを（理1）と（理2）の連言を説明するものとして提案するということになる．

≪規範理論の背景理論の近似的真理≫
規範理論の理論構築を支える背景理論が措定する理論的存在者（道徳的性質）と実際の世界の在り様の間にはある程度正確な対応関係があり，かつ，その対応関係があるが故に，その理論を利用してさらに正確な理論を生みだすことができる

さて，もしボイドの規範理論が経験的信頼性を有しており，かつ，その理論構築の仮定に背景理論の想定が見られた場合，この2つの特徴を説明するものは何か．この問いへの自然な答えは，この理論を支える背景理論が少なくとも近似的に真であると想定することだろう．

この理論が経験的信頼性を持つとは，この理論が想定している道徳的良さの存在によって，(4.1.1)で示したような何らかの予測・もしくは適合を見出すことができるということである．さらに，この理論の理論構築には様々な背景理論が想定されていると見なされている．この理論が「友人関係を持つことは道徳的に良い」と提案したとして，この提案はこの理論がもともと持っていた「道徳的良さとは人々の福利の増進に貢献するものである」などの背景的な想定のもと，評価される．提案がこの基準にあわなければ拒絶されるだろうし，背景的な想定と整合性がつくものであれば見込みのある提案として受け入れられるだろう．この理論が持つ経験的信頼性と背景理論の想定を説明するのは，背景理論が少なくとも近似的には真であるとの想定だろう．もし人間の福利に貢献する道徳的良さなるものが実は存在しなかったとして，そのような道徳的良さに関する想定のもと構築されたこの理論が経験的信頼性を持つというのは，一種の奇跡を想定しなければ説明できないだろう．奇跡に訴える説明はそれをしない説明よりも説明的利点としての単純性という基準で劣っている．

このように，もしボイドの規範理論を用いて（理1）と（理2）が真であるとすることができれば，そこから実在論的な説明を導き出すことは無理筋ではなさそうである．このように考えると，この理論論証は個別論証に替わる説明的論証擁護のための重要な戦略になり得ることがわかる．個別論証に様々な問題があることを鑑みると，説明的論証の擁護を目指す自然主義者は個別論証ではなくこのような理論論証の擁護の可能性も真剣に検討するべきだろう．

ただ，ボイドの提案について残る課題は（理1）と（理2）に関する考察であろう．現状のままではボイドの規範理論を想定したとしても（理1）と（理2）を受け入れられるのかどうか，不明確である．当然，前提が受け入れられなければ理論論証は瓦解する．このことから，理論論証の擁護にはまずその前提の擁護に取り組まなければならないことがわかる．

4.2.7 道徳的実在論の理論パッケージ

　以上，ボイドがどのような仕方で道徳における実在論的説明を擁護するのか，その概要を見た．規範理論をこのような形で実在論的に理解した場合，ボイドはそれに付随する様々な理論からなる「理論パッケージ」を受け入れることができると主張する．これは，科学的実在論のための論証を擁護する際に，それが循環に陥っているとの反論に答えるために提示された議論と対応するものである．

　ボイドは以下のような理論や主張を道徳的実在論者は受け入れることができると主張する．

(1) 道徳語の外在主義的意味論

　ボイドは，実在論を受け入れた場合，道徳語の意味は我々の判断や決定によって決まるものではなく，むしろそれによって指される外的な道徳的事実によって決まるという外在主義的意味論を受けいれることができると主張する．ボイドは道徳語にこのような外在主義的な定義を与えることで，我々がなぜ道徳語を他の言語に訳すことができるのか，説明することができると主張する．ボイドは，他の言語の中でどの言葉が道徳語であるのか知るために我々が暗黙裡の内に想定しているのは，その言葉が人間の福利に対応しているという考えであると主張する．この言語学的な想定が正しいものであるならば，文化的背景に関わらず，我々の道徳語の使用は福利に関係する自然的性質と因果的な関係があるということの証拠になる（Boyd 1988, pp. 209-212）．

(2) 道徳的良さに関する形而上学的理論

　ボイドは彼の規範理論を提案するにあたり，道徳的良さが自然科学で探究されている自然種（natural kind）と同じ構造を持つ性質であるという提案を行っている（Boyd 1988, p. 203, p. 205, Sturgeon 2003, p. 550, Rubin 2008, p. 504 参照）．この道徳的性質に関する理論が，上で見た外在主義的意味論を裏付けるものとなる．即ち，「水」や「金」，「ヒト」などの自然種に関する語の定義は，対象となっているものについて観察や実験といった経験的手法を用いて考察することでア・ポステリオリに与えることができると思われるが，もし道徳的性質も

自然種と同じ構造を持つならば，それに対応する「良い」「正しい」といった道徳語の定義も同じような仕方で与えることができるということになる．

⑶道徳を巡る見解の不一致を説明する理論

　ボイドは道徳に関する見解の不一致を説明することができる理論も，彼が提案した規範理論を実在論的に理解すれば，受け入れることができると主張する（Boyd 1988, pp. 212-214）．

　ボイドの規範理論は，たとえば民主主義的な政治体制や文化的活動を可能にする社会体制など，様々な自然に起こる社会実験を通して，何が人間にとって良いものなのか，知ることができると想定している．これは，原理的には全ての道徳的問いに答えがあるが，社会の状況によってはその真偽を確かめることができないものもあることを示唆している．このことから，道徳における見解の不一致を説明することができるとボイドは主張する．それによると，道徳を巡る見解の不一致は，原理的には，どちらか一方が，もしくは双方共に誤った見解を持っている結果起こるものであり，最終的には解決することができるものである．しかし，道徳的主張は実現が大変に難しい大がかりな社会実験を用いなければ擁護することができないものであり，このような実験の実行不可能性の故に，道徳に関する見解の不一致が存在する．

⑷動機に関する理論・道徳的知識の因果説

　ボイドは道徳的動機に関しても彼の提案した規範理論から適切な理論を導き出すことができると主張する（Boyd 1988, pp. 214-216）．

　道徳判断と動機の間には何らかの強い関係があると思われる．もしハナコが「嘘をつくことは道徳的に悪い」と判断したならば，ハナコは嘘をつくことを避けようとするだろう．もしハナコがこの判断を下しているにもかかわらず嘘をつくことに何のためらいも覚えなかったとすると，ハナコはそもそも本当に嘘が悪いとは考えていないと理解するのが常識的な見解かもしれない．この考えは動機の内在説（motivational internalism）と呼ぶことができる．

　ボイドが標榜する自然主義的な道徳的実在論によると，道徳的事実は自然的事実であるから，「嘘は悪い」などの判断は自然的事実に関する判断であるということになる．しかし，自然的事実に関する判断は我々に直接動機を与える

ものとは一般的に考えられていない．ソウタののどが渇いていたとして，彼が「水を飲めばのどの渇きが癒される」と信じていたとしよう．この信念のみでは彼に水を飲む動機を与えるとは考えにくい．彼が「のどの渇きを癒やしたい」などの欲求を持っていた場合，彼に水を飲む動機が与えられると考えられる．このことから，自然的実在論のような立場は道徳判断と動機の関係性をうまく説明できないとの反論が考えられる．

この反論に対して，自然主義的な道徳的実在論者はしばしば道徳判断と動機の間にある関係は必然的なものではないと応じる．たとえば，道徳的に振る舞う意志が全くないような人物は，たとえ嘘が悪いことを理解していたとしても，嘘をつくことに何のためらいも覚えないかもしれない．道徳的実在論者はこのような人物の可能性に訴え，道徳判断と動機の関係が偶然的なものであると主張する (Brink 1984)．

ボイドは彼の提案する規範理論がこの反論をさらに強固なものにすることができると述べる．たしかに道徳判断と動機の間には必然的な関係はないが，もし嘘は悪いと判断しているにも関わらず嘘を平気でつくような人物がいたならば，その人物は何らかの認知的な欠陥を持っているようにも思える．反実在論者はこの人物の欠陥は道徳判断と動機の間に必然的な関係があることに気が付いていない点であるとするが，ボイドは道徳的知識の因果性理論を提案して，違った説明をする．

ボイドの提案している規範理論によると，道徳的知識は自分や他人の福利に関するものである．つまり，自分や他人がどれほど福利を得ているか，どれほど福利を損なっているか，ということに関する知識である．このような知識を得るには，「xのような状況におかれたら人々はどのように感じるか，どのようになってしまうか」といった反事実条件文を吟味する必要があると考えられるが，ボイドはこの点を正確に検討する能力は，我々が他者に対して同情心 (sympathy) を持つことができる能力に依拠していると言う．たしかに，「ハナコに拷問を加えたらどのような反応をするか」という命題の真偽を問う場合，ハナコに同情心を持っている場合とそうでない場合では多少判断が違ってくるように思えるし，前者の方が後者よりも正確な判断を下せるのかもしれない．さらに，我々は他者が実際におかれている状況に自分自身を置いて想像をする

能力があれば，我々は他者の喜びや苦しみを自分のものとして感じることができるように思われる．このような能力を持っていた場合，我々は自然に他者の福利に配慮することができるようになると思われる．ボイドはこのように同情心というものが認知的にも動機的にも重要な役割を果たすと主張し，道徳判断を下してもその判断が支持する規範に対して無関心でいることができる行為者がどのような欠陥を持っているのか，説明する．即ち，そのような行為者が持っていないのは上で述べたような同情心である．同情心を持っていないということは，他者の苦しみを正確に理解することができないという認知的な欠陥を持つと共に，自分自身を他者のおかれた状況においてみるという想像をすることもできないから他者に同情することもできない．ボイドはこのような仕方で，道徳判断を下しても動機を持たない行為者の認知的欠陥と動機的欠陥の両方を説明できると主張する．

4.3 ボイドの提案の課題

以上がボイドの示した議論の全貌である．ボイドの示した議論は理論パッケージを含めると大がかりなものであり，またいくつかの課題も残っている．ここでは，①この論証の性格について，②前提1・規範理論の経験的信頼性について，③前提2・規範理論の背景理論について，④理論パッケージに関しての4つの点に論点を分けて，それぞれ論じていく．

4.3.1 論証の性格について

前章で理論論証を論証図式として理解するという方針を示したが，論証の性格を巡っていくつかの論点がある．

この論証図式を使って自然主義を擁護するとなると，異なる規範理論を擁護することにつながるように思われる．というのも，自然主義を擁護するには異なる規範理論を用いてもこの論証図式が成り立つことを示さねばならないように思われるからである．そうなると，(4.2.1) でも言及したが，以下の3つ可能性が考えられる．

①どの規範理論を使用しても論証が擁護できる場合
②どの規範理論を使用しても論証が擁護できない場合
③論証が擁護できる規範理論と擁護できない理論の両方があった場合

　ボイドは彼が提案する規範理論を採用して理論論証の擁護を試みているから，彼の試みはどの規範理論を使用しても論証が採用できないとの主張である②の可能性をつぶすためのものであったと理解できる．
　では，ボイドの試みは少なくとも②の可能性をつぶすことに成功しているのだろうか．筆者は，ボイドの試みは萌芽的な状態に留まっており，それが②の可能性をつぶし，①もしくは③の擁護となっているのか，まだ不明確な状況にあると考える．このような状況を受け，まずはボイドの提案をさらに強化し，②の可能性をつぶしていく作業が必要であると思われる．

4.3.2　（理1）規範理論の経験的信頼性について

　(4.2.4) で見たように，ボイドが規範理論に経験的信頼性があると主張する仕方には問題があった．それは，ボイドが訴えているのが規範理論の経験的信頼性ではなく，規範理論に関連のある他の科学の信頼性であるという点であった．たしかに，ボイドの議論は関連する諸分野における経験的探究が道徳的性質の探究に関係があることを伺わせるが，規範理論そのものに経験的信頼性があると言えるかどうかはっきりと示すことには成功していないと言うべきだろう．理論論証の擁護者はこの問題も解決しなければならない．
　規範理論の経験的信頼性についてはボイドの議論よりも個別論証のための論証を展開したスタージョンの方が詳細な議論を行っている（Sturgeon 1985, p. 183）．次のような行為功利主義原理について考えてみよう．

≪行為功利主義≫
ある行為は，他の可能な行為に比べて，それが他者の苦痛をより多く増幅するものであった場合，かつその場合のみ，悪い

　この原理の経験的信頼性を問おうとしても，どのような経験的現象がこの原

理の是非に関係があるのか，よくわからない．この原理が何か新しい経験的現象を予測するとは考えられないし，またこの原理が今まで我々が認識してきた経験的現象を含意するために提案されたものと考えることもできそうにない．このように考えると，規範理論の経験的信頼性を問うことは困難であるように思える．

　だが，これは科学理論も同じである．科学理論もある一つの原理だけでは経験的信頼性を問うことはできない．ある科学理論があったとして，その経験的信頼性を問う場合，我々はその理論以外の様々な想定を持たなくてはならない．これは，デュエム－クワイン・テーゼ（the Duhem-Quine Thesis）として広く受け入れられている考えである．

　たとえば，一般相対性理論によると，重力場の影響を受けた場所を通過する光はそれにより多少曲がって進む．とすると，太陽のすぐそばを通る星の光も曲げられるということになるが，通常は太陽の明るさによりそのそばを通る光がどのように進んでいるのか，観察することはできない．しかし1919年の皆既日食の際にこのことが確かめられた．ここで注目しなければならないのは，このような予測は一般性相対性理論だけからは引き出されないということである．関係する天体に関する理論，光に関する理論，そして観測機の正確性など，様々なことを想定しなければこの予測は導かれない．このことは，単一の科学理論のみでは経験的信頼性が問えないことを示している．

　このことから，規範理論の経験的信頼性を問う際も背景理論を前提にする必要があることがわかる．この点についてスタージョンは次のような例を提出している．上に挙げた行為功利主義原理だけを考察したところで，その経験的信頼性を問うことはできない．しかし，この原理に次のような原理が加われば経験的信頼性を問うことができる．

≪意図的な殺人の原理≫
他者を意図的に殺すことは悪い

　≪行為功利主義≫と≪意図的な殺人の原理≫の2つの原理からは，以下のような経験的含意が導き出される．

≪経験的含意≫
他者を意図的に殺した場合，常にその他の可能な行為よりも多くの苦痛が発生する

　この≪経験的含意≫は通常の経験的方法によってその正確性を問うことができるものであろう．もし他にも可能な行為があるにも関わらず行われた意図的な殺人が常に快楽と苦痛の総量を上回るのであれば，この2つの原理の連言は経験的信頼性を持つということになる．
　背景理論を含めれば規範理論の経験的信頼性を問うことができるという考えは見込みがあると思われる．その理由の1つは，上で見たように，規範理論は何か1つの原理で成り立つということは考えにくい．何か1つの中心的な原理があったとしても，その原理を中心に据える理論が見込みのあるものとなるためには，その原理の含意を記述する主張や，その原理を正当化する考えなど，様々な異なる主張が必要になる．
　このように規範理論の主張を1つ1つ丁寧に見ていけば，そこにどのような経験的含意が含まれているのか，明らかにすることができる．実際の規範倫理学における論争を見てみると，しばしばその経験的信頼性が論争の的となってきたこともわかる．功利主義が抱える古典的な問題の1つは幸福が経験的方法で測定できるかどうかということであったが，これは功利主義を巡る論争の1つがその経験的信頼性を巡ってのものだったことを示している[*6]．
　理論論証をさらに強固なものにするためには，論証の擁護のために用いる規範理論の丁寧に提示し，そこからどのような経験的含意が導き出されるのか，検討していくことが必要になってくる．

4.3.3 （理2）規範理論構築における背景理論の想定

　次に（理2）について見てみよう．ボイドは我々の直観的な判断や反省的均衡の方法が彼の提案する規範理論において使用されていることを挙げ，それが科学理論構築において見出される背景理論の想定と同様のものであると主張す

[*6] ボイドも2003年に発表した論文の中でスタージョンの議論と同じような仕方で規範的主張の経験的信頼性を問う方途を示している（Boyd 2003, pp. 524-526）．

る．

　(4.2.5) で見たように，ボイドは反省的均衡の方法についてそれほど詳細な議論を行っていない．だが，反省的均衡の方法に科学の方法のように背景理論を想定して理論形成をしていることを示すのは比較的容易だろう．この方法は我々がもともと保持している道徳原理と直観的判断の突合せを求める．親身になってくれた友人に恩を返すべきだと考えたとしよう．この判断から導き出される道徳原理として次のような原理が考えられる．

≪恩の原理≫
親身になってくれた人には必ず恩を返すべきである

　反省的均衡の方法はこの原理を評価するにあたり，もともと保持されていた原理や個別の判断との突合せを要求する．たとえばこの原理は次の原理と微妙な緊張関係にある．

≪悪人への善行の禁止≫
悪人には善行を施してはならない

　≪恩の原理≫は，たとえ恩ある人が悪人であっても，その恩を返すことを要求しているように見える．そうであるならば，この原理は≪悪人への善行の禁止≫と衝突しているように見える．
　このような場合，どちらかの原理を改訂する，その原理を支えている個別の判断を改訂するなどの対策をとり，なるべく我々が持つ原理，道徳判断が均衡を保つようにしていく．これが反省的均衡の方法であるが，このプロセスでは新しい理論的な提案の評価はもともとどのような原理が保持されていたかによる．≪恩の原理≫がそのまま受け取られないのは，≪悪人への善行の禁止≫が保持されていたからである．これは，このプロセスにおいて背景理論が想定されていることを示している．
　科学的実在論擁護のための論証では，このような背景理論の想定が重要な役割を担った．理論構築の際には背景理論が想定している理論的存在者に訴えざ

るを得ず，それらが実際に存在していると想定しなければこのような理論構築によって経験的信頼性のある理論を生み出すことができることが奇跡になってしまう，というのが科学的実在論擁護のための論証における重要な論点だった．道徳的実在論擁護のための論証においてもこれと類似する規範理論の理論構築の特徴を示す必要があるわけだが，ボイドはこの点に関して，明確な議論を示していない．理論論証を擁護するにあたり，背景理論が理論構築においてどのような役割を担っているのか，そしてそれらが想定する理論的存在者が実際に存在すると想定しなければ最良の説明が得られないのはなぜか，これらの点を明確にしていく必要がある．

　また，倫理学において反省的均衡の方法以外の方法を採用する論者もいるという問題もある．反省的均衡の方法はたしかに倫理学において非常に影響力のある方法ではあるが，この方法以外のアプローチを取る論者もいる．論者によっては，規範理論構築において重視される直観はボイドが想定しているような理論負荷性がかかっているものではなく，ア・プリオリな知識を提供できるある種特殊な判断であると主張するかもしれない．また，直観や反省的均衡の方法によらないで規範理論の構築を目指すアプローチも存在する．たとえば，道徳とは独立した合理性の原理から演繹的に道徳原理を導き出そうとする試みも考えられるし，科学が示す人間に関する事実から帰納的に道徳原理を見つけようとする試みも考えられる．

　このような異なる方法を持つ規範理論が論証の「規範理論」の中に入れられた場合，（理2）は一般性を失うことになる．ア・プリオリな知識を提供できる道徳的直観に訴える理論は，道徳の理論構築に科学と類似するような背景理論の想定を認めないだろう．

　このように考察すると，（理2）は用いられる規範理論によって真理値が異なることが予想される．この問題についてはどのように考えればよいのだろうか．理論論証の擁護のためにはこの問題についても論じる必要がある．

4.3.4　道徳的実在論の理論パッケージに関して

　ボイドの示した理論パッケージについては，特にその外在主義的な意味論を巡って，メタ倫理学の中で論争が繰り広げられてきた．ティモンズとホーガン

は一連の論文の中でボイドの外在主義的な意味論を批判している（Mark Timmons & Terrence Horgan 1990, 1992a, 1992b）．ボイドの意味論は，我々の道徳語の使用をある程度規則的に引き起こしている自然的性質によって道徳語を定義することができるとするが，ティモンズとホーガンはこの主張に反論を加えている．

ティモンズとホーガンは次のような思考実験を行う．ここに地球とは異なる双子地球と呼ばれる惑星がある．この惑星は地球と全く同じ地形と自然環境を有している．住民も基本的には地球の我々と全く同じように振る舞う．

しかし道徳語の使用について，地球の住民と双子地球の住民には違いがある．次のようなケースを考えてみよう．地球のある地域において，死刑制度がその意図する機能を果たして犯罪抑止に一役買うことで人々の福利に貢献していたとしよう．この制度について，地球の住民は道徳的に認められるものだとする一方，双子地球の住民はこの制度は認められないと主張したとしよう．

これは道徳的見解に関する意見の不一致の一例のように見えるが，ボイドの意味論は，双方は道徳語を違う意味で使っているのであり，ここに意見の不一致はないと結論づけなければならない．地球の住民の道徳語の使用は死刑制度と人々の福利に関する自然的性質によって引き起こされているから，地球の住民が使用している道徳語は福利によって意味が与えられる．一方で，双子地球の住民の道徳語の使用は死刑囚の人々が持つ権利などといったものに関する自然的性質によって引き起こされているから，この道徳語の意味はこの自然的性質によって意味を与えられている．ということは，両者は同じように見える言葉を違う意味で使っているだけであり，意見の不一致はないということになってしまう．だが，この結論は受け入れ難いものである．というのも，このような場合，地球の住民と双子地球の住民は，道徳に関して異なる見解を有しており，両者の間には意見の不一致が存在すると解釈することが自然だと思われるからである．このような意見の不一致を認められないのであれば，ボイドの道徳語の意味に関する理論には深刻な問題があるということになるとティモンズとホーガンは主張する．

この双子地球を使った議論に対して様々な反応がある．たとえば，規範理論が道徳語に定義を与えるものであるとのボイドの意味の理論の想定は放棄され

るべきだとの主張や（Copp 2007），この問題に対処できる道徳語の意味論を提示することができる（Brink 2001），双子地球に訴える議論には問題がある（Dowell 刊行予定）などといった反応が挙げられる．

このように，ボイドの立場を守るための応答もあるものの，ボイドが示した理論パッケージを巡って議論が分かれているのが現状である．そのため，ボイドの示した理論パッケージが本当に実在論者を利するものなのか，明確でない．

ボイドが示したパッケージ内のその他の理論については，ボイドの帰結主義が含意する道徳的良さに関する形而上学的理論に関する論争を除くと（Rubin 2008），現在までのところさほど論争がされていない．

ただ，ボイドが示した動機に関する理論は，(3.3.4) で示した「規範性からの反論」を考える上で重要な示唆を与える．一般的に，自然主義は道徳判断と行為の動機の間にある密接な関係を説明できないと言われているが，ボイドはこの関係を具体的な規範理論を用いて説明することを試みた．これは，道徳における行為の動機の問題はある適切な規範理論を用いることで回答を与えることができる，ということを示したということである．規範性に関する反論は自然主義を巡る主要な論争点の1つであるから，ボイドがこのような形で応答を試みていることは注目に値する．

4.4 本章のまとめ

本章ではボイドが「どのように道徳的実在論者になるか（'How to be a Moral Realist'）」で示した議論の全体像を提示することにより，これまでそれほど論じられてこなかった理論論証と呼ぶことができる戦略がどのようなものなのか示すことに努めた．この章で示した通り，ボイドの提案そのものにはいくつかの問題がある．このため，ボイドの提案だけでは理論論証が可能なものなのか，判断することが難しい．故に，理論論証の擁護に取り組むには，ボイドの提案が持っていた問題点を解消する必要がある．そのことにより，ボイドの提案が持つ自然主義擁護のための様々な議論のツールをより効果的に展開することができると思われる．

理論論証は道徳・倫理学の一階理論である規範理論がどのような経験的含意

を持っているのか検討していく中で自然主義を擁護するという戦略だが，このような方向性自体は現在の倫理学研究において見られる自然主義的な潮流と一致している．現在は哲学諸分野において関係する諸科学の知見を活かして議論を進めようとするいわゆる「実験哲学（experimental philosophy）」と呼ばれる手法が1つのトレンドとなっているが，倫理学においても，道徳的直観や徳・悪徳に関する経験的知見に訴えて議論を進めようとする論者が多くみられる．これは，規範理論が想定している経験的含意を考察し，それが実際の科学によって確認できるものなのか，検討しながら議論を進めるという倫理学における自然主義的な手法であると考えられる．規範理論の経験的含意が問われている今，理論論証に真剣に取り組むことは，時宜にかなった戦略であるとも考えられる．

そこで次章からはボイドのもともとの提案が抱えていた問題を解消していく中で，理論論証がどのように擁護され得るのか，検討していく．

第5章 理論論証の擁護

　本章では前章で示したボイドの提案が抱えていた問題を解消する形で理論論証の擁護を試みる．

　ボイドの提案の問題点は以下の2点であった．1点目は，ボイドの提案が論証の（理1），即ち，規範理論が経験的信頼性を持つ，という点が擁護し切れていなかったことであった．2点目は，（理2）に関する問題であった．（理2）に関してボイドは規範理論の理論構築においても背景理論が想定されていると主張したが，それが科学的実在論擁護のための論証において果たしたような役割をどのように果たすのか，詳しい説明がなされていなかった．本章ではこの2点を解消させる形で，理論論証の擁護を目指す．

5.1　サンプル理論を使った理論論証擁護の意義

　理論論証の擁護を試みる前に，本章で試みる擁護の性格について，明示しておく．本章で筆者はボイドがとった戦略を継承して，ある簡易的な規範理論を想定し，その理論を使って理論論証の擁護を試みていく．このような理論論証の擁護の戦略によって示すことができるのは，どのような仕方で説明的論証の前提2が擁護され得るのかという点のみである．それは，本章で使用する規範理論はサンプル理論でしかなく，実際の道徳的実在論擁護のためには，ある程度の理論構築の伝統を持ち，実際に規範倫理学者によって擁護が試みられている規範理論について検討する必要があるからである．本章ではある架空の規範理論を想定し，それが経験的信頼性を持ち，その理論構築の仕方にも背景理論を見出すことができることを想定するが，もしこのような想定が実際の規範理論とはかけ離れたものであった場合，本章で行う理論論証の擁護は頓挫する．

　たとえば，サンプル理論において正義に関する想定が背景理論としての役割を果たしており，それによってサンプル理論が経験的信頼性を持つことができ

ていると想定したとしよう．その場合，このサンプル理論の背景理論である正義に関する想定に対して実在論的な説明を与えることができるかもしれない．しかし，実際の規範理論の構築において正義に関する想定が何の役割も果たしておらず，それによって経験的信頼性を持つ理論が生み出されることもなかった場合，我々は本当には正義の性質に対して実在論的な態度をとることはできない．それは，ある架空の経験的信頼性に優れた科学理論を想定し，その理論を使って科学的実在論を擁護しようとしたところで，もし実際の科学が全く経験的信頼性を持たないものであった場合，理想的な理論を用いて科学的実在論の擁護を試みてもそのような擁護は空虚なものでしかないからである．

　本章で扱うサンプル理論と実際の規範理論との間にそれほどの差異がなかったとしても，次のような問題は残る．たとえば，本章で扱うサンプル理論によって，ある特徴を持った福利に関する性質の存在が擁護されたとしよう．このことは，実際にそのような福利に関する性質の存在の擁護には直接的に結びつかない．というのも，本章ではあくまで仮の想定としてサンプル理論が経験的信頼性を持ち，科学と似た背景理論の想定を行っているとしているに過ぎないからである．

　サンプル理論を用いての理論論証が持つこのような性格は，倫理学の二階の説である自然主義・道徳的実在論の擁護としては，ある程度許されるものであろう．実際にどのような道徳的性質を我々の存在論のリストに入れるかは，実際の規範理論がどのような性質を想定するかに依るだろう．これは，科学的実在論があくまで我々が科学という営みに対して持つべき態度に関する説であり，具体的にどのような理論的存在者や法則がこの世界に存在するのか示すのは，物理学，化学，生物学，社会学，心理学などの個別の科学であることと同様である．

　これらの点を踏まえて，以下でサンプル理論を用いた理論論証の擁護を試みていく．

5.2　帰結主義

　前節で論じた点を踏まえて，理論論証の良し悪しを問うためにこの論証の「規

範理論」に入るサンプル理論を用意する必要がある．本章では以下の命題をその中心的な部分として持つ規範理論を用いる．

≪規則帰結主義原理≫
ある行為や習慣，制度は，それを促す規則が人々に受け入れられた場合，他の可能な規則が受け入れられるのと少なくとも同じほどの良い価値をもたらすのであれば，そしてその場合のみ，正しい．そして，そのような性質を持つが故に，その行為は正しい．

　この主張を持つが故に，本章で扱う規範理論は帰結主義の一種ということになる．帰結主義は帰結に関する主張と共に価値に関する主張が示されてはじめて実質的な理論となる．その価値理論にあたるものが以下の福利に関する考えである．

≪福利理論≫
ある状態が良い価値を持つのは，それが生物種としての人間の健康な生活の維持に貢献している場合，かつ，その場合のみである．

　この≪福利理論≫が本章で扱う規範理論の価値に関する理論である．この福利論は「生物種としての健康な生活の維持に必要なもの」という考えを含んでいるが，これは前章で提示したウィギンズの「必要」を巡る議論を用いて，その生物種がそれなしでは著しく害されるもの，として理解される．そして，何がその生物種を著しく害するのかは，ボイドが想定しているように，関係する諸科学の知見を活用して知ることができるものとする．たとえば，栄養学の知見から我々は乳幼児の生命の維持に必要な栄養を知ることができるが，このことから，「もしある乳幼児 x がその生命の維持に必要な P という栄養へのアクセスを断たれた場合，x の福利は著しく減退する」ということが推論される．
　それでは，この理論はどのような仕方で改訂されたり修正されたりするのだろうか．（4.2.5）でも確認したように，理論論証の（理2）を検討するためには，用いられる規範理論がどのような方法を採用しているのか，明らかにする必要

がある．この方法論的な点について，この理論は以下のような主張を有する．

≪広い反省的均衡の方法≫
規範理論の構築は，個々の熟慮された道徳判断，既に前提とされている道徳原理，関係する哲学的理論，科学的理論との間で均衡がとれるように思える道徳原理を提案し，これらの間で均衡がとれるようにそれぞれの判断，道徳原理を部分的に修正していくことで，正しく進めることができる．

　この方法は前章で見た反省的均衡の方法の一種である．前章で見たように，ボイドは反省的均衡の方法は科学と同じように背景理論の想定のもとに理論構築を行う方法であると考えていたが，この点についてのボイドの議論は不十分であった．このボイドの提案を検討するためにも，また倫理学におけるスタンダードな方法が実際に理論論証で用いることができるような背景理論の想定を行っているのか確かめるためにも，本章ではこのような方法を前提として議論を進める．
　ここまでの3つの主張はこの理論の核をなす主張である．これらの主張に加えて，この理論は以下のような実質的な道徳原理も有する．

≪実質的な道徳原理≫
・自分と異なる意見に対しても寛容な態度を取ることは正しい．
・奴隷制度は正しくない．
・他者を精神的に追い詰めるような言動は正しくない．
など

　これらの原理により，この理論は明確な行為指導性を持つことになる．奴隷制度は認められないという原理は，我々が奴隷制度を支持する行為や決定を下さないように促すという明確な行為指導性を有している．
　この諸原理からなる理論の集合を本章で扱う帰結主義的な理論とする．この理論を用いて，ボイドの提案が明確に示すことができなかった規範理論の経験的信頼性と理論の構築において見出すことができる背景理論の想定，そしてそ

Book review

2016 AUGUST

8月の新刊

〒112-0005 東京都文京区水道2-1-1
営業部 03-3814-6861 FAX 03-3814-6854
ホームページでも情報発信中。ぜひご覧ください。
http://www.keisoshobo.co.jp

表示価格には消費税は含まれておりません。

勁草書房

平等主義の哲学

ロールズから健康の分配まで

広瀬 巌 著
齊藤 拓 訳

「平等」とは何だろうか？——分析哲学で考える。ロールズ「正義論」以降の現代平等主義に関する、最も包括的で明快な概説書。

A5判並製272頁 本体2800円
ISBN978-4-326-10253-2

生物学の哲学入門

森元 良太・田中 泉吏 著

日本人筆者による初の「生物学の哲学」入門書。生物学を哲学的に学び、生物学を通じて哲学を学べる、一石二鳥の最新版教科書。

A5判並製228頁 本体2400円
ISBN978-4-326-10254-9

情報社会の〈哲学〉

グーグル・ビッグデータ・人工知能

大黒 岳彦 著

教育政治学を拓く

18歳選挙権の時代を見すえて

小玉 重夫 著

Book review

AUGUST 2016

勁草書房
http://www.keisoshobo.co.jp
表示価格には消費税は含まれておりません。

8月の新刊

高校就職指導の社会学
「日本型」移行を再考する

堀 有喜衣

2000年代以降の日本の高校職指導はいかなる状況にあるのか。特に選抜・配分機能と、都市／地方の地域性の違いに着目して分析する。

A5判上製 240頁 本体4000円
ISBN978-4-326-60293-3

ロールズと自由な社会のジェンダー
共生への対話

金野美奈子

自由であり／ながらばらばらでなく、共生の名においてさしも／育まれながら画一化には抗する社会を、私たちはいかに築いていけるかを分析する。

四六判上製 312頁 本体3300円
ISBN978-4-326-65402-4

二〇世紀日本レコード産業史
グローバル企業の侵攻と日本市場の発展

生明俊雄

国民皆保険への途
先人の偉業百年

前田信雄

介護・福祉の支援人材養成開発論
尊厳・自律・リーダーシップの原則

(公社)日本医療社会福祉協会 監修
福山和女・田中千枝子 責任編集

人が根づかない、バーンアウトをおこす、専門性の発揮が困難……実践現場の人材問題を解決する人材養成・開発・指導の体制と方法。

B5判並製224頁 本体2200円
ISBN978-4-326-70093-6

グリム童話のメタファー
固定観念を覆す解釈

野口芳子

物語はどのように書き換えられていったのか。西洋中世・近世・近代を解読、従来の通説、従来の固定観念を覆すメタファーを解読。新たな視点を提示する。

A5判上製308頁 本体2800円
ISBN978-4-326-80658-2

ネット炎上の研究
誰があおり、どう対処するのか
田中辰雄・山口真一

炎上はなぜ生じるのだろうか。炎上を防ぐ方法はあるのだろうか。炎上は受忍するしかないのだろうか。実証分析から見えてくる真実。

A5判並製256頁 本体2200円
ISBN978-4-326-50422-0 1版5刷

子育て支援が日本を救う
政策効果の統計分析

柴田悠

安倍内閣発足時からNHKスペシャルなど「子育てで支えてきた著者がそのエビデンスの総決算版を公開。

四六判上製288頁 本体2500円
ISBN978-4-326-50400-0 1版2刷

8月の重版

勁草法律実務シリーズ

消費者行政法
安全・取引・表示・個人情報保護分野における執行の実務

大島義則・森 大樹・杉田育子
関口岳史・辻畑泰喬 編著

行政庁はどのように法執行し、企業はどのように対応すべきか。消費者行政法の調査・執行実務を解説した、わが国初の本格的実務書。

A5判並製 432頁　本体 4000円
ISBN978-4-326-40321-9

KDDI総研叢書 4
競争促進のためのインセンティブ設計
ヤードスティック規制と入札制度の理論と実証

原田峻平

市場競争が起きにくい事業において、効果的な運営を促すための規制とは。理論と実証の両面から分析し、政策評価と提言を行う。

A5判上製 196頁　本体 3200円
ISBN978-4-326-50428-2

Rで学ぶ空間計量経済学入門

ジュゼッペ・アルビア 著
堤 盛人 監訳

21世紀の計量分析における新たな潮流として注目されるが、計量経済学の主流となりつつある、空間計量経済学に関する初の本格的入門書。

A5判上製 272頁　本体 4000円
ISBN978-4-326-50425-1

地域産業政策論

太田耕史郎

「衰退」の危機にある地方にとって重要な地域産業文化の形成と「大学設置」、「創造的事業文化の形成」と「生活環境整備」の有効性を検証。

A5判上製 208頁　本体 3000円
ISBN978-4-326-50429-9

のような背景理論が前提としている道徳的性質を想定した実在論的説明がどのような仕方で擁護されるのか, 検討していく.

　尚, 本章ではこの一連の考えの集合を「帰結主義理論」と呼ぶことにする. 繰り返しになるが, 本章で扱う帰結主義理論は帰結主義的な性格を持った規範理論のサンプルに過ぎない. 筆者自身はこの理論を正しい理論であると受け入れているわけではない. たとえば, ≪福利理論≫は価値に関する主張であるが, ここで≪福利理論≫は価値全般に関する説として与えられており, このような説が適切な説であるのか, 議論がわかれるだろう. それにも関わらずここでこのような理論を与えているのは, あくまで, この理論を使って理論論証がどれほど見込みのあるものであるのか, 示すためである. この点を踏まえて, 以下, この理論を用いて理論論証がどれほど擁護できるのか, 検討していく.

5.3　帰結主義理論の経験的信頼性

　まず始めに帰結主義理論の経験的信頼性について検討していく. 果たして, この理論の経験的信頼性をどのように問うことができるのだろうか. この問題を巡り, 前章で (4.3.2) でスタージョンの議論を参照して, 道徳・科学双方において想定される説や主張はそれだけでは経験的信頼性を問うことはできず, 背景理論が示されてはじめてそれらの経験的信頼性を問うことができる, という考えが提示された. この考えに従うと, たとえばこの帰結主義理論を構成する原理を単体で1つ取り出してみてもその経験的信頼性を問うことはできないということになる. では, この理論が持つ主張のいくつかをセットで検討してみた場合や, それぞれの主張を支えている背景理論や背景的な考えが与えられた場合, どのように経験的信頼性を問うことができるのだろうか.

5.3.1　≪実質的な道徳原理≫の経験的信頼性

　まず始めに指摘できる経験的信頼性は, 中心となる諸原理と付随する実質的な原理の連言に見出されるものである. 道徳的な良さに関する主張を確認してみよう. これによると, ある状態は, それが福利を促進するものであった場合, かつその場合のみ, 道徳的に良い, とされている. この原理だけではその経験

的信頼性を問うことはできない．

　では，次の実質的な原理が与えられる場合を考えてみよう．帰結主義理論が持つ実質的な原理の1つに，奴隷制度は正しくない，というものがあった．この原理と帰結主義理論の中心的な原理，即ち≪規則帰結主義原理≫と≪福利理論≫が与えられた場合，以下のように経験的含意を導きだすことができる．

≪奴隷制度に関する経験的含意≫
①奴隷制度は正しくない（≪実質的な道徳原理≫）
↓＋②≪規則帰結主義原理≫と③≪福利理論≫
④もし奴隷制度が人々に受け入れられた場合，他の可能な選択に比べて，人々の福利が著しく害される（経験的含意）．

　この≪奴隷制度に関する経験的含意≫はどのように導き出されたものだろうか．まず初めに，上の②と③の連言について考えてみよう．②の≪規則帰結主義原理≫は，人々の福利が増進されている状態が正しい状態であるとしている．一方で，③の≪福利理論≫により，そのような福利の増進がなされている状態の内実が示される．この2つの考えから，もし奴隷制度が正しくないものであれば，奴隷制度が敷かれている社会では③で示されるような福利の増進は見込めないということになる．これが④の経験的含意である．

　奴隷制度を実行することにより，それを選択しないことよりも人々の福利が増進するというケースが考えられないことはない[*1]．だが，これまで人類史の中で様々な形で行われてきた奴隷制度の結果から見て，奴隷制度を実行することによりそうでない制度を実行した場合よりもより多くの人々の福利が阻害されるという主張は適切であるように思える．このことから，この3つの原理から導き出される経験的含意は少なくともある程度は奴隷制度に関する経験的知見によって確証（confirm）されることが予想できる．

　このような仕方で経験的信頼性を問うことができることは，ある意味，当然と言える．≪規則帰結主義原理≫と≪福利理論≫が含意するところは，正しい行為は人々の福利を増幅する行為であるという考えである．この考えに基づい

[*1] （Hare 1979）を参照．

て提案されているのが≪実質的な道徳原理≫である．ある≪実質的な道徳原理≫を受け入れることで，実際に人々の福利を増進するかどうかは，その原理を人々が実際に受け入れてみて，その結果どのような効果があるかどうか，経験的に調べるしかないだろう．このように考えると，上のような仕方でこの理論の経験的信頼性が問えることはむしろ当然であると言える．

だが，このような仕方で経験的信頼性が問えたとしても，これだけでは帰結主義理論に実在論的な説明を与えることは難しい．それは，強固な実在論的な説明を与えるためには，この理論の中心的な主張である≪福利理論≫や≪規則帰結主義原理≫といった原理がどのような仕方でその経験的信頼性を問うことができるか，示す必要があるからである．以下でこの点について見ていく．

5.3.2 ≪福利理論≫の経験的信頼性

上述したように，≪福利理論≫の内実は関係する諸科学によって与えられる，とされる．たとえば，栄養学により生物種としての人間が幼児期にどのような栄養をとらねば著しく害されるのか，示すことができると考えられる．これは，福利理論が以下のような2段構造を持つことを示唆している．

≪福利理論≫
ある状態が良い価値を持つのは，それが生物種としての人間の健康な生活の維持に貢献している場合，かつ，その場合のみである．
　＋
≪実質的な福利に関する考え≫
①幼児期にx, y, zなどの栄養を適切にとることは我々の福利を保つために必要である．
②
③
…

これは，帰結主義理論の価値論は，≪福利理論≫という中心的な考えと，その考えから発生する≪実質的な福利に関する考え≫との2種から成り立ってい

ることを示している．

　《福利理論》と《実質的な福利に関する考え》の連言は，後者で列挙される考えが実際に生物種としての我々の生活の維持に必要なものか経験的知見に訴えて調べることができるという意味で，経験的信頼性を問うことができる．

　権利に関する議論に目を向けてみよう．近年の権利を巡る議論を見てみると，神経社会学や刑事司法における経験的知見に訴えて自説の擁護を目指す論者が見受けられるようになっているが，そのような議論は福利論の経験的信頼性を考える上で参考になる．たとえば，子どもは適切な物資を得る権利だけではなく，愛される権利も有しているとの主張があるが，この主張の擁護として，子どもが適切な仕方で愛されなかった場合，社会性の欠落や学習障害，うつ病の発症率の上昇など，子どもにとって好ましくない様々な影響があるとの経験的知見に訴えるというものがある（Liao 2006）．また，人間関係の喪失という意味での社会的剥奪が我々に与える影響は物理的な虐待に近いこと示す経験的知見があり，それに訴えて我々が社会的剥奪を回避する権利を有することを主張する論者もいる（Brownlee 2013）．

　これらの権利を巡る議論の中で言及されている経験的知見は《実質的な福利に関する考え》を考える上でも関係のあるものだろう．子どもが愛されなかった場合の様々な影響を鑑みると，子どもの福利の増進のためには愛されることが必要であると考えられる．また，上述した議論の中で言及されている意味での社会的剥奪は人間の福利に多大な影響を与えるものであるから，家族との関係や友人関係などの社会的関係は，福利の増進に必要なだけでなく，それがないと福利が著しく減退すると考えることができる．これらの考えは経験的知見に支えられた《実質的な福利に関する考え》ということになる．

　また，《福利理論》そのものの経験的信頼性も以下のような仕方で示すことができる．《福利理論》は福利に関する主張であるから，適切な福利理論が満たすべき条件を満たしている必要がある．そのような条件の1つとして，次のようなものが考えられる．

《主観的幸福と福利》
　人々が自分自身の人生についてどのような考えを持っているのか調査するこ

とで，彼らの主観的幸福をある程度測ることができる．そして，福利の増進は主観的幸福の増進に比例する．

　この主観的幸福は人々の福利に関する指標となる．即ち，もし福利が適切な形で増進されていれば，人々の主観的幸福は高く，逆にそれが阻害されている場合，人々の主観的幸福は低くなる．
　≪主観的幸福と福利≫を適切な福利理論が満たすべき条件ではないとするのは困難だろう．福利とはその人生を生きる人にとっての良さであるが，もしその人自身が自分の人生をある程度良いものであると考えていなかったらその人の福利が十分に増進されているとは思えない（Railton 2003, p.47 参照）．
　≪主観的幸福と福利≫が与えられた場合，≪福利理論≫は次のような仕方でその経験的信頼性を問うことができる．即ち，≪福利理論≫に実質的な内実を与える≪実質的な福利に関する考え≫に沿った生活を送った場合に人々がどれほどの主観的幸福を得ることができるのかという観点から，≪福利理論≫の経験的信頼性を問うことができる．もし≪実質的な福利に関する考え≫に従って生活した人の多くが自分自身の人生を良いものであると考えていないということが経験的に明らかになった場合，この≪福利理論≫は≪主観的幸福と福利≫と衝突することになるから問題がある考えであるということになるだろう．このように，福利理論一般に関する考えを考慮にいれた場合，≪福利理論≫そのものの経験的信頼性も問うことができると思われる．
　さて，≪福利理論≫の経験的信頼性を示すために，ここでは≪主観的幸福と福利≫を福利に関する一般的な考えとして採用し，それとの連言が経験的含意を含むことを示した．つまり，ここで想定されていることは，≪主観的幸福と福利≫が帰結主義理論の許容する背景理論の一部であるということである．では，なぜ≪主観的幸福と福利≫を帰結主義理論の背景理論として受容することができるのだろうか．別の福利理論の擁護者は≪主観的幸福と福利≫を誤った考えであるとして拒絶することも考えられる．そのような可能性があるにも関わらず，なぜ≪主観的幸福と福利≫を帰結主義理論の背景理論とすることができるのだろうか．
　この問いについては次のようないくつかの応答が考えられる．

①この帰結主義理論はサンプル理論であり，どのような背景理論を採用するかどうかも，基本的には自由に決めることができる．だからこの帰結主義理論はたまたま≪主観的幸福と福利≫を採用しているだけであり，この考えが採用された場合，この理論の他の主要な部分との連言から経験的含意を導き出すことができるということである．

②≪主観的幸福と福利≫が拒絶されたとしても，≪福利理論≫に関係する何らかの想定があることは十分に考えられる．そのような想定との連言から経験的含意を導き出すことも予測できる．

どちらの応答も，次の考えに支えられている．即ち，サンプル理論を使った理論論証の擁護が目指しているのは，ある可能な規範理論を想定した場合，理論論証を擁護することができるか否かという点を明らかにすることである．故に，サンプル理論が想定する背景理論もある程度は恣意的に決めることができる．どのような道徳的性質が本当に存在するかを同定するには実際の規範理論を使わなければならないが，その場合，ある理論構築の伝統を持つ実際の規範理論はそれが許容できる背景理論は理論構築の伝統を検証することで同定できると思われるから，ここで考慮されていることは問題にはならない．

このような考慮を前提として，以下でもある程度恣意的に背景理論を想定し，他の帰結主義理論の原理について，考察していく．

5.3.3 ≪規則帰結主義原理≫の経験的信頼性

では，この帰結主義理論の性格を決定づけている≪規則帰結主義原理≫については，何らかの経験的含意を見出すことができるだろうか．この主張に関しては，一見しただけでは，経験的信頼性が問えるようには見えない．しかし，この原理も，その背景理論や背景的主張を考察することで，その経験的含意を問うことができる．

≪規則帰結主義原理≫は以下のような原理であった．

≪規則帰結主義原理≫
ある行為や習慣，制度は，それを認める規則が人々に受け入れられた場合，他の可能な規則が受け入れられるのと少なくとも同じような良い結果をもたらすのであれば，そしてその場合のみ，正しい．そして，そのような性質を持つが故に，その行為は正しい．

　第一に，この原理は≪福利理論≫や≪実質的な道徳原理≫と共に与えられていることから，少なくとも正しい行為のタイプや習慣，制度がある，という想定をすることは，それほど奇異なものではないだろう．たしかに，上の原理が正しかったとしても，この原理を満たすような行為はなく，全ての行為が正しくない行為である，という結論にいたることも可能である．だが，本章で扱っているこの帰結主義理論は≪実質的な道徳原理≫をいくつか想定している．これには，「自分と異なる意見に対しても寛容な態度を取ることは正しい」といった，正しい行為の例を積極的に提示する原理も含まれている．このように≪実質的な道徳原理≫を想定が想定されているということは，どのような行為も正しいものにはなり得ないと考えるのは難しいだろう．
　この想定に立つと，この≪規則帰結主義原理≫は以下のような経験的含意を想定せざるを得ないことが推論できる．

≪規則の受け入れ≫
ある規則を人々は受け入れることができる．

　この想定はこのままでは何を意味しているのか明確でなく，曖昧な主張である．たとえば，ここで言うところの「人々」とは誰を指しているのだろうか．また，規則を受け入れるとはどういうことだろうか．ある規則を意識的に正しいと信じ，それに従って生活をすることを，規則を受け入れると言うのだろうか．それとも，特にそのような規則に関して何も意識せずとも，結果的にその規則に逆らわない形で生活をしていれば，規則を受け入れていることになるのだろうか．
　これらの問いを明確にするために，この≪規則帰結主義原理≫を以下のように修正してみよう．

≪良心の共有≫
ある行為や習慣，制度は，それに関する良心（conscience）を全ての場所・世代の大多数の人々が持った場合に，他の異なる行為に関する良心が持たれる場合よりも最も良く人間の福利が増幅する場合，正しい（Hooker 2002, p. 32 参照）．

ここで言われているある行為に関する良心とは，その行為の規範に対するある一定のポジティブな，もしくはネガティブな感情の傾向性であると考えることができる．嘘をついてはならないという原理を，上の≪良心の共有≫によって理解したとしよう．嘘に関する規範について良心を持つとは，自分や他人が嘘をついている場合に何らかの罪の意識を感じる，自分や他人が嘘をつかないことが困難である状況にいたにも関わらず正直さを貫いた場合に誇りや称賛を感じる，といった心的な傾向性であると理解できる．

≪良心の共有≫は≪規則帰結主義原理≫が曖昧にしていた点を明確にすることに成功している．この原理によると，もともとの≪規則帰結主義原理≫で表現されていた人々とは「全ての場所・世代の大多数の人々」であるということになる．また，規則の受け入れは良心として人々に共有されるものであるとされている．この説明によると，嘘が悪いという規則が受け入れられているというのは，この規則が良心として大多数の人々の受け入れられているということになる．良心として受け入れられているということは，その規則を破った場合，破った本人も自らの良心に逆らったということで，ある種の罪悪感のようなものを感じるということである．

では，このように曖昧性を極力なくした≪規則帰結主義原理≫の経験的信頼性を問うことができるのだろうか．上で見たように，この原理に関係する想定としてこの規範理論が持っている「正しい行為や習慣，制度がある」が挙げられる．このことから，上の規則帰結主義が以下のような経験的含意を持つことが考えられる．

≪良心の共有の経験的含意≫
全ての世代・場所の大多数の人々によって「良心」と呼ばれるあるタイプの心的状態が持たれるがある．

5.3 帰結主義理論の経験的信頼性

　この想定は，人々が良心と呼ばれるタイプの心的状態を持つことができるとの経験的主張である．つまり，この想定は人々が実際にある心的状態を持つことができるかということに関する経験的事実によって，その是非を問うことができる．

　あるタイプの良心を多くの人々が持つというのは一種常識的なようにも見えるが，これは実は重要な経験的含意である．良心は一種の心的状態であると思われているから，このような良心と呼ばれる心的状態が存在し，かつ，この状態が異なる人々のよって保持されるというのは，経験的に反論を加えることもできるだろう．

　このように考えてくると，この原理の経験的信頼性は，この原理が良心に関してどのような想定をしているのかに依るということになる．たとえば，ここで言われている良心はどのような行為が悪いのか，正しいのか，我々の中にもともと備わっている内的な声のようなものと理解することもできる．もしくは，良心は教育や習慣や我々がおかれた文化的背景によってつくられるものだとの理解もできる（Locke, I, iii, section 22-3）．さらに，良心を禁止されているものを破った時に感じる罪悪感や後悔，恥などといったものに似た感情だと理解することもできる．

　だが，このような意味での良心なるものが全ての人間が保持することができるのか，不明確である．特に，神によって自分の罪が罰せられるという考えを持たない文化圏で育ったものが，このような意味での良心なるものを持っているのか，議論の余地があるだろう．

　このように考えると，《良心の共有の経験的含意》は，実はそれほど常識的な主張ではなく，そもそも良心を持つとはどのような心的状態なのか，考察する必要があることが分かってくる．良心についての経験的知見はそれほど多くはないが，良心を持たないとされるサイコパスに関する研究は様々に行われている．そのようなサイコパスに関する経験的知見に訴えることで，我々が心理的に持ち得る良心とはどのようなものか，経験的に明らかにすることができるかもしれない．また，発達心理学の知見に訴えることにより，子どもがどのように初期の自己中心的な傾向性を脱して他者を思いやる良心のようなものを持

てるのか，明らかにするということも考えられる[*2]．

　そのような経験的知見が≪良心の共有の経験的含意≫と一致するか否かで，≪規則帰結主義原理≫の経験的信頼性を問うことができると思われる．たとえば，発達心理学の知見によって，良心という心的状態はある一定の成長過程を経なければ持つことができないことが明らかになったとしよう．その場合，≪良心の共有の経験的含意≫は，全ての世代に良心が持たれることはあり得ないという意味で，経験的にその問題点が浮き彫りになる．反対に，このような経験的知見と整合性のとれる良心を想定する規則帰結主義は，経験的信頼性を持つ理論ということになる．

　ここまでの議論をまとめると，≪規則帰結主義原理≫は何らかの良心に関する想定をしなければならないものであり，その想定は良心という心的状態に関して，関係のある諸仮説と組み合わせると，経験的含意を導き出すことができ，それは経験的知見によって確証・反証され得るということになる．

5.3.4 ≪広い反省的均衡の方法≫の経験的信頼性

　では，この理論の方法である≪広い反省的均衡の方法≫についても経験的含意を問うことができるのだろうか．

　実は，この方法についての経験的信頼性は比較的に簡単に問うことができる．それは，この方法によって示された道徳原理の経験的信頼性を見ることによって，方法自体の経験的信頼性も知ることができるからである．この方法によって「奴隷制度は悪い」という原理が示され，実際にこの≪実質的な道徳原理≫が上で示したような帰結主義理論の他の主張との連言によって経験的信頼性を得ることができた場合，このような原理を生み出すことができた方法も経験的信頼性を持つということになるだろう．

5.3.5 小括

　ここまで帰結主義理論の経験的信頼性がどのように問えるのか，検討してきた．ボイドの示した提案は規範理論に関係する科学理論の経験的信頼性を問うことができるということであったが，それがなぜ規範理論の経験的信頼性で

[*2] このような戦略を用いてラインズは良心に関する考察を展開している（William Lyons 2009）．

あると言えるのか，明確になっていなかった．本章では規範理論の構造を明確にしたことで，どのような経験的含意を規範理論のそれぞれの部分が持っているのか，はっきりさせることができた．

　規範理論が持つ主張がどのような仕方で経験的信頼性を問うことできるのか示すことができたことは，自然主義擁護の文脈を考えると，大変に重要である．自然主義の主張である (N)「道徳的性質は自然的性質である」との主張を思い出してみよう．(2.3) において，この主張を≪経験的性質としての自然的性質≫，≪ア・プリオリ性≫を通して理解するという筋道を示したが，そこで出された結論は，自然主義者が主張する (N) の内実は，道徳的性質の例化に関する総合的命題は経験的証拠によって反証され得るという主張であることが確認された．(N) を標榜する自然主義者とそれに反対する非自然主義者の対立はまさにこの点を巡ってのものであった．

　本節で帰結主義理論がどのような仕方で経験的信頼性を得ることができるのか示すことができたことは，(N)「道徳的性質は自然的性質である」との主張の内実の擁護につながるものである．本節で示したことは，規範理論が持つ規範的主張は，背景理論が与えられた場合，どのような主張もその経験的信頼性を問えるということであった．ある主張の経験的信頼性が問えるというのは，その主張がどのような経験的証拠によって反証され得るかわかるということである．つまり，本節の議論は規範理論が持つ道徳的性質の例化についての総合的命題がどのような場合に経験的証拠によって反証され得るのか示す試みであったということである．もし本節で示した議論が説得力のあるものであるならば，道徳的性質に関する総合的命題は経験的証拠によって反証され得るということになるから，(N) の擁護につながる．

　本節で論じた規範理論の経験的信頼性についてさらに付け加えておくと，本節で論じた帰結主義理論の経験的含意は，あくまで，理論論証に実在論的説明を与えるために検討したものである．この理論が経験的信頼性を持つことと，この理論が規範理論としての正当性を持つことは，別の事柄である．この理論が持つ経験的含意がこの理論の正当化にどれほどの重みをもつかどうかは，この理論の方法についての主張である≪広い反省的均衡の方法≫の内実に依ってくるということになるだろう．もしかしたら，この方法は経験的含意を重く受

け止めるタイプの方法かもしれないし，他の正当化要件も同じように重視するタイプの方法かもしれない．このような問題と，規範理論が経験的含意を持つという主張は，基本的には別個のものである．

5.4 帰結主義理論の理論構築における背景理論

次に，この帰結主義理論を用いてどのように理論論証の2つ目の前提である（理2）を擁護できるか，検討してみよう．

科学的実在論擁護のための論証において，科学における背景理論の想定は，科学理論の構築の際に様々な役割を果たすものとされていた．たとえば，背景理論の想定は科学理論が修正される過程で見出すことができるものでもあった．素粒子を巡る理論が構築されていく過程において，電子や陽子の存在やその運動が想定されていたが，このような電子や陽子の想定が，ここで問題となっている背景理論の想定である．背景理論の想定に基づいて経験的信頼性を持つ説が生み出されていく事実が，科学的実在論によって説明される，というのが，科学的実在論擁護のための議論の概要であった．

類似する背景理論の想定を倫理学においても見出すということになると，規範理論が改訂されていく様を考察し，そこにどのような背景理論の想定が見出されるのか検討する必要があるということになる．つまり，本章で扱っている帰結主義理論がどのように改訂されていくのか，その中で背景理論による想定が何らかの役割を果たしているのか，検討する必要があるということである．ボイドの提案の問題点の1つはこの点を明らかにしていなかったということが挙げられるから，帰結主義理論の理論構築の際にどのように背景理論が想定している理論的存在者が何らかの役割を果たすのか，示す必要がある．

そこで，本節では思考実験を行い，帰結主義理論がどのように改訂され得るのか，考察していく．具体的には，《実質的な道徳原理》がどのように修正されていくのか，検討していく．

(4.2.5) でも述べたが，理論が改訂されていく様を見る際にまず確認しておくべき点は，この理論が想定している理論改訂のための方法である．帰結主義理論が想定している方法は，以下のような広い反省的均衡と呼ばれる方法で

あった．

≪広い反証的均衡の方法≫
規範理論の構築は，個々の熟慮された道徳判断，既に前提とされている道徳原理，関係する哲学的理論，科学的理論との間で均衡がとれるように思える道徳原理を提案し，これらの間で均衡がとれるようにそれぞれの判断，道徳原理を部分的に修正していくことで，正しく進めることができる．

　この方法によると，我々が個々のケースについて下す道徳判断は，それがどれほど熟慮を重ねた末にだされた結論であったとしても，絶対に覆らないというような特別なものにはならない．むしろ，そのような道徳判断でも，もし道徳原理と整合性がとれなければ，改訂を迫られる可能性がある．一方で，ある原理と整合性がとれない道徳判断が得られた場合，それはその原理を疑う理由にもなる．場合によっては，他の多くの原理と整合性のとれる道徳判断を確保して整合性のとれない原理を改訂することもできる．このような全ての道徳判断，道徳原理及び関係する哲学理論，科学理論が均衡を保つことを目指していくプロセスが，ここで想定されている倫理学の方法である．帰結主義理論はこの方法に沿った形で理論の修正や改訂を行っていく．
　まずは≪実質的な道徳原理≫が修正される仕方を見るために以下のような思考実験を行ってみよう
　次のような世界を想像してみよう．≪実質的な道徳原理≫が社会規範となっている＜Ｃ社会＞において，人々はこの理論が正しい道徳原理であると信じており，この原理が示す基準に従って生活している．そして，彼らが信じている道徳原理の一つに，復讐に関する以下のような原理がある．

≪復讐原理≫
もし任意の人物 x の家族，近しい友人などが正当な理由もないのに他の任意の人物 y により殺害された場合，x は y に復讐することが許される．

　＜Ｃ社会＞の人々はこの原理が正しいと信じており，この原理に従うこと

が良心にかなったことだと信じている．それは，この原理が帰結主義理論の持つ主張と整合性が取れるように見えるからである．＜Ｃ社会＞の《福利理論》は人間が健康に生活をするために必要なものを示しているが，その中には精神的安定も含まれるだろう．家族や近しい友人などが何の理由もなく殺害された場合，多くの人がその人の生活を大きく害するほどの精神的苦痛を受けることが予想できる．だから，正当な理由のない殺人が人間の福利を大きく損なうことは明白だろう．故に，この帰結主義理論は人を殺すことは悪い行為であるとする．ただ，残された被害者の感情は殺人が禁止されるだけではおさまらないかもしれない．愛する人が正当な理由もなく殺害された場合，我々は加害者に対してやり場のない怒りを感じるだろう．このような怒りが非常に強いものであった場合，この感情を持ち続けて生活することは心身ともにその人の生活に悪い影響を及ぼすことが予想される．このような人間の心理を鑑みて，＜Ｃ社会＞の人々は復讐が認められていると考えている．即ち，復讐が認められている社会とそうでない社会を比較した場合，前者の方が人々の福利がより良く実現されると考えているが故に，＜Ｃ社会＞では復讐が認められているのである．

　さて，この＜Ｃ社会＞にキクコという倫理学者がいたとしよう．キクコは広く受け入れられている帰結主義理論をより精緻なものにするために修正作業を試みている．その中で，キクコは復讐を認めることが本当に正しいことなのか，疑問を持ち始めた．それは，復讐を許していることで憎しみの連鎖が世代間に渡って起こっているからである．世代間に渡って憎しみの連鎖が続くというのは人々の福利という観点から見て明らかに悪い影響を及ぼす．だが，復讐を許す社会と許さない社会とを比較した場合，前者の方が被害者の感情をうまく対処して人々の福利を良く実現することができることもまた事実である．

　このような状況を受けて，キクコは復讐に訴えないで被害者感情に対してうまく対応することができないか，考えた．そこで彼女が行き着いた結論は，当事者間での復讐の連鎖を許すのではなく，第三者によるなるべく公正な裁判を実施して加害者の罪を明らかにし，加害者自身とその関係者も納得せざるを得ないような形で加害者に罰を与えるという方法である．

　キクコの提案を採用して，＜Ｃ社会＞は試験的に裁判制度を導入したとし

郵便はがき

```
┌─────────┐
│ 恐縮ですが │
│ 切手をお貼 │
│ りください │
└─────────┘
```

112-0005

東京都文京区
水道二丁目一番一号

勁草書房
愛読者カード係行

弊社へのご意見・ご要望などお知らせください)

カードをお送りいただいた方に「総合図書目録」をお送りいたします。
Pを開いております。ご利用ください。http://www.keisoshobo.co.jp
面の「書籍注文書」を弊社刊行図書のご注文にご利用ください。ご指定の書店様に
急お送り致します。書店様から入荷のご連絡を差し上げますので、連絡先(ご住所・
電話番号)を明記してください。
金引換えの宅配便でお届けする方法もございます。代金は現品と引換えにお支払
ください。送料は全国一律100円(ただし書籍代金の合計額(税込)が1,000円
上で無料)になります。別途手数料が一回のご注文につき一律200円かかります
2013年7月改訂)。

愛読者カード

10256-3　C30

本書名　倫理学は科学になれるのか

ふりがな
お名前　　　　　　　　　　　　　　　　　（　　　歳）

　　　　　　　　　　　　　　　　　ご職業

ご住所　〒　　　　　　　　お電話（　　）　—

本書を何でお知りになりましたか
書店店頭（　　　　　書店）／新聞広告（　　　　　新聞）
目録、書評、チラシ、HP、その他（　　　　　　　　　　）

本書についてご意見・ご感想をお聞かせください。なお、一部をHPをはじめ広告媒体に掲載させていただくことがございます。ご了承ください。

◇書籍注文書◇

最寄りご指定書店			
	(書名)	¥	（　）
市　　町（区）	(書名)	¥	（　）
	(書名)	¥	（　）
書店	(書名)	¥	（　）

※ご記入いただいた個人情報につきましては、弊社からお客様へのご案内以外には使用いたしません。詳しくは弊社HPのプライバシーポリシーをご覧ください。

5.4 帰結主義理論の理論構築における背景理論　　　　143

よう．キクコは＜Ｃ社会＞の社会学者に人々の福利の主観的測定の実施を依頼した．その結果，以前の社会よりも裁判を導入して復讐を禁じた社会の方が，良い結果が得られることが明らかになったとしよう．この結果を受けて，キクコは≪復讐原理≫を退け，次のような原理を提案する．

≪裁判原理≫
もし任意の人物 x の家族，近しい友人などが正当な理由もないのに他の任意の人物 y により殺害された場合，x は y に復讐することは許されないが，y を公正な裁判にかけて罰を与えることができる．

　さて，この一連の理論の修正作業の中でどのような背景理論の想定を見出すことができるだろうか．
　キクコは復讐を容認する原理を修正し，公正な裁判によって犯罪者を罰することを求める原理を提案したが，彼女がこのような提案をすることができたのは，公正な対応が人間の福利の増進に貢献するという想定があったからであろう．これは，ニュートリノ理論が関係する電子や中性子に関する理論を想定して提案されていることと類似的に考えることができる．即ち，ニュートリノ理論が関係する素粒子理論を想定して提案されたのと同様に，キクコが「公正な裁判によって不当な暴力や殺人を起こした者を罰するべき」という道徳原理を提案できたのは，「公正な対応は人間の福利の増進に貢献する」という想定があったからである．
　また，復讐が社会に与える影響を見て，それをキクコが問題視したところにも，背景理論の想定を見出すことができる．キクコが帰結主義理論に修正の余地があると考えたのは，復讐の容認が世代間にわたる人々の憎しみを生み出し，それによって怯えや不安といった精神状態が助長されていることを観察したためである．これらの観察が問題となるのは，人々の間の憎しみ合いや怯え，不安といった精神状態が，人間の福利の増進を妨げるものだという想定があったからである．このような人間の福利に関する想定がなければ，たとえこれらの観察が得られたとしても，キクコはこの観察が帰結主義理論の問題点を示すものだとは考えなかったであろう．これは，帰結主義理論の構築の伝統において

どのような現象が問題とされるのかはこの理論が想定している道徳に関する背景想定によるということを示している．ここでキクコの背景理論としての役割を果たしたのは≪福利理論≫が示したどのような現象が人間の福利を妨げるものなのかという考えだろう．

さらに，彼女がこの修正が適切なものだったと判断したことにも，背景理論の想定を見出すことができる．キクコは社会学者が提示した福利に関する知見が彼女の理論修正が適切なものであることを示していると考えたが，これは主観的幸福度が実際に人々の福利の増進を表すという≪福利理論≫の想定の上になされた結論である．

このように，帰結主義理論が持つ実質的な原理の修正作業において，様々な背景理論の想定を見出すことができる．これらは，科学的実在論擁護のための論証の中で重要な役割を果たした，科学における理論構築においても見られるものと類似している．このことから，規範理論の構築において見出されるこれらの背景理論の想定に訴えれば，強固な実在論的な説明を擁護できることが予想される．次の節ではこの点について見てみる．

5.5 実在論的説明と理論パッケージ

以上，サンプル理論として示した帰結主義理論からどのような経験的信頼性と背景理論の想定を見出すことができるのか，考察した．では，これらを用いてどのように実在論的な説明を擁護することができるのだろうか．

5.5.1 実在論的説明

(5.3) と (5.4) で見たような仕方で，帰結主義理論には経験的信頼性があり，かつ，その理論構築を支えている様々な背景理論があったとしよう．

この2つの条件が満たされている状態とはどのような状態であろうか．この2つの条件が満たされているということは，理論構築の際に道徳に関する理論的な想定がなされており，かつ，そのような想定によって提案される仮説は経験的信頼性を持っているということである．たとえば，(5.4) で見たように，復讐による憎しみの連鎖は悪い状態であるという想定や，公平な対応は正しい

状態であるという想定があり，それらの想定に基づいて理論の修正は行われていた．これが（理2）が満たされている状態である．加えて，これらの想定に基づいて提案された「不当な殺人を行った者に対しては公平な裁判を行って処罰を行うべきである」が経験的信頼性を持つというのが，（理1）も満たされている状態ということになる．

さらに，（理1）と（理2）が満たされているが故に，我々は帰結主義理論が理論改訂を通してさらに経験的信頼性に優れた仮説を提示することができることも確認した．主観的幸福度を用いた測定において，実際に人々の福利の増進を表す背景理論に基づいて改めて提案された裁判に関する原理の方が，それに従うとさらなる福利の増進が示唆される測定結果が得られるという意味で，人々の福利の増進を表す経験的信頼性が優れたものであった．これは，帰結主義理論の背景理論がこれまでよりもより経験的信頼性を持つ仮説を提案できるということであり，そのような背景理論に支えられている帰結主義理論の方法は，さらに正確な理論を生み出すことができるという意味で，信頼性を持っているということになるだろう．

このような仕方で（理1）と（理2）が満たされていた場合，この両者の連言の説明として以下のような実在論的説明が適切であろう．即ち，帰結主義理論が改訂される際に想定されている背景理論の想定が近似的に真であるが故に，（さらに）経験的信頼性に優れた理論を構築することができる，というものである．もし想定されている背景理論（「憎しみの連鎖は悪い」「公平な対応は正しい」など）が近似的にすら真でないにも関わらず，経験的信頼性を持つ提案がなされているとしたら，理論修正の成功に関して奇跡に訴えて説明するしかなくなるだろう．つまり，背景理論を少なくとも近似的に真であると想定しない説明は，奇跡に訴えざるを得ず，単純性を欠いたものになるということである．

背景理論がこのような形で理論構築に貢献できることは，背景理論を近似的に真であると想定する説明が最良の説明が持つべき包括性も有していることを伺わせる．(5.4)においては正しい罰の与え方を巡る理論の改訂の様子しか与えられていないが，(5.4)で背景理論とされた，「公正な対応が人間の福利の増進に貢献する」，「人々の間の憎しみ合いや怯え，不安といった精神状態が，人間の福利の増進を妨げる」「主観的幸福度が実際に人々の福利の増進を表す」

といった想定のもと，罰に関してではない，他の事柄に関する理論が改訂されることも考えられる．たとえば，「公正な対応が人間の福利の増進に貢献する」という想定のもと，近親者に対してのみ排他的に考慮を払うことは控えるべきである，といった原理が提案されることが考えられる．そして，この提案は，(5.3) で示した仕方で，経験的信頼性を得ることができるかもしれない．そのような場合，帰結主義理論の背景理論を近似的に真であるとすることによって説明できることが増えるという意味で，実在論的な説明は包括性を満たしているということになる．

このように考えてくると，帰結主義理論が持つ特徴に対する実在論的な説明は，最良の説明が持つべき説明的利点を，少なくともある程度は持つことができるように思える．反対に，反実在論的は，奇跡に訴える説明を与えなければならないと言う意味で，実在論よりも劣った説明しか提供できないように思える．以上の考察から，帰結主義理論を用いて（理1），（理2），そしてその説明である（理3）の擁護を試みることは，ある程度見込みのあることであると考えることができる．

5.5.2　理論パッケージ

上のような実在論的な説明に加えて，この帰結主義理論は様々な関係する諸理論を持つことができる．たとえば，この帰結主義理論が≪広い反省的均衡の方法≫を採用していることから，正当化の整合性説を採用することができるように思われるし，≪福利理論≫を援用して道徳的性質に関するさらに実質的な形而上学的理論を提示することもできる．

さらに，自然主義を巡る論争の中で問題となる規範性について，この規範理論から有効な理論を導くことも考えられる．これはボイド自身も試みたことであるが，この点は自然主義にしばしば向けられる規範性を巡る反論を考える上で重要な論点である．

帰結主義理論の主な主張は，我々がそれらについての規則を受け入れることによって福利が増進される行為や方針が正しい，というものであった．つまり，この理論が我々に課す規範は，福利が増進する行為を促すことや，それが阻害されるような行為をつつしむことである．

さて，ではここで示される規範の性質とは，どのようなものだろうか．まず始めに指摘できる点は，帰結主義理論によって想定されている道徳規範は，個人の利益のみを獲得するためのいわゆる打算的な規範（prudential norm）とは違うものであるということである．それは，帰結主義理論が正しいとする行為は，その行為の規則が受け入れられた場合に，ある特定の個人の福利だけではなく，その規則が受け入れられている社会の構成員全体の福利が増幅する行為であるからである．そのような行為の規則が正しいと信じるということは，自分の福利だけではなく，社会の構成員全体の福利が増進されるべきだと考えていることになる．道徳規範を単なる打算的な規範ではないとの考えはある程度適切なものであると思われるから，帰結主義理論が道徳規範を上のように理解できることは，この理論が道徳規範に関する内的適合性を有している証左だと考えることができる．

この考察は帰結主義理論が持ち得る諸理論についてのいくつかの概略的な提案でしかない．理論パッケージに訴える戦略は，他のメタ倫理学説が持ち得る理論パッケージとの比較検討が必要である．前述したように，本書ではこの点については詳細に論じることはせず，ボイドが提案した論証の前半である理論論証による実在論的説明の擁護の部分に焦点を絞っていく．

5.6 本章のまとめ

以上，ボイドが示した提案が抱えていた問題点を解消しつつ，帰結主義的なサンプル理論を使って理論論証の擁護を試みた．この章で用いたような帰結主義的な理論を一階理論として理論論証の擁護を試みた場合，ある程度その擁護に成功することができることがわかった．

この章で論じたことは，あくまで，帰結主義的な性格を持つ一理論を使った場合に，理論論証の擁護の道筋が見えてくるということに過ぎない．だから，ここから帰結主義的な理論一般が理論論証と相性がよい，と予測することはできない．また，本章では（理1）の擁護の際に，どのような経験的知見が帰結主義理論の経験的含意の確証や反証になり得るのかという点については論じたが，実際の実験結果などに訴えて本章で論じた理論の経験的含意を確証したわ

けではないので，その意味で，(理 1) の擁護も不完全なものということになる．

しかし，帰結主義的な性格を持ち，反省的均衡の方法を採用している規範理論によって，どのように理論論証が擁護され得るか，その道筋は示すことができた．その意味で，本章で行ったことは理論論証の擁護に向けて重要なステップであると考えられる．

経験的信頼性を問うことができ，かつ，その修正過程においてある程度の背景理論の想定が見られる場合，非帰結主義的な理論であっても，同じように理論論証を擁護することができると思われる．

本書では詳細を論じることは避けるが，たとえば以下のような仕方で非帰結主義的な徳倫理の性格を持つサンプル理論を用いても，理論論証を擁護することができるように思われる．

徳倫理理論は行為の正しさや悪さを，我々の人格や性格が持ち得る勇敢，臆病，寛大，狭量といった徳や悪徳という観点から，説明しようとする理論である．このことから，どのような性格が我々に規範を与える徳や悪徳であるのかという点が，徳倫理理論における理論構築の主な課題となっている．だが，この徳や悪徳を巡り，その経験的信頼性に関して疑義を呈する論者たちがいる．彼らは，近年の社会心理学の知見に訴えて徳倫理理論が想定しているような固定的な徳や悪徳の存在を否定することができると主張し，そのような徳や悪徳を想定している徳倫理理論は経験的に不適切なものであると言う（Doris 2002, Harman 1999）．彼らが訴える社会心理学における知見とは，ミルグラム実験に代表されるような，個人が持つとされる徳や悪徳ではなく置かれた環境が行為に大きな影響を与えること示しているように見える事例であり，そのような事例に訴えて彼らは徳や悪徳の存在を否定する．このような動きに対して様々な応答がみられる（Snow 2010, Webber 2006）．これらの論争についてここで詳細な検討をすることはしないが，ここで確認しておきたい点は，これらの論争が徳倫理理論は経験的信頼性を問うことができるということを示しているという点である．このことから，徳倫理理論をサンプル理論として用いても，(理 1) は擁護することができるように思われる．背景理論の想定に関する (理 2) についても，実際に何かの徳に関する考えを修正する場合は，そもそも徳とは何か，他にどのような徳があるのか，それとの整合性はどうなるのか，など，様々

5.6 本章のまとめ

な徳に関する想定せざるを得ないと思われるから，擁護することができるように思われる．このように考えると，帰結主義理論が実在論で説明できたように，徳倫理理論も実在論で説明することができるように思われる[*3]．

このことは，帰結主義以外の規範理論を採用しても，理論論証がある程度擁護することができるということを示唆している．前章で理論論証を論証図式として理解した場合，

①どの規範理論を使用しても論証が擁護できる場合
②どの規範理論を使用しても論証が擁護できない場合
③論証が擁護できる規範理論と擁護できない理論の両方があった場合

の3つケースが考えられるとしたが，もし帰結主義的な理論以外の規範理論を用いても理論論証を擁護することができるということになれば，②の可能性はなくなるため，①か②の可能性が高まるということになる．

このような結論を受け，次に考察するべきことは，①と③の可能性がどれほどあるのかということであろう．この2つの可能性に関して考えていくとなると，理論論証の擁護が難しそうな規範理論について考えていくということになる．たとえば，カントは『道徳形而上学原論』の「序言」において，道徳原理の根拠を人間の性質や自然世界に関する事実に求めてはならないとしているが，これは規範理論の経験的信頼性を問う（理1）と相性が悪いように見える．また，道徳の認識論において一種の直観に訴える論者は，そのような直観は理論論証が必要とする背景理論の想定の1つである観察の理論負荷性のようなものを持つものではなく，それのみで我々に道徳的知識を与えるものであるといった主張をすることが考えられる．このような主張は（理2）と折り合いがつかないように見える．これら理論論証の前提と衝突するような規範理論についてどう考えていけばよいのか，次章で検討していく．

[*3] 徳倫理理論の経験的信頼性についてのより詳しい議論は（蝶名林 2016, pp. 120-127）を参照.

第6章 理論論証と非自然主義的な規範倫理理論

前章では帰結主義的な理論をサンプル理論として用いた場合に理論論証をどのように擁護することができるのか示した．また，徳倫理理論も近年の徳や悪徳を巡る社会心理学における知見に訴える反論やその応答などを考慮に入れれば経験的信頼性を問うことが容易であり，理論論証の前提を擁護することが比較的容易であることが前章で指摘された．

前章で示した反省的均衡の方法を採用する帰結主義理論や徳倫理理論はある程度理論論証と相性のよいものであった．理論が想定している考えとの整合性を考慮して理論構築を進めていく反省的均衡の方法は理論論証の（理2）と相性のよいものであるし，徳倫理理論が研究の対象としている徳や悪徳も社会心理学などで研究の対象とされているものであるから，この理論の経験的信頼性を問うことも比較的に容易に行うことができることが予想できる．

しかし，規範倫理学ではこのような理論論証と相性のよい要素を持たない理論も見込みのあるものとして提案されている．たとえば，義務論（deontology）は非自然的な要素を強く持つとされており（Alexander and Moore 2007），規範理論の経験的信頼性を問うという自然主義的な方向性とは相いれないとしばしば指摘されている．理論論証の擁護を目指す場合，このような非自然主義的な理論について，どのように考えればよいのだろうか．

6.1 義務論と自然主義

義務論と呼ばれる規範倫理理論はしばしば非自然主義的であると言われるが，このことは義務論を倫理の一階理論とした場合，論証図式である理論論証の擁護が難しくなることを予想させる．義務論は理論論証を擁護する上でどのような形で障害となるのだろうか．

6.1.1 義務論的性質の位置づけを巡る問題

義務論と呼ばれている規範理論の特徴づけは簡単ではないが[*1]，以下のように帰結主義と比較することで，どのような傾向性を持つ理論の一群なのか，ある程度理解することができる．

帰結主義的な理論は，行為の正しさや悪さを，その行為や，その行為に関する規則に人々が従うことで得られる結果が持つ価値から，説明しようと試みる．このことから，帰結主義的な理論はどのような行為でもその行為の結果が価値のあるものであれば許容される，もしくはそのような行為をすることが求められる，といった主張をする傾向性がある．一方で，義務論は，たとえある行為の結果が望ましいものである場合でも，そのような行為をしなくても許容される場合や，そのような行為が許されない場合があるとする．たとえば，ある政策が道徳的に適切か否か検討しているとして，帰結主義者はそれが良い結果を生み出すかどうかという観点から答えを出そうとする一方で，義務論者はその政策自体が道徳的に許容されるものなのか問おうとする．カント的な人間性原理に訴える義務論者であった場合，ある政策が人を手段化するものであった場合，たとえその政策が手段化される人よりも多くの人たちの幸福に寄与するとしても，そのような政策は道徳的に許容されないと主張することが予想される．

このように義務論は道徳的な規範を行為の帰結だけに訴えないで説明しようとする傾向性をもつが，これは道徳を考える上で必要になる様々な概念・考えを，行為の結果に訴えないで理解し，擁護する傾向性を持つということにつながる．たとえば，義務論者は「権利」，「許容」，「責任」といった概念を，行為の結果が持つ価値とは独立した価値を持つものとして提案し，それらによって行為の正しさ，悪さを検討しようとする．

さて，もし我々が義務論を倫理学の一階理論として採用し，かつ，自然主義の擁護を目指す場合，これら「権利」「許容」「責任」といった義務論的な語が指す性質が自然世界の中でどのように位置づけられるのか，明らかにしなければならない．しかし，これはそれほど容易いことではないように思える．ある性質の自然世界の中での位置づけを確保する有効な方法として，その性質が我々の経験する現象の因果的説明に必要であるか問うというものがある．これ

[*1] 義務論の特徴づけについては（Gaus, 2001a,b）を参照．

は個別論証が道徳的性質の自然世界の中での地位を確保するために用いた方法だが，この方法を採用した場合，義務論的な性質が経験的現象に対して説明的関連性を持つことを示さなければならなくなる．これはなかなかの難問であろう．

　試みに，許容性（permissibility）という性質について考えてみよう．「タロウが友だちに対して自分の意見を述べることは許容される」という主張は，タロウが自分の意見を友だちに対して述べるという行為が許容性という道徳的性質を持っていることを示しているように見える．では，このような形で述べられる許容性という性質は，経験的現象に何らかの説明的関連性を持つことができるだろうか．この問いに肯定的に答えることは難しい．というのも，タロウの行為の許容性の是非によって，他の経験的現象に因果的な変化が起こるということは考えにくいからである．

　一方で，「良い」などの価値に関する言葉が指す性質は，経験的現象に説明的関連性を持つと考えることは比較的容易である．2つのトマトの種子があって，一方の種子は健康に育ち，たくさんのおいしい実をつけたが，もう一方はあまり育たず，ほとんど収穫もできなかったとしよう．この違いを説明する際に，それぞれの種子のトマトの種子としての良さ・悪さに訴えることは無理筋ではないだろう（Thomson 2007, pp. 19-33 参照）．この戦略をとった場合，一方が健康に育ったのはそれがトマトの種子としての良さを持っていたが故であり，他方がうまく育たなかったのはそれがトマトの種子として悪いものであったからであると考え，トマトの種子としての良さ・悪さがそれぞれの種子の生育を因果的に説明するとの考えの擁護を目指すことになる．(3.2) で見た道徳的説明に訴える個別論証は，まさにこのような戦略を用いて道徳的性質の擁護を試みるというものだった．

　このように考えると，良さなどの価値的性質は経験的現象の因果的説明に関係するという観点から自然世界の中で位置づけることが容易であるように思える一方，許容性などの義務論的性質はこのような説明的関係性を主張することが困難だと思われる．このことは，義務論的性質を自然世界の中で位置づけることが，価値的性質を自然世界の中で位置づけることに比して，難しいことであることを示している．

たしかに，義務論的性質は説明的な役割を果たすことができないかもしれないが，義務論的性質を他の方法で自然世界の中に位置づけることができるようにも思える．それは，義務論的性質は自然的性質に付随する（supervene）との考えに訴えて，自然世界の中で位置づけることができるように思えるからである．

タロウが友だちに対して自分の意見を表明することに，「許容される」という性質を帰属させたとしよう．そのような性質があったとしても，この性質は以下のような原理に従って振る舞うと思われる．

≪義務論的性質の付随性原理≫
義務論的性質は自然的性質に強く付随している（strongly supervene on）＝どのような可能世界においても，任意の対象 A があったとして，A がある自然的性質の集合 n を持ち，かつ，ある義務論的性質 d を持つ場合，A とは異なる対象 B が n を持つ場合，必然的に，B は d を持つ（Wedgwood 1999, pp. 200-201, Kim 1993 参照）．

タロウの例に即して考えてみよう（「タロウが友だちに対して自分の意見を述べることは許容される」）．義務論的性質が上の付随性原理に従っていると考えた場合，タロウが持つ全ての自然的性質を持つサブロウも，彼の友だちに対して自分の意見を述べることを許容されなければならないということになる．ここで注目すべきなのは，タロウとサブロウの例が上の≪義務論的性質の付随性原理≫に従うことは，義務論的性質と自然的性質の間に何らかの密接な関係があることを示しているということである．義務論的性質が自然的性質の例化と密接な関係があるということになった場合，それは自然世界の中で位置づけられないような超自然的な性質ではないということになり，自然世界の中で義務論的性質を位置付けることもそれほど無理筋ではないということになる．

6.1.2　方法論的問題

このように，義務論的性質は付随性の原理に従うと考えられるので，たとえその存在を認めても，それらは自然世界の中で位置づけることができるように

思われる．このことは，道徳的性質を自然世界の中に位置づけようとする自然主義と義務論が必ずしも衝突しないことを示唆する．

ところが，義務論が典型的に持つもう1つの特徴は，自然主義と大きく衝突するように思われる．それは，義務論的な理論がしばしば非自然主義的な道徳認識論に関する説を持っていることだ．この特徴は理論論証擁護のための大きな障害となる．

義務論の古典と言えば，カントと共にイギリスの哲学者であるロス（W.S. Ross）の理論を挙げることができるが，ロスの義務論は明らかに非自然主義的な方法を採用している．ロスの理論によると，我々が行わねばならない，もしくは避けねばならない行為には一見自明（*prima facie*）の正しさ（または「阻却可能な正しさ」），悪さが備わっており，この一見自明の正しさ，悪さはこれらについて述べている自己証拠的な（self-evident）命題を通して知ることができるとされる．

ここで登場する「自己証拠的な命題」とは，その命題の意味を理解することだけでその命題の真偽を知ることができるものであるとされる．たとえば，全ての白鳥は動物である，との命題が真であることを，我々は白鳥についての理解さえ持っていれば知ることができると思われる．ロスによると，約束は守られるべきである，といった道徳的命題も，白鳥の命題と同じように，この命題の意味さえ理解すればそれが真であると知ることができる自己証拠的な命題であるとされる（Ross 1930, p. 12）．

このことは，ロスが道徳的知識はア・プリオリなものだと考えていたことを意味する．つまり，約束は守られるべきである，という命題は，自然世界の出来事などを観察することなく，この命題の意味さえ理解することができれば知ることができるということである．

さて，ここで自然主義の主張である（N）「道徳的性質は自然的性質である」との主張を思い起こしてみたい．(2.3)で論じたように，（N）は以下の2つの考えによって実質的な内容が与えられる．

≪経験的性質としての自然的性質≫
ある性質 x は，その性質の例化に関する総合的命題（もしくは文）の真偽を経

験的に知ることができる場合，自然的性質である．

≪ア・プリオリ性≫
ある命題は，それが経験的証拠（empirical evidence）なしで理性的に信じることができ，かつ，経験的証拠によって反証され得ない場合（empirically indefeasible），かつその場合のみ，ア・プリオリである．

　(N) をこれら2つの考えによって理解した場合，(N) はまだロスが主張する「道徳的知識はア・プリオリに得ることができる」との主張とは両立するように見える．というのも，≪ア・プリオリ性≫によると，ある性質が自然的性質でないためには，それに関する総合的命題を経験的証拠なしで理性的に信じることができ，かつ，それが経験的証拠によって反証されない場合であるからである．ある命題の意味さえ理解すればそれを理性的に信じることができるという考えは，それが経験的証拠によって反証されないという考えとは独立しているから，(N) と両立する．(N) の支持者はこのような弱いア・プリオリ性については認めることができる．

　だが，道徳的知識は上のような仕方でア・プリオリに得ることができると論じていたことと並行して，ロスは道徳に関する真である主張の中には経験的に反証され得ないものがあるとも考えていた（Ross 1939, pp. 7-8）．道徳に関する総合的命題の中に経験的に証明され得ないものがあるということになると，(N) が真でなくなるから，このような主張をする論者は (N) を拒絶できなければならないということになる．

　もちろん，このことは義務論的と呼ばれる理論が全て自然主義やそれを支える理論論証と衝突することを示しているわけではない．しかし，義務論の代表格であるロスの理論が自然主義とはじめから衝突することは，義務論的な理論と自然主義の間に溝があることを示唆する．このことについて，理論論証の擁護を目指す者は，どのように考えればよいのだろうか．

6.1.3　自然主義的義務論の可能性

　この問題について，理論論証の擁護を目指す者がとることができる対応とし

6.1 義務論と自然主義

て，以下の3つが考えられる．

≪第一の対応≫
ロスの理論のような非自然主義的な側面を持つ義務論と理論論証の衝突を深刻に受け止め，理論論証の健全性を条件付きのものとして理解する．即ち，理論論証が健全であるのは，非自然主義的な義務論を理論論証が想定する適切な規範理論と見なさない時のみであり，もし理論論証を擁護したければ，義務論を適切な規範理論と見なさないという見解を取る．

　この反応は倫理学の一階理論である規範倫理学と二階理論であるメタ倫理学の関係を考える上で興味深いものである．上のような見解をとった場合，理論論証の擁護を目指す者は非自然主義的な側面を持つ義務論を積極的に否定する必要が出てくる．もし規範倫理学のレベルで自然主義と衝突する義務論的な理論が最も優れた理論であることが示された場合，理論論証は放棄しなければならなくなる．上の反応はメタ倫理学と規範倫理学がこのように緊密な関係にあることを前提としている．

≪第二の対応≫
非自然主義的な義務論と理論論証の衝突を深刻に受け止め，理論論証を否定して自然主義を放棄する（非自然主義的な要素を持つ義務論的な理論があるということは，理論論証の（理1）（理2）の反例）．

　この反応もメタ倫理学と規範倫理学に密接な関係があることを前提にしている．だが，理論論証の前提の反例になる義務論的な理論があるからといって，理論論証や自然主義を放棄するというのは拙速だろう．たしかに，非自然主義的な側面を持つ義務論は理論論証や自然主義と衝突するが，前章で示されたのは理論論証と衝突しない規範理論も存在するということであった．このことから，むしろそのような側面を持つ義務的な理論が問題のある理論であり，理論論証やそれと衝突しない規範理論が適切なものだと考えることも十分できるだろう．そのように考えるにはさらなる議論が必要であるが，少なくとも，非自

然主義的な規範理論があるという理由だけで，理論論証や自然主義を放棄するというのは早計であるということは言えるだろう．

≪第三の対応≫
たしかに自然主義的な論証である理論論証と非自然主義的な傾向を持つ義務論との間には緊張関係がある．最終的には自然主義を取るか非自然主義的な義務論どちらかを選択しなければならないのかもしれない．だがその選択は一度保留し，自然主義的な義務論が考えられないか，そのような義務論ならば理論論証を擁護できるかどうか，考察してみる．

　これは，理論論証と非自然主義的な側面のある義務論の間に溝があることは認めつつも，義務論の中にも理論論証と相性の良いものがあるかどうか探究してみるというものだ．この反応は，理論論証の説得力に一定の制限を加える．つまり，明らかに非自然主義的な側面を持つ義務論を支持する論者にとって理論論証を受け入れることは難しく，それによって自然主義を受け入れることも困難であることを認めるということである．これは，そのような規範理論を受け入れている人にとって，理論論証は説得力のあるものとはなり得ないことを認めるということであり，その意味で，理論論証の説得力に一定の制限を加える．
　しかし，この反応について考えることは自然主義の擁護を目指すものにとって重要だろう．もし義務論と自然主義の間に埋めることのできない溝があるのであれば，理論論証は義務論者にとって全く説得力のあるものにならない．しかし，せめて自然主義的な義務論の可能性を考え，そのような理論を用いれば理論論証を擁護できることが示せれば，自然主義的な義務論に共感する義務論者に対しては理論論証を受け入れる理由を提供することができ，理論論証の擁護をより説得的なものとすることができる．理論論証をなるべく説得力のあるものにするためには，この反応について真剣に取り組む必要があると思われる．
　そこで，本章ではこのような≪第三の対応≫について考察してみる．このアプローチをとるには，義務論的な理論でありながら，少なくとも明確な形で非自然主義的な側面を持ってはいない理論を探す必要が出てくる．

このことをうけ，本章では現代義務論の代表的な論者であるカム（Frances Kamm）の理論を単純化したものを取り上げ，その義務論がどのように理論論証を擁護するか，検討する．カム本人は非自然主義的なメタ倫理的想定を持っているのかもしれないが（Kamm 1996, p. 11），以下で見るように，カムが提示する方法は必ずしも理論論証や自然主義と衝突するものではないと思われる．そのようなカムの理論を用いて，理論論証がどのように擁護され得るのか，以下で検討していく．

6.2　自然主義的な義務理論

本節ではカムの理論をもとに必ずしも非自然主義的でない義務理論を提示する（以下，「義務理論」という言葉はこの非自然主義的でない義務理論を指す）．そのような理論を提示した上で，その理論を使用して理論論証がどのように擁護され得るのか，次節から検討していく．

カムは規範理論構築のための方法として，次のような個々の例に基づいた道徳判断を用いた方法を提案する．

≪義務論の方法≫
①ある特定の事柄がどのような道徳的価値を持つのか調べるための道徳判断を発生させる様々な仮定の例について考察し，それぞれの例についてどのような道徳判断が下せるか，検討していく．
②①で得られた道徳判断を最も良く説明する原理を探求していく．
③②で得られた道徳原理を以下の観点から評価していく．
A. 示された道徳原理はそれまでに得られた道徳判断と整合するものなのか．
B. 示された原理の中で用いられている観念・概念はそれぞれが明確なものであり，整合的なものなのか．
C. 示された道徳原理は適切な価値観，人間観，人間関係のあり方を表現しているものなのか（Kamm 1996 p. 9, 2007 pp. 5-8）．

まずは上の方法の最初の段階である①について見てみる．①で言われている

「特定の事柄が持つ道徳的価値に関する仮定の例」とはどのようなものなのだろうか.

ここで言われている特定の事柄とは，たとえば，所有権と人命救助の必要性の関係，援助と距離の関係，行為の影響を受ける人の数に関する問題など，道徳を考える上でしばしば問題なる事柄である．上で示した方法は，このような特定の事柄について検討するために，実際に我々が見聞きする例ではなく，それらの事柄が明確にコントロールされた仮定の状況について検討するという方針を我々に与える．

たとえば，我々の快楽の増幅と他者への害の関係について考察する必要に迫られたとしよう．そのような場合，たとえば以下のような例を考えることができる．

≪タロウと妹≫
タロウは単なる彼の快楽のために妹を殴った．

このような例が与えられた場合，我々はタロウの行為は悪い行為であり，許されるものではないと判断するだろう．このような判断が①で得られるとされる道徳判断である．

上で示した方法によると，このような道徳判断がいくつか必要になってくる．次に以下のような例について考えてみよう．

≪タロウと通行人≫
タロウは単なる彼の快楽のためにたまたま道で出会った人を殴った．

この例についても，我々はタロウの行為は許されるものではないという判断を下すだろう．

さて，このような仕方で道徳判断が得られるが，この規範理論はこれらの道徳判断を説明する道徳原理が存在すると想定している．そのような道徳原理を探すのが②の段階である．上の2つの道徳判断を説明する道徳原理とはどのようなものであろうか．2つの例で殴られた人はそれぞれ違う．1つ目の例で被

害を受けたのは太郎と親族関係にあるものであり，2つ目の事例で被害を受けたのはタロウとは何の関係もない他人である．このような違いがあるにも関わらず，2つの例で共に我々がタロウの行為は許されるものではないと判断するのはなぜか．このことの自然な説明として，「害される人がどのような人であるかに関わらず，快楽の増幅のためだけに誰かを害することは，常に道徳的に悪である」という道徳原理が考えられる．

このような原理の発見が②の段階だが，この原理は③の過程でさらにそれが適切なものであるのか，検討される．

第一に，この原理はここまでで示された道徳判断と整合性のとれるものかどうか，検討される．ここで提案された原理は≪タロウと妹≫，≪タロウと通行人≫を説明するものとして提案されているから，原理と道徳判断の間にある程度の整合性はあると思われる．

第二に，この原理は「害」や「快楽」，「増幅」といった概念を使用しているが，これらは明確なものであるかという観点から検討される．これは意見の分かれるところであろう．たとえば，「害」という概念が何を指すか，それほど明確でない．これらが明確なものでないとされた場合，より明確な概念を使用した原理を提案するか，これらの概念を明確に説明する理論を提示する必要がある．後者は，「ある人が害されるとは，その人の福利がその人以外によって著しく低下することである」などの，各概念に関する理論もしくは説明や定義である．

第三に，この原理は適切な価値観，人間観，人間関係のあり方を表しているかどうかという観点から検討される．この点については提案されている原理は概ね基準を満たしているだろう．どのような人もよほどの理由がない限り害されるべきではないし，自己の欲望のために無差別に他者を害するような人間は他者とまともな人間関係を築くことはできないだろう．

以上で示した事例は非常に単純なものではあるが，この義務理論が採用する方法に従うとこのような仕方で理論構築は進んでいくということになる．

さて，義務論を用いて理論論証の擁護を目指すに当たっての課題の1つは，明らかな非自然主義的な方法を想定していない規範理論を用意することであった．ここで示された方法はこの点について要求を満たしているのだろうか．

この問いは以下でこの理論を用いてどのように理論論証の（理2）が擁護できるのか検討する際に詳しく見るが，ここで示された方法は古典的な義務論的な理論が持っていたような明らかに理論論証や自然主義と衝突する特徴は持たないと思われる．この方法は仮定の例に対する道徳判断を使って理論構築を進めていく．そして，道徳判断はある程度信頼のおけるものと想定するが，古典的な義務論が想定していたようなア・プリオリ性（＝経験的証拠に依らないで理性的に信じることができ，かつ，経験的証拠によって反証され得ない）を想定する必要はない．この理論が想定していることは，これらの道徳判断は我々の心理的な構造によって発生しているといった，ある程度常識的な見解であると考えることができる（Kamm 2007, p. 8）.

これだけではここで用いられている道徳判断が自然主義の（N）と相いれないア・プリオリ性を持つものかどうか，否定することはできないが，これまでのところ，この理論は古典的な義務論が想定していたような明らかに非自然主義的な要素を持たない．このことから，この理論を使って理論論証を擁護できるかどうか検討していくことは，無理筋ではないということがわかる．

6.3 殺すことと死ぬにまかせることの区別

次にこの義務理論が実際にどのような見解を持つものなのか，見ていく．

多くの非帰結主義理論が持つように，この義務理論も「殺すこと（killing）」と「死ぬにまかせること（letting die）」を区別する．

倫理学においてしばしば論じられる以下の事例について考えてみよう．トロッコが猛スピードで迫ってきており，このまま進んだらそこで作業をしている5人の作業員に衝突し，彼らは確実に死んでしまう．だが，トロッコがこれから通過するポイントで進路を変えれば，5人が作業している方向には進まない．しかし，もしトロッコの進路を変えると，もう一方の方で作業をしている別の作業員1人が死んでしまう．トロッコはもうそこまで迫っているのでこの他に作業員を助ける方法はない．ちなみに，この6人は全員たまたまここに居合わせてしまった不幸な人たちで，トロッコがこの時刻に突入してくるということを不注意で聞き逃していたといったことはない．このような状況下では，

6.3 殺すことと死ぬにまかせることの区別

たまたまポイントの横に居合わせた人が，ポイントを操作して進路を変えて5人の人の死を避け，1人の人の死を選ぶということは許されるように思える．

次に，これによく似た次の「恰幅の良い人物の例」について考えてみよう．この例においても先ほどの例と同様にトロッコが猛スピードで迫ってきており，このまま進めば5人の作業員が死んでしまう．だが，もしたまたま線路のそばを通りがかった恰幅の良い人を線路に突き落せば，トロッコを止めることができ，5人の人を助けることができる．このような例においては，そばを通りかかった人を犠牲にすることは許されないように思える．

この結果をどのように考えればよいのだろうか．一方では1人の命を犠牲にして5人の命を救うことは許されるが，なぜもう一方では同じように1人の命を犠牲にして5人の命を救うことが許されないのだろうか．

これら2つの道徳判断を説明する道徳原理として，殺すことと死ぬにまかせることの区別に関する原理を挙げることができる．即ち，次のような原理によって，この2つの一見衝突する道徳判断は説明することができる．

≪殺すことと死ぬにまかせること≫
1人を殺して5人を助けることは許されない．
1人を死ぬにまかせて5人を助けることは，道徳的に許容される．

この2つの主張から成る原理により，上で示された2つの道徳判断を説明することができる．始めのトロッコの例で，たまたまポイント操作をできる機会を得た人がトロッコの方向を変えて5人を助けることが許されるのは，ポイントを変えるという行為が積極的に1人を殺すことではなく，1人を死ぬにまかせることであるからである．一方，恰幅の良い人物の例で1人を犠牲にして5人を助けることが許されないのは，ここで恰幅の良い人物を線路に突き落すことは1人を殺すことであり，このような仕方で5人を助けることは，上で示した原理により禁止されているからである．

6.4 経験的信頼性

以上，理論論証擁護のために用いる義務理論の概要を示した．この義務理論を使ってどのように理論論証を擁護できるか，順を追ってみていく．

まずは理論論証の最初の前提である「規範理論には経験的信頼性がある」との主張について考察していく．

一般的に考えて，義務論的な理論の経験的信頼性を問うことは，帰結主義や徳倫理理論のそれを問うよりも，難しい．

帰結主義はしばしば人間の福利が保たれている状態に訴えて，その状態を阻害する行為を避け，増進する行為をするべきだとする．前章でも見たが，人間の福利については，様々な議論があるものの，ある程度観察できるものであるとも考えられている．このことから，福利の観察という観点から，提案されている帰結主義が優れたものであるのか，それとも問題のあるものなのか，経験的見地から評価することが比較的容易であることが予想される．また勇敢さや慈悲など，人間の一種の傾向性に訴える徳倫理的な理論についても，経験的探究の対象となり得ることは前章で言及した通りである．

このように考えると，帰結主義や徳倫理の経験的信頼性は比較的問い易い．しかし，義務論の経験的信頼性を問うことは容易でない．果たして，どのような仕方で義務論の経験的信頼性を問うことができるのだろうか．規範理論の経験的信頼性を問うことは，その理論が持つ総合的命題が経験的証拠によって反証され得るか調べることであるから，(N) の擁護を考える上でもこの点について詳細な検討を加える必要がある．

義務論が持つこのような困難さはあるものの，以下で考えられるいくつかの義務論の経験的信頼性について，考察を試みる．

6.4.1 道徳判断に関する予測

まず1つ目の経験的信頼性として，経験的信頼性を持つ義務理論は，我々がこれまで考えたこともない例についてどのような判断を下すか，正確な予測を与えることが考えられる．

6.4 経験的信頼性

　≪義務論の方法≫を思い返してみよう．≪義務論の方法≫は個別の判断によって得られた道徳判断を用いて理論構築を行っていく様を示しているが，この方法は以下のような道徳判断に関する想定をしている．

≪個別の道徳判断の正しさ≫
仮想の事例に対して下されるある行為に関する道徳判断は，その行為が持つ性質がその判断を正当化する理由として与えられる場合，正しいものであると措定することができる（Kamm 1996, p. 8）．

　私が昨日妻との約束を忘れていたことについて，「妻との約束を忘れたことは悪いことだった」という判断を下し，この判断の理由として，「私の行為は妻を傷つけるものだったから」という正当化を提示したとしよう．≪個別の道徳判断の正しさ≫によると，上の私の判断はそれを正当化する理由を与えることができているから，正しいものとして措定することができるということになる．

　≪個別の道徳判断の正しさ≫を持つ≪義務論の方法≫は反省的均衡の方法とは異なり，我々が個別の事例に関して持つ道徳判断に特別な地位を与える（Kamm 2007, p. 5）．これは，たとえその判断と整合性が取れない原理や判断が与えられたとしても，もともとあった個別の判断を不適切なものとして簡単には退けられないということである．

　さて，≪個別の道徳判断の正しさ≫を真であると措定すると，以下のような仕方で経験的予測を導き出すことができるように思える．Aという正しい道徳原理があったとしよう．この原理によると，cという状況でϕすることは悪いとされている．この場合，cに該当する場面に関する個別の事例が与えられた場合，我々はcに該当する場面においてϕすることは悪いと判断することが予想される．

　この点は次のような考えとしてまとめることができる．

≪道徳判断の予測≫
ある正しい道徳原理があったとして，その原理がcという状況下においてϕす

ることは悪いとする場合，cに当てはまる事例を与えられた時に我々はφすることは悪いと判断する．

この≪道徳判断の予測≫の説明のために，次に以下の具体的な原理について考えてみたい．

≪犠牲の原理≫
1人の人を殺して5人の人を助けることは悪い．

この≪犠牲の原理≫は，≪義務論の方法≫によって得られたものと想定しよう．実際に，≪義務論の方法≫に従って，5人の人を助けるために1人を殺す事例を考えてみると，多くの場合でそのような事例は認められないという判断が下されることが予想されるから，≪犠牲の原理≫はある程度見込みがあるものであると考えることができる．
さて，この≪犠牲の原理≫と≪道徳判断の予測≫から，次のような経験的含意を導き出すことができる．

≪犠牲に関する予測≫
1人の人を殺して5人の人を助けるという構図を持つどのような例が与えられたとしても，我々がその判断の理由を与えられる限りにおいて，我々はそのような行為を悪いと判断する．

これは，恰幅の良い人物の例などをこれまで考えたことがない人がこの例について問われた場合，このケースで1人を犠牲にして5人を助けることが許されるという判断を下すことはないとの予測だ．
この予測は，関連する他の例について考察することで，さらに強固なものにすることができるとも考えられる．次のような例を考えてみよう．5人の患者がある病院に入院している．この5人はそれぞれが移植手術をしなければ死んでしまう．1人は心臓を，2人は腎臓を，そして後の2人はそれぞれ片方の肺を必要としている．臓器提供者がいないため，臓器移植を行うことができない．

もしここで，道を通りかかった健康な人を殺し，その臓器を使うことができれば，この5人は確実に助けることができる．さて，このような場合，1人の健康な人を殺して，5人の病人を助けることは許されるのだろうか．

≪犠牲に関する予測≫によると，このような例が与えられた場合，人々はこのようなケースで1人を殺して5人を助けることは許されないと判断することが予想される．それは，この例も恰幅の良い人物の例と同様に，1人の人を殺して5人の人を助けるという構造を持つからである．実際に，この例が与えられた場合，多くの人がそのような判断を下すと思われる．

恰幅の良い人物の例や臓器移植の例で実際にこのような判断をどれほど多くの人が下すかということについては，社会心理学的な調査を行わなければわからない．そのような調査も行われており，そこで得られた知見について，哲学・心理学双方から様々な議論が提出されている．そのような経験的知見やその解釈に関する議論によって，ここで示されている道徳判断の傾向性が否定されることも考えられるし，提案されている道徳原理の説明能力に疑いの目が向けられることも予想できる．

そのような事態になった場合は，データとなる道徳判断が変化し，それを説明する道徳原理も修正されることになるだろう．このようなプロセスにおいて重要なことは，道徳原理が一定の経験的含意を持ち，新たな経験的知見の発見により，改訂を迫られたり，強固なものになったりするということである．これは，義務論的な理論も経験的含意を持っていることを示している．

6.4.2 脳に関する予測

義務理論が与えることができるもう1つの経験的信頼性に，道徳判断を下した時の我々の脳の状態に関する予測を挙げることができる．実は，この点を巡っては既にいくつかの論争がある．その論争を参考にしつつ，義務理論がどのような経験的信頼性を持ち得るのか，検討していく．

近年，道徳判断に関する脳科学的知見を巡っていくつかの論争がある．その1つに，シンガー（Peter Singer, 2005）の議論がある．シンガーは道徳判断に関する脳科学的知見に訴えて，義務論への反論を試みる．

上で見たように，本章で扱っている義務理論は，≪個別の道徳判断の信頼

性≫を想定している．この想定から，シンガーは以下のような経験的含意が与えられると考える．

≪脳の予測≫
個別の例に対して与えられる道徳判断が発生している場合，理性的な活動を司る脳の部分が活性化される．

　シンガーはこの経験的含意が，脳科学の知見と衝突すると主張する．脳科学の知見によると，恰幅の良い人物の例などの5人を助けるために1人を死なすという選択が否定される例に対して人々が道徳判断を下す時に活性化している脳の部分は，後帯状皮質（the posterior cingulate cortex），前頭前皮質内側部（the medial prefrontal cortex），上側頭溝（the superior temporal sulcus）などの感情に関係すると考えられている箇所だとされる．一方で，5人を助けるために1人を犠牲にするという判断が与えられる最初のトロッコの例が与えられた場合は，これらの箇所の活性化はそれほど見られず，むしろ思考や推論といった認知的な活動と関係があると思われる背外側前頭前皮質（the dorsolateral prefrontal cortex），下頭頂小葉（the inferior parietal lobule）などで活性化が見られるという（Greene, et al. 2001）．
　これらの知見は道徳判断に関する義務理論の主張と衝突する．義務理論は≪個別の道徳判断の正しさ≫を想定しているから，トロッコの例における道徳判断も，恰幅の良い人物の例における道徳判断も，どちらも信頼のおけるものであると想定している．このことから，どちらの判断も，感情的な反応によって得られたものではないとの想定をすることができる．それは，感情的な反応に起因する道徳判断が正当なものとは考え難いからである．しかし，脳科学における知見が示していることは，恰幅の良い人物の例における道徳判断は我々の感情と関係があるということである．
　ここまでのシンガーの議論は以下のような論証としてまとめることができる．

(1)義務論的な判断（恰幅の良い人物の例における道徳判断など）は感情による影

響を受けている．
(2)信頼のおける道徳判断は感情による影響を受けているものではない．
∴（故に）(3)義務論的な判断は信頼のおける判断ではない．

　シンガーのこの論証は，義務理論が経験的信頼性を持たないことを示しているから，この論証を真剣に受け止めた場合，(理1) は偽であるということになってしまう．だが，このシンガーの論証は，義務理論にも重要な経験的含意があることを示している．これは，義務理論は帰結主義的な理論や徳倫理的な理論と比べて経験的含意が問いにくいという当初の問題を解決するものであり，理論論証の擁護にとっては重要な点である．
　さらに，義務理論の経験的含意に関する想定を保ちつつも，シンガーの論証へ反論を加えることもできる．たとえば，カヘインとシャケル（Guy Kahane & Nicholas Shackel 2010）は以下のような仕方で，脳科学における知見が必ずしもシンガーの論証を支持するものではないと主張する．シンガーが訴える脳科学における知見の解釈において，恰幅の良い人物の事例で1人を犠牲にすることは許されないとする判断は義務論的な判断とされ，これを否定する判断は帰結主義的判断とされている．そして，前者の判断においては感情を司るとされる脳の部位の活性化が見られ，後者の判断においては認知能力を司るとされる脳の部位の活性化が見られた．シンガーはこのことから義務論的な判断が感情に起因しているとして義務論に反論を加えているわけだが，カヘインとシャケルはこの議論の前半部でなされている想定，即ち，恰幅の良い人物の事例に関する判断は義務論的な判断だとする想定に問題があると主張する．それは，恰幅の良い人物の例などで，1人を犠牲にすることは許されないとする判断が下されたとしても，その判断が必ずしも非帰結主義的なものであるとは限らないからである．たとえば，このようなケースで1人を犠牲にすることを容認した場合，個人の権利の軽視につながりそれによって様々な悪影響が予想される，と考えて1人を犠牲にすることは許されないという判断を下した人もいるかもしれない．これは，このような行為を許すことが結果として悪い影響を生み出すから認められない，という規則帰結主義的な考え方である．となると，恰幅の良い人物の例において1人の人を犠牲にすることは許されないという判断が

与えられたとしても，その判断が義務論的なものか，帰結主義的なものかどうかは，それらの判断がなぜ下されたのか，判断を下したものの理由は何だったのか, 問わねばならないということになる．このように考えると, 最初のトロッコの例において下されている判断も，その理由を問わなければ，帰結主義的な判断と言えるかどうか, 明確でないということになる. となると，今与えられている経験的知見からだけでは，義務論的な判断が感情に起因するかどうか, たしかなことは言えないということになり，シンガーの反論を退けることができるということになる．

カヘインとシャケルによるこの反論がどれほど見込みのあるものか，議論が分かれるところであるが，このような反論があることから，義務論的な判断が下された場合，認知的な能力を司る脳の部位に活性化が見られる，という予測は，現在のところ必ずしも否定されてはいないということが言える．

ただ，理論論証の擁護に沿って考えると，より重要な論点は，実際に義務理論に経験的信頼性があるかないかではなく，義務理論の経験的信頼性を問うことができるかどうかという点である．上で示した論争は，義務理論にも経験的含意があること示唆している．これらを踏まえると，義務理論を用いて理論論証の（理1）を擁護することは, 不可能ではないと結論することができるだろう．

6.5 義務理論の理論構築における背景理論の想定

以上，義務理論の経験的信頼性について論じた．次に，理論論証の（理2）について見てみる．

この点について検討するために，前章で帰結主義理論の理論構築において見られる背景理論の想定を見出したのと同じ方法で，義務理論の理論構築における背景理論の想定を見出すことを目指す．即ち，義務理論がどのように改訂され得るのか検討することで，そこでどのような背景理論の想定が見出されるのか，考察していく．

以下，帰結主義理論の理論改訂を検討したのと同様，義務論的な倫理・道徳観が一般常識となっている世界を想定し，そのような世界でどのように理論が改訂されていくのか，検討する．

6.5 義務理論の理論構築における背景理論の想定

　義務論的道徳観が一般常識となっている世界を＜D社会＞と名付けよう．この世界では≪殺すことと死ぬにまかせることの区別≫の他に，以下のような義務論的原理が信じられ，それに沿って人々は行為するように努力している．

≪距離の原理≫
助けを必要としている物理的に近くにいる人を援助する義務の方が，遠くにいる人を援助する義務よりも強い．

　＜D社会＞の人々はこれらの原理は以下の個別の例に関する道徳判断を説明すると考えている．

≪池の例≫
ある人が池のそばを歩いていると，池で溺れている子どもを発見した．その人は泳ぎも達者で，池に入って子どもを助けることができる．だが，もしこの子を助けるために池に飛び込んだら，その人が着ている3万円のジャケットはだめになってしまう．

　この例に対する我々の判断は，その人は池に今すぐ飛び込んで子どもを助けなければならない，というものだろう．では，次の例を考えてみよう．

≪外国の例≫
海外では貧困の影響で命を落とす子どもが多くいる．もし3万円の寄付をすれば，少なくともそのうちの1人は助けることができる．

　さて，この例に関する人々の判断はどのようなものだろうか．＜D社会＞では，人々は，このような例で3万円を寄付することは良いことであるが，それをしないことも許されると考える．＜D社会＞だけでなく，この地球上の人々もそのように考える人が多いだろう．
　＜D社会＞の人々は，これらの例を上で挙げた道徳原理によって説明できると考えている．池の例でも外国の例でも，助けることができる人数は1人で

あるし，そのために失うものも同じである．それにも関わらず道徳判断に差異が出るのは，助ける人と助けられる人の距離に違いがあるからである．≪池の例≫では両者は物理的に大変に近い存在であるが，≪外国の例≫における両者の距離はとても遠い．この違いを説明するのは，我々は物理的により近くにいる人に対して強い義務を持ち，遠い人にはそれに比べると弱い義務しかもたないという≪距離の原理≫である．

　さて，＜Ｄ社会＞の倫理学者であるタケオは現在受け入れられている義務理論に何か修正の余地がないか考えた．タケオは，現在の理論は，その理論が想定している道徳的に重要な事柄が相互にどのような関係にあるのか，十分に明らかにしていないと考えた．そこで，タケオは以下のような例について検討することにした．

≪自分の子どもと近所の例≫
ある人が，その人の子どもとその子どもの家族が今晩10万円を手にしないと，その月の食事と住居の確保ができないことを知っている．子どもとその家族はその人が住んでいるところから少し離れた隣町に住んでいる．また，その人は，隣人が今晩10万円を手にしないと，その月の食事と住居の確保ができないことも知っている．その人自身も手持ちの現金が不足しており，今晩使えるお金は10万円だけである．

　＜Ｄ社会＞の人々はこの例について，「この人は隣人ではなく，自分の子どもとその家族を助けなければならない」との判断を下したとしよう．このような判断は我々から見てもある程度常識的な判断であるように思える．しかし，この判断は≪距離の原理≫と衝突するように見える．というのも，≪距離の原理≫に従うのであれば，≪自分の子どもと近所の例≫の登場人物がより強い義務を持っているのは物理的に近くにいる隣人に対してであり，道徳判断とは異なる結論に至ってしまうからである．

　この現状を受け，タケオは次のように考えた．たしかに，距離も道徳を考える上で重要な要素だが，ある人の義務はその人が他者とどのような人間関係にあるのかということも大いに関係している．時により，ある特定の人間関係を

6.5 義務理論の理論構築における背景理論の想定

持っているということで，距離に関する義務よりも強い義務が発生することがあり得る．このように考えて，タケオは次のような原理を考えた．

≪家族の原理≫
助けを必要としている他人を助ける義務よりも，助けを必要としている家族を助ける義務の方が，たとえ後者が前者よりも物理的に遠くにいたとしても，強い．

　この原理により，自分の子どもと近所の例を説明することができる．また，この原理は≪距離の原理≫とも衝突しない．助ける対象が家族でなければ，≪距離の原理≫が言うように，我々はより近くにいる人を助ける強い義務を持っている．一方で，もし助けを必要としているのが自分の家族であった場合，たとえ同じような助けを必要としている他人が近くにいても，家族を助けるより強い義務があると言うことができる．
　≪義務理論の方法≫によると，このような仕方で得られた道徳原理そのものが，我々が持つ人間関係に関する考えなどから照らして適切なものなのか，検討する必要がある．この点については提案された≪家族の原理≫はさほど問題がないように思える．我々は一般的に他人よりも家族に対する方が強い義務を持っていると考えているから，＜Ｄ社会＞の住民たちも特に問題がなくこの原理を受けいれられるだろう．
　さて，このような理論改訂の過程の中で，どのような背景理論を見出すことができるだろうか．まず始めに，タケオが≪家族の原理≫を提案することができたのは，彼が次のような背景理論を想定していたからであろう．

≪援助の義務≫
他に何か特別な理由がない限り，助けを必要としている人を助ける義務がある．

　≪援助の義務≫はかなり常識的な想定ではあるが，この想定がなければ≪家族の原理≫を提案することはできない．それは，もし助けを必要としている人を助ける義務がないのであれば，そもそも異なる状況において他者に対してど

れほど助ける義務を我々が持っているか，問題にすらならないからである．

また，≪家族の原理≫は≪自分の子どもと近所の例≫における道徳判断を説明するものとして提案されたが，この例における道徳判断が問題となったのは，「物理的に近くにいる人を助ける義務の方が，物理的に遠くにいる人を助ける義務よりも強い」という≪距離の原理≫が想定されていたからである．もし≪距離の原理≫が想定されていなければ，このような道徳判断が下されることは，さして問題とはされず，これまであった道徳原理のみで全て説明することが可能であったろう．

義務理論の構築の中で見出すことができるこのような背景理論は，科学のそれにおいても見られるものと類似する．科学においても様々な背景理論が想定されている中で新たな仮説が立てられる．また，ある特定の観察結果が問題となるのも，それが背景理論の想定と衝突するように見えるからである．

このように見てみると，カムの理論をその基礎においた義務理論の改訂においては上のような背景理論の想定を見出すことができる．このことは，このような方法を持つ義務理論であれば，理論論証の2つ目の前提を擁護できることを示唆している．

6.6 義務論の実在論的説明

以上，義務理論を使って理論論証の（理1）と（理2）が擁護できるかどうか検討した．ここまでのところ，始めから自然主義の（N）と衝突する非自然主義的な方法を採用しない義務理論ならば，（理1）と（理2）をある程度擁護できる見込みがあることが示された．では，この義務理論に基づいて（理1）と（理2）を理解した場合，この2つの前提にどれほど説得的な実在論的説明を与えることができるのだろうか．

ここで想定されている義務理論が持つ経験的信頼性は，①我々がどのような道徳判断を下すか正確な予測をすることができる，②義務理論に沿った形で道徳判断が下され場合に認知的な推論能力を司る脳の部位が活性化されることを予測できる，という2つの点であった．そして，(6.5)で見た通り，義務理論が実質的な原理を提案する仕方には，何らかの道徳的な想定を見出すことがで

きた．これらを最も良く説明する仮説は何だろうか．

　義務理論が≪殺すことと死ぬにまかせること≫の道徳原理を提案していることを思い起こしてみよう．この理論から導き出される予測は，もし我々が誰か1人を殺して5人を助けるといった構造を持つ場面に遭遇し，そのような行為の例について考えさせられた場合，我々はそれらの場面や例について，1人を殺して5人を助けることは許されないと判断する，というものである．義務理論はこれ以外にもそれが持つ道徳原理に応じて予測を提供することができると思われる．そして，このような実質的な理論は，背景理論を想定することで提案されたものである．義務理論が持つ背景理論をもとにしてさらなる原理が提案され，その原理もこのような経験的信頼性を持っているとすると，この義務理論が持つ背景理論が少なくとも近似的に真であると想定することが自然な説明であろう．

　2つ目の経験的信頼性についても同じことが言えるだろう．2つ目の経験的信頼性は，我々の道徳判断が下される時に脳のどの部位が活性化されるか予想するものだが，このことも，ある自然的性質と我々の道徳判断の間には何らかの因果的関係があることを予想させる．

　さらに強調できる点として，本章で用いた義務理論の理論構築において想定されていた背景理論は，≪援助の義務≫などの大変に一般的な道徳原理であった．この原理を想定してさらなる他の原理が提案された場合，その原理も同じように経験的信頼性を持つことが予想できる．これは，義務理論の実在論的説明が，説明的利点の1つである包括性を持っていることを示唆している．

　反対に，この義務理論が想定している背景理論が根本的に間違っていたと考えてみよう．その場合，≪援助の義務≫なども，誤った原理であるということになる．しかし，もしこれが誤った原理であるならば，なぜこの原理に基づいて提案されている様々な道徳原理が経験的信頼性を持ち得ているのだろうか．このことを説明するには奇跡に訴えざるを得ないようにも思えるから，反実在論的な説明は単純性を欠いているように見える．

　このように，本章で提示したような仕方で義務理論の経験的信頼性と理論構築における背景理論の役割を想定すると，実在論的な説明を与えることは無理筋でないように見える．だが，義務理論のこのような説明は，真に実在論的な

説明とは言えないのではないか，との反論が考えられる．それは，このような説明では，実在論が目指している道徳的性質の存在論的客観性を確保できないのではないかという恐れがあるからである．

　科学における予測を考えてみよう．科学においては，関係する補助仮説が与えられた場合，以下のような形式で予測が与えられる．

《科学理論の予測》
もし E という性質が例化したら，C という変化が起きる．

　これは，たとえ我々が現在只今 E という性質の例化を観察したり知覚していなかったとしても，もし E が例化すれば C が起きるという，予測でもある．この予測の自然な説明は，E という性質の例化は我々の観察や知覚とは独立して起こるものであり，それが C という変化を世界に引き起こしていると，というものである．

　だが，義務理論が提供している予測からでは，このような存在論的客観性を持った道徳的性質の存在を擁護することは難しいように思える．義務理論が提供しているのはあくまで我々の道徳判断に関する予測のみである．これらの予測は，我々の道徳判断の発生から独立して起こることはない．

　このように考えてくると，義務理論が指している道徳的性質は，我々の道徳判断に依存したものということも考えられる．《殺すことと死ぬにまかせること》の原理について考えてみよう．この原理によると，殺すことよりも死ぬにまかせることの方がより許容されるという性質を持っているということになる．しかしそれは，あくまで我々がそのような判断をするからであり，我々の判断を離れてこのような性質の例化が起こるということはないように思える．

　このような問題を受けて，自然主義の擁護目指す論者は以下のような応答をすることができる．

　たしかに義務理論を用いてその存在が擁護される道徳的性質は我々の道徳判断に依存したものであるが，それでも，他の主観主義的なメタ倫理学的な立場では保持することができないある程度の客観性を保持することはできる．たとえば，相対主義は道徳的性質の存在を認めることができるかもしれないが，相

対主義によって存在が認められた道徳的性質は，あるコミュニティーの中で形成された同意によって基礎づけられたものである．約束を破ることには悪いという性質を帰属することができるように見えるが，相対主義者はこの性質の帰属は約束を破ることを悪い行為であると見なそうという同意に依っていると理解する．一方で，義務理論を用いた理論論証が擁護することができる道徳的性質の存在論的身分は，このような同意に依存したものではない．あるコミュニティーの中で，「約束を破るのは悪い」という判断が同意され，この同意がある故に約束に悪さが帰属されているとしよう．相対主義ではこれ以上の道徳的性質の客観性を主張することはできないが，義務理論を用いて理論論証の擁護を目指す論者はさらなる客観性を主張することができる．(6.4) で見たように，義務理論を土台として，どのような状況に対して我々は悪いという判断を下すのか，正しいという判断を下すのか，予測を立てることができる．理論構築が進んでいく中で，もしかしたら「約束を破るのは悪い」という単純な原理は否定されることも考えられる．それは，実際に我々の道徳判断を説明できる原理はこれほど単純な原理ではなく，かなり複雑なものになる可能性があるからである．これは，義務理論が想定する道徳的性質が，我々が意識的に結ぶ同意に依っているものではなく，我々の道徳判断を説明することができる道徳原理に依っていることを示している．

このような仕方で，理論論証の擁護者は義務理論を用いたとしても他のメタ倫理学説では確保できない客観性を保持することができると主張することができる．実際に，本章の理論のもととなった義務理論を展開しているカム自身は，義務理論の構築の過程は我々の道徳判断を発生させる人間が共通で有している道徳に関する心理的な構造を明らかにすることであるという想定をしている (Kamm 2007 p. 8n)．このカムの想定が正しければ，義務理論の構築はそのような心理的構造を明らかにしていくという意味で客観的なものである，ということが言えるということになる．

ただ，このような応答は実在論的な説明としては不十分なものと言わざるを得ない．道徳的実在論者が端的に目指しているのは，道徳的性質の例化が我々の道徳判断とは独立して成り立っていると主張することである．道徳的実在論者が目指しているのは，たとえ我々が道徳判断を下す能力を持たないとしても，

道徳的性質の例化があり得るという主張であるから，道徳判断に依存する形でしか道徳的性質に存在論的地位を与えられない義務理論は，真に実在論的な説明を与えられないということになるのかもしれない．

6.7　本章のまとめ

本章では以下の点を論じた．

①義務論の中には伝統的に自然主義の（N）と衝突する要素がある．(6.1.2)で紹介した W. D. ロスの理論などはその代表格である．そのような規範理論を用いた場合，理論論証を擁護することができない．
②義務論の中にはカムの理論のような，定義的には（N）と衝突しない方法を採用しているものもある．このような理論を用いれば，理論論証を擁護することができる可能性がある．
③カムの理論を土台にして義務論のサンプル理論を提案し，それを用いて理論論証の擁護を試みた．その結果，理論論証の２つの前提である（理1）と（理2）を擁護する道筋を示すことはできたが，道徳的実在論の要求を満たすような実在論的な説明を擁護することには困難さがあることも同時に示された．

本章で示されたことは，理論論証を採用して説明的論証の擁護を試みるという戦略の１つの限界であった．それは，メタ倫理学的な問いに関する論証である理論論証は，一階の探究である規範倫理学における議論に大きな影響を受けるということである．サンプル理論として採用する義務理論が，義務論が伝統的に持っている非自然主義的な方法を保持していた場合，理論論証の擁護は難しくなる．また，たとえ非自然主義的な方法を採用しない義務論的理論が採用されたとしても，そのような理論では道徳的実在論者が目指す道徳的性質の存在論的客観性の擁護に困難が生じることも明らかになった．

　実は，非自然主義的な方法を採用しているのは義務的な理論だけではない．たとえば，パーフィットは帰結主義的な理論の擁護を目指しているが，彼が用

6.7 本章のまとめ

いている思考実験を多用する理論構築の方法は非自然主義的なものであるように見える（Parfit 1984, 2011a）．このことから，たとえば彼の提案する帰結主義の方法を採用することも，理論論証の擁護にとっては困難なことということになるだろう．これは，義務論でなくても非自然主義的な方法を採用する規範理論と理論論証の間の溝を示している．

　本章での議論により，理論論証が難題も抱えたものであることも明らかになったが，前章，本章を全体的に見渡すと，ある程度自然主義的な想定を持った規範理論についてはその経験的信頼性や背景理論の想定を問うことができ，それらについて実在論的な説明を与えることも無理筋ではないことが示された．

　このような結論を受け，次章からは理論論証に対するいくつかの反論を考察し，理論論証によって自然主義がどこまで擁護され得るのか，検討していく．

第7章　理論論証への反論(1) —— 経験的反論

7.1　前章までの要約

　前章までで，自然主義を擁護し得る論証として理論論証を提示してこの論証がどれほど見込みのあるものであるのか，検討してきた．理論論証は異なる規範理論を採用して，その都度，健全性が問える論証であるが，前章までの考察の結果，非自然主義的な方法論を用いない規範理論を用いた場合，理論論証の擁護には一定の見込みがあることが示された．一方で，非自然主義的な傾向性を持つ規範理論と理論論証は衝突してしまう可能性があり，また，伝統的にそのような方法を採用する義務論を出来得る限り自然主義に親和性のある形にしたとしても，義務論的な理論から得られる経験的信頼性が道徳判断に関するものであることから，強固な道徳的実在論的な説明を擁護することには障害があることも示された．

　ここまでの議論の結論として，次の帰結を導き出すことができる．即ち，少なくともいくつかの規範理論のサンプル理論を用いた場合，理論論証を健全なものとして擁護できる道筋をつけることができたため，どのような規範理論を採用しても理論論証を擁護することができないという可能性をつぶすことができた．これは，理論論証による説明的論証の擁護が，見込みのあるものであることを示唆している．

　では，このように多少は見込みのある理論論証に対して，どのような反論が考えられるのだろうか．

　理論論証に対する反論として，大きく2つの反論が考えられる．

　1つ目は，「経験的反論」と名付けることができる反論である．この反論は，理論論証の2つの前提はその真偽を経験的に問うことができるという特徴に着目し，何らかの経験的知見に訴えて，論証の前提を否定するという戦略である．

この戦略によって、特に（理2）が危機にさらされる可能性が出てくる。近年、道徳判断に関する経験的探究が、社会心理学や脳科学の分野で行われている。それらに関する哲学的な議論もある。これら道徳判断に関する経験的な知見に訴えて、（理2）への反論を試みるということが考えられる。

もう1つの反論として、このような経験的知見に依らない、「哲学的反論」と名付けることができるものが考えられる。経験的知見に依らない反論も様々に考えられるが、それらの反論については次章で検討していく。

本章ではまず経験的反論から考察していく。近年の社会心理学の分野で道徳・道徳判断について論じられるようになったのはここ最近のことである様子であるが（唐沢 2013）、そのような知見に訴えて理論論証にどのような反論を加えることができるのだろうか。

7.2 （理2）が想定しているもの

理論論証の（理2）が何を含意しているのか、考察してみよう。この前提は以下のような主張であった。

(理2) 規範倫理理論の理論構築の過程には、背景理論に関する想定がある (assumptions about background theories)。

この前提が意味するところは、規範理論の理論構築の仕方は、科学的理論が構築される仕方と類似的であるということであった。たとえば、科学においては背景理論を前提にして仮説が提唱され、その仮説の評価もそれまでの理論構築の過程で想定されているものが採用されている。そのような背景理論に依存する方法によって経験的信頼性を持つ理論が生み出されることから、それらの背景理論が近似的に真であると想定しない限り、この方法が経験的信頼性を持つ理論を生み出すことができることは奇跡的なことになってしまうというのが、科学的実在論のための論証であった。

この前提についてもう少し立ち入って考察してみよう。背景理論を前提にして仮説が提案されるということは、この理論構築が一種の合理的・知性的営み

であることを示唆している．ある仮説を何かの背景理論を前提にして提案するということは，たとえばその仮説はその前提から何らかの形で推論されるから提案される，もしくは，その仮説はその前提を説明し得るものであるから提案される，ということである．これは，仮説が何らかの理由のもとに提案されていることを示している．提案が理由に沿って行われるということは，提案がなされる過程は理性的（reasonable）なものであるということであろう．
　（理2）のこのような想定は以下のようにまとめることができる．

≪理論構築と道徳判断≫
規範理論の理論構築によって得られる道徳判断は，理性的な推論や熟慮が原因でその内容が決まるものである．

7.3　社会直観型モデル

　この想定に対して次のような反論を加えることができる．それは，道徳判断に関する経験的知見に訴えることにより，道徳判断は推論などによって得られるものだとする道徳判断のモデルに反論を加えるというものである．これは，理論論証の（理2）が経験的知見からみて不適切なものであることを示すという戦略である．
　上で，（理2）は≪理論構築と道徳判断≫を想定しているとしたが，道徳判断に関する経験的知見に訴えて（理2）に反論を加えるには，以下のような手順を踏む必要がある．

≪社会直観型モデルからの反論≫
①もし≪理論構築と道徳判断≫が真であるならば，個別の事例に関する道徳判断は理性的な推論や熟慮が原因でその内容が決まるものである．
②個別の事例に関する道徳判断は理性的推論や熟慮が原因でその内容が決まるものではない．
∴（故に）③≪理論構築と道徳判断≫は偽である．

この論証の是非を巡っては(7.4)と(7.5)で詳しく論じる．差し当たり，②について考えてみたい．②を考えるにあたり，ここではハイト(Jonathan Haidt)が提唱する道徳判断の社会直観型モデル(the social intuitionist model)について検討してみる．それは，ハイトが提唱する説は②を擁護するものであるように思えるからである．

ある小説の中で，登場人物の1人であるノリコが妹のサエコをただ面白いからという理由だけで虐待している場面が描かれていたとしよう．この場面に対して多くの人は，「ノリコがサエコを虐待することは悪いことである，許されないことである」といった道徳判断を下すだろう．では，この道徳判断はどのような仕方で形成されたものなのだろうか．その説明として，この判断は道徳的推論(moral reasoning)と呼べるような理性的な過程を通して形成されたものであると考えることができる．たとえば，我々は次のような推論を心の中で行い，このような道徳判断を下していると考えることができる．

①ただ面白いからという理由だけで，他者を虐待することは許されない．
②ノリコは，ただ面白いからという理由だけで，サエコに虐待している．
∴（故に）③ノリコの行為は許されない（Harman 2010, et. al., pp. 213-217 参照）．

このような推論が行われた結果として，ノリコの行為は許されないという判断が下されているのであれば，この道徳判断は一種の理性的な推論によって発生しているということになる．個別の道徳判断の内容がこのような一種の理性的な推論によって決まっているという説をここでは仮に「理性型モデル」と呼ぶことにする．

ハイトはこのような理性型モデルに反論を加え，このようなモデルに変わる「社会直観型モデル」と呼ばれる道徳判断に関する説を提案する（Haidt 2001）．社会直観型モデルによると，道徳判断は理性的な過程によって内容が決まるものではない．判断を下す者は問題となっている行為が悪いとまず始めに「感じる」．その上で，もしその行為がなぜ悪いのかと問われたら，判断を下したものは，その判断を正当化できるような理由を提供しようとする．ただ，このような理由への言及そのものは道徳判断の形成に直接的な関係を持たない．あく

まで，どのような行為が悪いのかは最初の反応で決まっており，理性的な営みが担う役割ははじめから決まっている結論をなるべく擁護可能なものにしようとするだけのものであるというのが，社会直観型モデルの概要である．

　ハイトは理性型モデルと社会直観型モデルの違いを，比喩的に，真理を探究する科学者と，ある立場を守ろうとする法律家の違いだと説明する．前者が目指しているのは世界の有り様についての真理探究であり，何らかの正しい判断を下そうとしている．一方で，後者はそのような真理探究を行っているわけではなく，クライエントによって既に与えられた結論をなるべく説得力のあるものにすることがその役割である．ハイトは，道徳判断と理性の関係は後者と同様のものであると主張する．つまり，理性的な営みによって我々がもともと持っている道徳判断の内容そのものが変わるということはない．理性的な営みの役割は，その判断をなるべく説得力のあるものにしようとする段階で与えられる．それはまさに，弁護士が法廷において弁護人の正当性をなるべく説得的なものとしようとすることと同種なものであるというのが，ハイトの主張である．

　では，このような社会直観型モデルを支える経験的知見とはどのようなものであろうか．以下で関係する経験的知見を紹介していく．

①社会的状況が道徳判断に与える影響

　人間の態度や認識，説得などに関する研究によると，自分の周辺にいる人たちとの良好な関係や同意の形成などを保持したいという欲求は，我々の判断に大きな影響を与える．たとえば，ある研究は次のような事例を報告している（Chen et al. 1996）．被験者たちは，死刑制度や安楽死などの，意見が分かれる事柄に関する判断を下す状況に置かれている．被験者たちが判断を下すにあたり，もし共同で仕事をすることになる相手がこれらの事柄に関してどのような見解を持っているのか知っていた場合，そのような共同事業者との同意形成，良好な人間関係を望み，被験者たち自身が持っていた見解よりもより共同事業者の見解に近い判断を下す傾向性が見出された．また他の研究によると，もし被験者Aが他の被験者Bと一緒に仕事をすることになっていた場合，AのBに関する評価は，AがBと一緒に仕事をすることになっていない場合と比べると，より好意的なものになるという報告もある（Darley and Berscheid 1967）．

これらの知見は我々の道徳判断が社会的な状況に大きな影響を受けていることを示している．もしこのような知見が正しかった場合，私のタロウに関する道徳的評価の内容は，私がタロウと個人的なつきあいがあるかないかで，大きく異なるということになる．これは，我々の道徳判断の原因となるものが，理性型モデルが想定しているような純粋な理性的推論のみではないことを示唆している．

②防御欲求

「防御欲求（defence desire）」と呼ばれるものに関する研究も，社会直観型モデルを支持するものとしてハイトは援用する．それによると，我々は自らが持つ道徳的なコミットメントや考えとなるべく折り合いがつくような信念や態度を持ちたいという欲求がある．このような欲求が働いた場合，我々が持つ推論能力などの認知的な能力は，道徳に関する真理を探すという役割ではなく，自分がもともと持っているそれらのコミットメントや考えを守ろうとする役割を担う．ある研究によると，死刑制度に関する賛成派の議論と反対派の議論の両方を調べるように言われた生徒は，自分の意見を支持するような情報は無批判に受容するが，反対意見を支持するような情報は批判的に検討するということが報告されている（Lord and Ross 1979）．つまり，もし生徒がもともと死刑制度に反対だったとすると，「あるアメリカの州における調査では死刑制度が犯罪率の低下につながっていない」といった情報はそのまま無批判に受け入れるが，逆に犯罪率の低下が見られるといったデータについては注意深くその信頼性を問うということである．たしかに，このような防御欲求も，社会直観型モデルを支持するように見える．

③認知的不協和（cognitive dissonance）

認知的不協和（cognitive dissonance）として知られている現象が，社会心理学においてここ数十年盛んに論じられてきた（Cooper 2007）．ハイトはこの現象に関する知見については直接的には言及していないが，この現象に関する知見も社会直観型モデルを支持するように見える．

この認知的不協和理論によると，我々が両立しない信念などを持っていた場

合,一種の不快感 (unpleasantness) を持つ. この不快感を解消するために,我々は①どちらかの信念を修正または放棄する, ②それぞれの重要性についての考えを変える, ③2つを両立させるあらたな考えを導入する, などの処置をとるようになるという. この理論が示唆する重要な点は,このような信念の修正は,不快感を避けたいという欲求から起こるという点である. タロウが,「ハナコは明日自分と遊園地にいくはずだ」, という信念と,「ハナコは実は明日はジロウと動物園に行く」, という2つの信念を持っていた場合, この2つが両立しないためタロウは一種の不快感を抱く. この不快感を解消するために, どちらか一方を放棄したり,「ハナコは午前中はジロウと一緒だが午後は自分と一緒になるはずである」, といった2つの信念を両立させる新たな信念を形成したりするというのが, 認知的不協和の理論が示す見解である.

　このような認知的不協和の理論を受け入れた場合, 道徳判断についても同様なことが言えるということになる. 即ち, 両立しない2つの道徳判断があり, それについて何らかの修正が行なわれたとしても, その修正は何か客観的な理由に基づくものではなく, 単に心理的な不快を減少させるためのものということになる.

④発達心理学からの知見
　発達心理学における子どもの道徳観・意識に関する研究も, 社会直観型モデルを支持するように見える.
　コールバーグ (Lawrence Kohlberg) による先行研究によると, 発達の初期段階において子どもは親や保護者などに罰せられる行為が悪く, 逆に彼らに賞賛される行為が正しいものだと認識する. そして,その次の段階で,他者によって是認されたものは正しく, 否認されるものは悪い行為であるとの認識を持つとされていた (Kohlberg 1969). ところが, 近年この仮説とは異なる考えも提案されている. これによると, 罰せられる行為が悪い行為であると認識している段階にあると思われている子どもも, 他者を害する行為は, それがたとえ罰せられないとしても, 悪い行為であると認識しているという (Turiel 1983). ハイトはこれらの知見も社会直観型モデルを支持すると主張する. それは, 子どもがなぜ問題となっている行為が悪いのかと問われた際にそれが誰かに罰せ

られるものだからと答えるのは,そもそも子どもは直観的にどのような行為が悪いのか,正しいのか,すでに判断を下しており,子どもが答える理由はこの判断をアドホックな形で正当化するためのものにすぎないからである.

これらの知見は,道徳判断は理性によってではなく直観的な反応によって作られるものであり,理性の役割はその反応の正当化であるという考えを支持するように思える.これは,ハイトが言うように,道徳判断の形成の際の理性の役割が,法廷における弁護士と類似するという主張につながる.弁護士は自分が弁護する人物が本当に罪を犯しているか否かは問わない.その点については,原則として,被告が主張することをそのまま鵜呑みにする.その上で,その主張がなぜ正当なものなのか,様々な理由を提供し,それをもっともらしく見せようとする.道徳判断はこのプロセスと類似するものであるというのが,社会直観型モデルの主張である.

7.4　反論①:法律家の共通認識からの応答

以上,ハイトが標榜する道徳判断に関する社会直観型モデルについて,それを支える経験的知見も含めて,概観した.

さて,ハイトの主張に訴えて理論論証の(理2)を経験的な知見から拒絶するという反論は以下のような論証であった.

≪社会直観型モデルからの反論≫
① もし≪理論構築と道徳判断≫が真であるならば,個別の事例に関する道徳判断は理性的な推論や熟慮が原因でその内容が決まるものである.
② 個別の事例に関する道徳判断は理性的推論や熟慮が原因でその内容が決まるものではない.
∴(故に)③ ≪理論構築と道徳判断≫は偽である.

ハイトの説が正しかった場合,上の論証の②が真であるということになる.では,そのことによってこの論証は理論論証の2つ目の前提である(理2)を

否定することに成功するのだろうか．

　理論論証の擁護者はこのような反論に対して2つ応答を提示することができると筆者は考えている．

　1つ目の応答は，たとえ社会直観型モデルが正しい説であったとしても，理論論証が想定する背景理論の想定を見出すことができるので，（理2）を拒絶する必要はないというものだ．この応答は，≪社会直観型モデルからの反論≫の論拠となっている≪理論構築と道徳判断≫が実は偽であることを示すというものである．

　以下の例を見てみよう．弁護士であるコウイチはある遺産相続の裁判を引き受けることになった．コウイチの依頼主は自分の両親が残した遺産の大部分の相続権を主張しているが，他の親族も遺産の権利を主張しており，裁判に発展してしまった．さて，ここでのコウイチの仕事は，状況を客観的に分析して双方がどれだけの取り分があるのか決めることではない．コウイチの仕事は，依頼主がなるべく有利な形で遺産相続を進めることができるように，依頼主が正当な相続人であることを正当化する理由を示していくことである．そのため，この裁判においてコウイチの「依頼主は正当な相続人であり財産の大部分を獲得する権利を持っている」という主張は変わらない．それは，たとえ依頼主が遺産を相続することに法的な問題があったとしても，変わることはない．

　社会直観型モデルによると，このようなコウイチの弁護の仕方は，道徳判断が下される仕方と類似するものである．それは，「無実の人間を快楽のために殺害することは許されない」という判断の内容を決めているのは我々の直観的・感情的な反応であるように，コウイチの「依頼主は正当な相続人であり財産の大部分を獲得する権利を持っている」という主張の内容は始めから決まっており，理性的な推論によってこの内容が変わることはないということである．

　さて，ここで弁護士であるコウイチがどのような仕方で弁護を試みるか，もう一度詳しく考察してみよう．コウイチの「依頼主は正当な相続人であり財産の大部分を獲得する権利を持っている」という基本的な立場は変わらないが，一方で，コウイチはこの主張が正当なものであることを主張するために様々な理由を示そうとする．ここでコウイチが主張することが予想される理由とはどのようなものが考えられるだろうか．コウイチは，両親がまだ存命だった時に

彼が弁護している子どもたちは実は彼らの介護を主体的に担っていた，といった事実に訴えるかもしれない．コウイチがこのような事実に訴えるのは，この種の事実が依頼主の権利の擁護に関係があることが共通認識となっているからであろう．そのような共通認識がなければ，コウイチがそのような事実に訴えることはないだろう．また，コウイチは法廷で，他の家族が両親から遺産相続の意志を示す文章を受け取っていないという事実に訴え，彼らに相続の権利がないことを主張することも考えられる．このような事実に訴えることも，遺産相続においては譲渡者の意志を示す書類が重要であるという共通認識があるからであろう．状況によっては，コウイチが弁護の方針に修正を加えることも考えられる．たとえば，両親が生前に依頼主以外の親族にも相応の遺産を譲りたいという希望を持っていたことを示す文章が見つかった場合，コウイチは他の親族に相続の権利は全くないと主張することは困難であると判断し，「他の親族も遺産を相続する権利を有しているが，その大部分は依頼主が相続する権利を有している」といったものに変更するだろう．このような修正を行うのも，コウイチが個人の生前の意志が遺産相続において考慮されるという共通認識を踏まえているからであろう．

　ここで注目すべき点は，この裁判に関する一種の共通認識に訴えて，コウイチが弁護を試みている点である．コウイチが法律上の共通認識に訴えて弁護を試みていることは，科学者が背景理論の想定している理論的存在者に訴えて理論構築を行うことと類似的に理解することができる．コウイチが個人の生前の意志に訴えて弁護を試みているのは，このような事実がこの法廷闘争において重要な意味を持つとの想定があるからであろう．そのような想定がなければ，コウイチはこれらの事実が裁判官にとって説得力を持つものだとは考えることはできない．

　では，再び「無実の人間を快楽のために殺害することは許されない」との道徳判断について考えてみよう．社会直観型モデルが正しいとすると，このような判断は何かの推論によって内容が決まっているわけではなく，直観的な反応によって決まっている．さて，ここにそのような判断を下しているマサオと，彼の友人で道徳に関して懐疑的なキミコという人物がいるとしよう．キミコは道徳に関する懐疑論者であるため，道徳的知識を否定している．だから，キミ

コはマサオが主張する「無実の人間を快楽のために殺害することは許されない」という主張についても懐疑的で，なぜ彼がこのような主張をするのか，さらなる説明を求めている．もし社会直観型モデルが正しいとすると，このようなキミコに対して，マサオは自らの立場を根本的に改めるということはしない．だが，なぜ自分の主張が説得力を持つものなのか，その理由を示すことはできる．たとえば，マサオはこのような行為が被害者はもちろん，その関係者に多大な苦痛をもたらすという事実に訴えて，この主張が正しいものであると説明するかもしれない．また，このような主張が認められなければ，社会の中に不安が蔓延するおそれがあるという事実に訴えることも考えられる．さらに，マサオはキミコの懐疑論を受けて，このような主張が，この主張の理解以外の，正当化なしに受け入れることができる，一種の自己証明的な命題（self-evidential proposition）ではないと考えることもできる．

マサオがこのような仕方でキミコも受け入れることができそうな理由を提示していく過程の中で見出すことができるのは，科学の理論構築において見られる背景理論の想定と類似するものである．無実の人間を殺すことの悪さを説明するためにマサオはその行為が生み出す苦痛や社会不安などに訴えたが，これはこれらの事柄が道徳的な悪さと関係があるという想定があるからこそ，説得力を持ち得るものだろう．また，マサオが自らの主張をただ単に正しいものと述べることに終始せず，なぜこの主張が正しいのか，そしてこの主張がさらなる正当化を必要とするものであることを認めていることは，彼が道徳的主張は正当化を必要とするものであるという想定を認めているからであろう．

上の議論から導き出される結論は，たとえ社会直観型モデルが道徳判断に関する正しい説であったとして，規範理論の構築を通して得られると思われていた道徳判断の内容が理性的な推論ではなく直観的な反応によって決まっていたとしても，理論論証が必要とする背景理論の想定を見出すことができるということである．そうであるならば，たとえハイトの主張する仮説が正しかったとしても，（理2）の否定にはつながらないということになる．

さて，もう一度≪理論構築と道徳判断≫について確認してみよう．

≪理論構築と道徳判断≫

規範理論の理論構築によって得られる道徳判断は，理性的な推論や熟慮が原因でその内容が決まるものである．

　社会直観型モデルが規範理論構築に際して得られる道徳判断をも射程に入れているとした場合，≪理論構築と道徳判断≫は偽であるということになる．しかし，本節で論じたのは，そもそも≪理論構築と道徳判断≫が偽であったとしても，（理2）が否定されるわけではないということである．それは，たとえ≪理論構築と道徳判断≫が偽であったとしても，理論論証が問題としている背景理論の想定は，コウイチやマサオが反対者の説得を試みるために共通認識のようなものに訴えざるを得ないのと同じように，理論構築において一定の役割を果たすと考えることができるからである．

7.5　反論②：規範倫理学の歴史的・社会的な研究からの応答

　理論論証の擁護のために考えられるもう1つの応答は，一般の社会心理学で示されている知見はあくまで一般の人々がどのような道徳判断を下すのかということであり，理論論証が前提としているのはそのような道徳判断をベースにしてどのような理論構築が行われていくのかということであるから，理論論証への反論にはならない，と主張するというものである．この反論は，≪社会直観型モデルからの反論≫の1つ目の前提①を否定するという戦略だえる．
　≪社会直観型モデルからの反論≫の構造をもう一度確認してみよう．

≪社会直観型モデルからの反論≫
①もし≪理論構築と道徳判断≫が真であるならば，個別の事例に関する道徳判断は理性的な推論や熟慮が原因でその内容が決まるものである．
②個別の事例に関する道徳判断は理性的推論や熟慮が原因でその内容が決まるものではない．
∴（故に）③≪理論構築と道徳判断≫は偽である．

　①の前件は規範理論構築に関するものであるが，後件は個別の道徳判断に関

する考えである．たしかに，社会直観型モデルが真であった場合，上の論証の②が真になる．だが，①は実は偽であり，②が真であったとしても③を受け入れる必要はない，とするのが理論論証擁護のための２つ目の戦略である．

≪社会直観型モデルからの反論≫の①を否定する論証として，理論論証の擁護者は以下のような論証を提示することができる．

(1) (理2) を否定するためには，道徳哲学の専門家である倫理学者によって行われる探究の仕方が，科学の理論構築の仕方と類似的でないことを示す必要がある．
(2) 近年の社会心理学の知見は，一般の人々が道徳判断を下す仕方が，科学の理論構築の仕方とは異なるものであることを示しているだけであり，倫理学者の探究の仕方が科学の理論構築の仕方と類似的でないことは示していない．
∴（故に）(3) 近年の社会心理学の知見は，(理2) を否定しない（つまり，前述の論証の前提①は偽である）．

では，上の論証の前提と結論をそれぞれ見ていく．

まず(1)についてだが，(1)は理論論証の（理2）を否定するには一般の人々がどのような道徳判断を下すのかということではなく規範理論の理論構築を行う倫理学者の心理学を示す必要があるということを主張している．この点は理論論証の性格を考えてみると明確になる．理論論証の大きな特徴の１つは，それが科学的実在論擁護のための論証と類似的なものであるという点であった．科学的実在論のための論証の前提は，一般の人々が物理についてどのような判断を下すかということに関することではなく，実際に科学理論の構築に従事している科学者の理論構築の仕方に関するものであった．科学的実在論擁護のために参照しなければならないのは，一般の人々が時間や物体の移動についてどのように考えるか，ということではない．そうではなく，科学の実在論の擁護のために必要なことは，科学理論を構築する科学者たちがどのように仮説を立てるのか，実験を行うのか，観察を行うのか，その際の評価基準はどういったものなのか，といった科学者の理論構築に関する事柄である．理論論証が必要とするものもこれと類似する事柄である．即ち，一般の人々がどのように道徳判

断を下すかではなく，倫理や道徳に関する理論構築を行おうとしている倫理学者がどのような仕方でそれを行っているのかという点である．

次に(2)について見てみよう．ハイトが訴えている社会心理学における知見は，ある社会的状況におかれた場合に我々が下す道徳判断には一定の傾向性があることを示すものであるが，これらは全て一般の人々の道徳判断についてである．故に，この前提もそれほど問題があるものではないと思われる．

前提(1)と(2)が適切なものであるということになると，この論証の結論を受け入れざるを得ないだろう．

興味深いことに，ハイトが紹介する社会心理学の知見の中には，理論論証の前提を擁護すると思われるものもある．上で見たように，ハイトが訴える社会心理学の知見によると，ある一定の社会状況におかれていた場合，バイアスのかかった動機が発動され，それが我々の道徳判断に影響を与える．しかし，たとえば十分な時間が与えられ，その道徳判断が自分と何ら社会的関係を持たない人に関するものであった場合，そのような動機が発動されないことを示す知見も存在するという（Haidt 2001, p. 822）．この知見はむしろ理論論証の2つ目の前提である（理2）を支持するものであろう．一階理論の構築を目指している倫理学者は，もちろん理想的にはだが，一般の人と比してはるかに倫理や道徳に関して考察を加える時間がある．また，自分と密接な関係にある特定の個人について道徳判断を下さなければならないというような状況にはない．ということは，バイアスのかかった動機がかかりにくい状況にあるということであり，そのような状況におかれている倫理学者が行っている理論構築は，人々が通常個人的な人間関係の中で下さねばならない道徳判断とは異質のものであるということが言えるのかもしれない．

このような理論論証の擁護に対して，以下のような反論も考えられる．それは，実際の倫理学の歴史に訴えるというものである．倫理学者がこれまでに行ってきた理論構築の仕方は，科学者のそれとは明らかに異質なものであり，後者に見られるような理性的・合理的な背景理論の想定を見出すことはできない，というものである．

たしかに，これまで社会の指導層が社会の支配原理となるような倫理観・道徳観を提示してきた仕方を見てみると，規範理論の理論構築にはある特定の社

会層を優遇するようなバイアスがかかっていたといったことが明らかになる可能性がある．そのような知見は，倫理や道徳の理論化といっても，理論を構築する倫理学者がおかれている状況に大きく影響を受けるものであり，そのことは理論論証が必要とする理性的な背景理論の想定を否定し得る．

このような反論に対して，同様に倫理学の実際の歴史に訴えて応答することが考えられる．倫理学の理論構築の過程の中で，倫理学者がどのような心理を有していたのか，どのような社会状況におかれていたのか，これらの点についての研究はそれほど多くはないが，たとえばコリンズ（Randall Collins, 2000）による倫理学の社会学的考察によると，倫理学の理論構築には，他者への慈悲や個人の幸福と他者を害さないことの両立を目指すことなど，一定の背景理論の想定が見られるという．このような知見はむしろ理論論証の前提を支持するものと言えるだろう．もしそうであるならば，倫理学の歴史に照らして考えても，倫理の理論構築に科学と類似する背景理論の想定を見出すことができるということになる．

7.6 本章のまとめ

本章では理論論証の2つ目の前提を巡る経験的反論について考察を加えた．本章で試みた理論論証の擁護が適切なものであるならば，理論論証の擁護者は（理2）を巡る経験的反論に対していくつかの応答ができるということになる．

本章ではメタ倫理学的な考察を行う上で，倫理学に関する社会学的・歴史学的考察も重要であることが示された．通常，現代のメタ倫理学においては，規範理論がどのような仕方で構築されてきたのか，規範理論の構築に取り組んできた倫理学者はどのような社会的状況におかれていたのか，そして彼ら・彼女らの心理状態はどのようなものであったのか，といった問いはそれほど問われない．問われたとしても，実際の社会学や思想史に訴えることなく，ある程度の常識や思考実験に訴えて，議論が進められる．本章の議論が示唆することは，メタ倫理学におけるこのような常識や思考実験に訴える方法が，場合によっては不十分であることもあるということである．科学哲学においては，科学理論がどのような変遷をたどって発展してきたのか，詳細な検討が行われ，その上

で，様々な哲学的問題が論じられている．倫理学の二階理論であるメタ倫理学においても，堅実な倫理学史に関する研究を参照しつつ，種々の問題を論じていくということも，このような科学哲学の動向を鑑みれば，当然なことと言えるかもしれない．

第 8 章　理論論証への反論(2) —— 哲学的反論

　前章の冒頭で理論論証への反論は大きく 2 種類に分けられると述べた．1 つ目は理論論証が持つ規範理論に関する想定に対して関係する諸科学で得られる経験的知見に訴えて反論を加えるというものだった．では，このよう経験的知見に依らない反論にはどのようなものが考えられるだろうか．本章では経験的知見に依らない理論論証への様々な反論を「哲学的反論」と呼び，検討していく．

　哲学的反論の中には，道徳的性質を自然的性質の一種だと見なし，道徳における探究を自然科学の探究と同種のものだと見なす自然主義的な立場に対する一般的な反論も含まれる．理論論証の擁護者がどのようにそれらの自然主義一般に対する反論に応えることができるのか検討していくことも，本章の重要な課題である．

8.1　異なる規範理論が近似的に真であり得るのか

　本書において理論論証は論証図式として理解された．即ち，理論論証のそれぞれの前提の真偽や論証全体の健全性は，用いられる倫理の一階理論である規範理論によって異なる，というものだった．

　理論論証をこのように理解するということは，理論論証によって異なる規範理論の近似的真理が擁護される可能性を示唆する．実際に，本書の議論はそのような可能性を示唆するものだった．本書で検討した帰結主義的な規範理論を用いた場合，理論論証の擁護は比較的容易であった．本書では詳しくは論じなかったが徳倫理的な規範理論も理論論証の擁護がある程度見込めるものだった．これは，帰結主義的な理論も徳倫理的な理論もどちらも近似的に真であるということである．

　しかしこれは驚くべき結論でもある．異なる規範理論の間には，道徳に関し

て根本的な見解の不一致があると思われる．それは，異なる規範理論は相互に矛盾する異なる背景理論を想定していることが考えられるからである．そう考えると，異なる規範理論を同時に近似的に真であるとすることは難しいように思える．

　この点を明らかにするために，次の例を考えてみよう．功利主義的な帰結主義理論によると，ある人が持つ慈悲深さは，それがその人や他者を幸福にするから道徳的価値を持つとされる．一方で，徳倫理的な理論によると，その人が持つ慈悲深さという傾向性そのものが道徳的価値を持つ．このような２つの理論があったとして，それぞれの理論は以下のような背景理論を想定していることが考えられる．

≪功利主義の想定≫
人間の徳はそれ自体に価値があることはなく，それがどれほど幸福の増進に貢献するかで，その価値が決まる．

≪徳倫理の想定≫
人間の徳はそれ自体に価値がある．

　≪功利主義の想定≫と≪徳倫理の想定≫は矛盾しているように見えるので，どちらも真であるということは難しいだろう．だが理論論証が含意するところは，まさにこのように衝突する背景理論を持つ２つの規範理論が同時に真である可能性があるという考えである．この考えは受け入れ難いように思える．

　この問題は以下のような論証としてまとめることができる．

≪異なる規範理論の近似的真理≫
(1) 理論論証の擁護を試みることは，関係する諸科学の知見が得られた場合，異なる２つ以上の規範理論及びそれを支える背景理論の近似的真理を擁護する可能性を含意している．
(2) 異なる規範理論は倫理や道徳に関する根本的な問いについて異なる見解を有している．

8.1 異なる規範理論が近似的に真であり得るのか　　199

(3) 異なる規範理論が共に真であるということはない【(2)の含意】.
(4) 異なる規範理論が共に真であるということを示そうとする論証は擁護不可能な含意を持っている.
∴(5) 理論論証は擁護不可能な含意を有している.

　この論証に対して，理論論証の擁護者はどのように応じることができるだろうか.

　考えられる応答の1つは，上の論証の(3)を否定するというものである．(3)を否定するというのは，異なる規範理論が両立することが可能であると主張するということだが，果たしてこのような戦略は可能なのだろうか．

　実は，自然主義を巡る議論とは異なる文脈で，異なる規範理論の両立可能性が論じられることがある.

　たとえば，パーフィットはカント的な契約主義者は規則帰結主義的な道徳原理に同意すると主張している (Parfit 2011a)．パーフィットによると，カント的な倫理学を標榜する論者も，帰結主義的な理論を標榜する論者も，実は，「同じ山を違う地点から登っている」のであり，両者は最終的に道徳に関して同意するという (2011a, p. 26).

　また，アウディーも一般的に衝突すると思われている規範理論もその長所をある程度調和させることができると主張している．アウディーは功利主義，カント的規範理論，そして徳倫理的な理論が価値を置く幸福，正義，自由の3つの道徳的価値に関して，それぞれを重視することは必ずしも衝突するものではないと主張する．これは，それぞれの価値が衝突すると見られる場面でも，それぞれの価値の適切な均衡を図ることができるということである（Audi 2007).

　さらに，倫理学の歴史的な考察を通して，アーウィン（Terrence Irwin）は一見衝突するとみられるアリストテレス的な倫理観とカント的な倫理観も，決して必然的にそうなるわけではないと主張している．アリストテレス的な倫理観が必要な修正を加えるためには，カント的な主張を取り入れることが必要であり，最良のアリストテレス的自然主義が必要な自律の概念はカントが言うところのものだとアーウィンは主張する（Irwin 2009, p. 9, p. 125).

　このような研究動向を見てみると，異なる規範理論が両立するという考えは，

必ずしも見込みがないものとは言えないことがわかる．

　もちろん，これらの研究動向に対して反論もある．たとえば，パーフィットのカント的契約主義者が規則帰結主義的な道徳観に同意するという主張に対しては既にいくつかの反論が提出されている（Morgan 2009, Ridge 2009）．アウディーの主張も，明らかに3つの価値が衝突する場合をどのように考えるのか，幸福の最大化を最優先させる原理的な功利主義は自由や正義といった価値を二次的なものとして捉えなければならないのではないか，自由や正義と幸福が衝突する場合に前者を優先するなどの対応をとった場合もはや功利主義者はこのような主張を受け入れられないのではないか，といった問題もある．

　ただ，異なる規範理論が両立する可能性があることが示されていることは，上の論証の前提(3)を無批判に受け入れることができないことを意味している．(3)を無批判に受け入れることができないということになると，この論証を用いて理論論証に反論を加えるためにはなぜ我々は(3)を受け入れなければならないのか，そのことを擁護する議論が必要になる．そのような議論がない限りは，この論証は説得力を持つものにはならない．

　さらに，本書で示されたことは，異なる規範理論であっても同程度の経験的信頼性を持つことができ，さらに，それらは理論の近似的真理という観点から説明ができるということだった．これは，帰結主義と徳倫理理論がそれぞれに見込みのある理論であることを示す1つの議論であり，(3)を否定する理由となっている．

　また，上の論証の(2)についても，以下のように疑義を向けることができる．帰結主義や義務論は，少なくとも表面上は，倫理や道徳に関する根本的な問いに関して異なる見解を有しているように見える．だが，実は異なる規範理論がそれぞれ答えようとしている問いは違うものであり，そのような根本的な意見の不同意はない，と考えることができる．たとえば，ノークロス（Alastair Norcross）は，帰結主義は行為の価値に関する正確な比較を示す理論であり，どの行為が他の行為よりもより価値的であるか示すことで，我々に奨励される行為を示すものである，と提案する．その意味で，帰結主義は行為指導性を持つ規範理論である．しかし，行為の価値と行為の悪さ・正しさは違うものであり，帰結主義は前者のみを扱う理論で後者は扱わないとノークロスは主張する

(Norcross 2006, p. 38). このノークロスの主張が含意することは，表面的には同じ問いについて意見の不同意が生じていると思われていた帰結主義や義務論が，実は違う問いを問題にしていたと理解することができるということである．ノークロスが提案する帰結主義理解に従うと，帰結主義は行為の価値に関する理論であるが，行為の悪さや正しさについて直接的な提案を行う理論ではない．一方で，義務論はむしろ行為の悪さ，正しさを直接的に示そうとしている理論だと理解できる．このように規範理論を理解した場合，上の論証の前提(2)は退けることができ，その含意である(3)も拒絶することができる．

本節で扱った理論論証への反論を支えている考えは(2)や(3)などの規範理論に関する考えであるが，上で示したようにこれらの考えが適切なものと言えるかどうか議論が分かれる．(2)，(3)を巡る問いに正しく答えるためには，提案されているそれぞれの規範理論の主張を丁寧に確認し，それらが本当に衝突するものなのか，それともノークロスが言うように違う問題に対する主張であるのか，見定める必要がある．このことから，少なくともこの論証に訴えて理論論証を拒絶することは，そのような洗練された規範理論の検討が異なる理論の間に根本的な見解の不一致があることを示さない限り，容易ではないということになる．理論論証の擁護者はこのような仕方で本節で検討した反論を退けることができるように思える．

8.2 メタ倫理と規範倫理に関する中立テーゼを巡って

次に以下のような反論を考えてみよう．理論論証の背景にある考えの1つに，メタ倫理学と規範倫理学が密接な関係にあるとの考えがある．理論論証は論証図式であり，その前提の真偽や論証全体の健全性はどの規範理論が一階理論として用いられるかに依存している．このことから，非自然主義的な方法を採用しない帰結主義的な理論が用いられた場合は擁護が容易だが，伝統的な義務論などの非自然主義的な理論が一階理論として用いられた場合，理論論証の擁護は困難であることがわかった．

このことは，メタ倫理学的な探求が規範倫理学的な探究に対して中立ではいられないことを示唆している．本書で示された考察に従うと，もし理論論証を

擁護して自然主義を受け入れたいのであれば，非自然主義的な方法を持つ伝統的な義務論などを，理論論証が擁護できないというメタ倫理学的な理由で，拒絶しなければならない可能性がある．これは，あるメタ倫理学的立場を採用するためには，ある一定の規範倫理学理論を受け入れる必要があるということであるから，両者の関係は中立ではないということである．

このような含意について，メタ倫理学は規範倫理学に対して中立であるべきであり，それを否定する理論論証は受け入れることはできない，という反論が考えられる．

さて，この「メタ倫理学的な探求は規範倫理学に対して中立であるべき」という主張を「中立テーゼ」と名付けてみよう．この中立テーゼはヘアやマッキー，ドライアー（James Dreier）といったメタ倫理学者が支持している（Hare 1965, Mackie 1977, Dreier 2002）．また，この中立テーゼがメタ倫理学的な議論の中で重要な役割を担っていることもある．たとえば，リッジ（Michael Ridge）は非還元主義的な道徳的実在論に対して反論を加えているが，彼は非還元主義がある特定の規範理論と両立しないからメタ倫理学説として不適切だと主張する（Ridge 2007）．このような主張を支えているのはメタ倫理学的な探求は規範倫理に対して中立であるべきだとの中立テーゼである．

中立テーゼはどれほど見込みがあるものなのだろうか．メタ倫理学と規範倫理学の関係を考えてみると，このテーゼがある程度見込みがあるもののように思えてくる．というのも，あるメタ倫理学的な考えや立場が一定の規範倫理学的な含意を持つとは通常考えられないからである．タロウとジロウはメタ倫理学的なレベルで共に表出主義を信じているとしよう．即ち，タロウもジロウも，道徳判断はその判断によって支持された規範の受け入れの表明であり，それ自体の真偽を問えるようなものではないと考えている．この2人は道徳判断とは何かというメタ倫理学的な問いについては同意しているわけだが，だからといって規範倫理学のレベルでも同意が形成されるとは限らない．タロウは功利主義的な規範を是認し，一方でジロウは非功利主義的な規範を是認することも考えられる．これは，両者がメタ倫理学のレベルでは同意しているが，規範倫理学のレベルでは意見が一致しないということであり，このことは中立テーゼを支持する．

8.2 メタ倫理と規範倫理に関する中立テーゼを巡って

また，歴史上の哲学者たちがそれぞれどのようなメタ倫理学説・規範倫理学説を持っていたのか見てみると，中立テーゼが前提となっていることが伺える．第1章で見たように，ムーアは客観的な道徳的事実を想定していたから道徳的実在論者であったと考えられるが，一方でヘアはこのような道徳的実在論には反対の立場をとっていた．ところが，彼らは規範倫理学のレベルではある程度同意している．彼らが保持していた規範理論の詳細は，理想主義的なものか，選好主義的なものかで分かれるが，その大枠は帰結主義であった．これは，異なるメタ倫理学説を持っていても，同じ規範倫理理論を受け入れることができることを示している．

このように考えてくると中立テーゼはある程度見込みがあるものであり，それを否定する理論論証には問題があるように思えてくる．これに対して理論論証の擁護者はどのように反論することができるのだろうか．

理論論証の擁護者は中立テーゼに対して真っ向から反論を挑み，それを否定することもできる．たとえば，フェントル（Jeremy Fantl）は規範倫理のレベルで何の含意も持たないメタ倫理学説は存在しないと主張している．そして，道徳的性質の存在を認めないメタ倫理学説は，規範倫理のレベルで通常は受け入れ難い主張も許容しなくてはならなくなるとしている（Fantl 2006, pp. 29-30）．

次のようなメタ倫理学的な主観説を考えてみよう．

≪否認主観説≫
xは悪い = xは否認されている．

フェントルはこのような主観説はメタ倫理学的な主張ではあるが，一階の探究に対して中立ではありえないと言う．それは，次の2つの規範的主張の連言を否定するからである．

≪暴力の容認≫
もし誰かが他者の苦しみを非常に増大させている場合，その人物を止めるために暴力を用いることは正しい．

≪暴力の否定≫
単にある考え・提案が否認されたことについて，その否認を止めるために暴力を用いることは許されない．

　≪暴力の容認≫によると，誰かが他者の苦しみを非常に増大させている場合，その人物を止めるために暴力を用いることは正しい．そして，≪否認主観説≫によると，もし誰かが他者の苦しみを非常に増大させている場合，その行為の悪さは否認されること以上のものではない．このことから，誰かが他者の苦しみを非常に増大させていて，その行為が否認されている場合，この行為を止めるために暴力を用いることは正しいということになる．
　さて，≪暴力の否定≫を見てみると，単に否認されただけの行為を止めるために暴力を用いてはならないとされる．もしこれが正しいのであれば，ある人が他者の苦しみを非常に増大させていて，その行為が単に否認されただけのものだった場合でも，この行為を暴力で止めることは悪いということになる．
　つまり，≪否認主観説≫，≪暴力の容認≫，≪暴力の否定≫は矛盾を孕んでいるということになる．ここで注目するべきことは，この矛盾はこの連言の中に≪否認主観説≫があるから発生しているという点である．≪暴力の容認≫と≪暴力の否定≫だけの連言は矛盾しているようには見えない．フェントルはこの例に訴えて，≪否認主観説≫のようなメタ倫理学説は規範倫理に対してニュートラルではありえないと主張する．
　イーノックもフェントルの議論に近いものを展開している（Enoch 2011, pp. 16-49）．イーノックはある２人の選好が衝突した場合，彼らは自分の選好にこだわるのではなく，何らかの平等な決定方法，たとえばコイントスや，「今回はこちら，次はあちら」，といった平等な方法に従うべきとの道徳原理を提案する（Enoch 2011, p.19）．一方で，その２人の間に道徳に関する意見の不一致があり，両者は共に明らかな事実誤認などをしていなかったとしよう．このような場合は単純な選好の場合とは違い，両者の意見の不一致の決着をコイントスなどで決めることは許されないだろう．一方が積極的安楽死を容認し，他方がそれを否定している場合，「ここは民主的にコイントスで決めましょう」と提案することは，むしろ道徳的に問題があるように思える（Enoch 2011, pp. 23-

4).

　ここで，次のような主観主義的なメタ倫理学説を想定してみよう．

≪選好主観説≫
道徳判断は我々の選好の表明である．

　もしこの主観説が正しいとすると，道徳に関する意見の不一致は一種の選好の不一致だということになる．つまり，安楽死を巡る意見の不一致は，一方が安楽死を好み，他方は安楽死を認めることを好かないために起こっているものとして理解される．
　さて，この主観説と上で考察した選好に関する考えから，次のような含意が引き出される．

≪道徳問題の平等な解決≫
道徳に関する意見の不一致があった場合，この意見の不一致は何らかの平等な方法によって解決するべき．

　この含意は規範倫理レベルの含意であると共に，受け入れ難い含意でもある．イーノックが主張するように，道徳に関する意見の不一致は，コイントスなどの平等な方法によって解決されるべきものではないだろう．だが，もし主観説がこのような含意を持つということになると，主観説はそれが不適切な規範倫理的含意を持つという理由で，拒否され得る（Enoch, pp. 25-6）．
　ダーウォールもメタ倫理学と規範倫理学が扱う問いの違いは認めつつも，2つの探究が相互に関係しあっていることを主張する（Darwall 2006）．
　「悪さ」という概念が他の関係する概念，たとえば「非難」といったものとどのような関係になるのか，という問いは，重要なメタ倫理学的な問いであるように思える．第1章でメタ倫理学の論争史について見てみたが，初期の非自然主義と情緒主義の対立点の1つは，道徳判断と行為の動機づけの関係についての問いであった．この問いに答えるにあたり，「悪さ」と「非難」の関係についての考察は重要な意義を持つだろう．というのも，もし「悪さ」という概

念が必然的に「非難」という概念を含んでいた場合，「彼の行為は悪い行為だ」との判断は「彼の行為は非難に値する」という意味も持たねばならないということになるからである．このことは，道徳判断と行為の動機の関係に関する問いに大きな示唆を与えるように思える．

一方で，「悪さ」と「非難」の関係を巡る問いは，メタ倫理学においてだけではなく，規範倫理学においても重要な意義を持つ．たとえば，行為帰結主義は，常識的な道徳観から見ると大きすぎる個人の犠牲を強いるとして，しばしば批判される．このような批判に対して行為帰結主義者は悪さと非難を区別し，行為帰結主義は悪さに関する説であるが，それに従わなかったとしても必ずしも非難の対象とはならない，と応答する．

さて，このような規範倫理学における応答は，メタ倫理学において悪さと非難の区別が適切なものとされる場合のみ，有効なものとなるように思える．もし両者が不可分のものであった場合，行為帰結主義者はこのような反論ができなくなり，行為帰結主義は大きな問題を抱えることになる．これは，メタ倫理学における議論が規範倫理学における議論に大きく関係していることを示している．さらに言えば，あるメタ倫理学説を受け入れる場合，特定の規範倫理理論を受け入れることが容易になるということである（Darwall 2006 pp. 34-35）．

上で挙げた論者が示している点を考慮すると，理論論証がある特定の規範理論と親和性を持つことは，ある意味当然の結果であるとも思えてくる．理論論証は経験的信頼性を持ち，その方法において背景理論の想定が見られる規範理論と親和性がある．このこと自体はそれほど問題がある想定ではないだろう．経験的信頼性を持たない規範理論があったとして，そのような理論を信じるべきだろうか．（5.6）でも少し触れた徳倫理を巡る実際の議論を見ればわかる通り，規範理論が経験的信頼性を持たないということになると，それはその理論を疑う理由になり得る．このように考えてくると，中立テーゼは必ずしも適切な考えではなく，このテーゼを否定して理論論証の擁護を目指すことは，それほど見込みのないアプローチとは言えないということがわかってくる．

8.3 進化論的反論への応答

　次に理論論証の結論部分に対する反論を見ていく．理論論証は規範理論の特徴をその理論の近似的真理という想定から説明をしようと試みているが，この主張に対していくつかの反論が考えられる．これは，（理1）と（理2）が共に真であったとしても，この2つの最良の説明が（理3）の道徳的実在論ではないとの反論である．本節では，近年のメタ倫理学において盛んに論じられている道徳の進化論的な説明が（Street 2006, Kitcher 2006, Joyce 2006），理論論証に対してどのような反論となり得るか，検討していく．

　我々は現在様々な道徳的信念を持っている．たとえば，自分の子どもや若い世代を大切にしなければならない，他人を助ける義務よりも自分の家族を助ける義務の方が強い，恩には報いるべきである，といった様々な道徳的信念を例として挙げることができる．このような信念は広く認められているものであり，文化の差異を超えて人々に広く共有されているものと言えるかもしれない．

　さて，このような道徳的信念がどのように形成されてきたのか，進化心理学（evolutionary psychology）の視点から説明を加えることができる．これによると，我々の道徳的信念の形成には自然選択（natural selection）が大きな影響を与えている．我々が今持っている道徳的信念が形成された原因は，そのような信念を形成することが種の保存と発展のために有利に働くからであった，と考えることができる．

　「若い世代を大切にしなければならない」という道徳的信念について考えてみよう．この信念の性質を考えるにあたり，この世界とは非常に良く似た，我々と見分けがつかないような人間に似た生物も存在している別の世界を想像してみよう．この世界の人間によく似た種が，実際の我々が持つ考えとは別の考え，即ち，「若い世代を大切にする必要はない」という信念を突如持ち始めたとしよう．おそらくその種は徐々に衰えていき，やがては滅びゆく運命にあるだろうことは想像に難くない．このことは，道徳的信念の内容は我々の先祖が人間種としての安定した繁殖に成功ことと深い関係があり，前者は後者を達成させるために形成されていったものとの考えを示唆する．

道徳的信念の形成の過程に進化論的な要素があったことは否定し難い事実であろう．さて，ストリート（Street 2006）は我々の道徳的信念にこのような進化論的な影響があることを考慮にいれた場合，道徳的実在論に対して次のような反論を加えることができると主張する．

ストリートは，道徳的信念の形成に自然選択の影響があったと考えた場合，客観的な道徳的事実の存在を主張する実在論者は次の考えに対して何らかの対応をしなければならないと言う．

≪自然選択の好影響≫
自然選択の影響により，我々の道徳的信念の形成は，道徳的真理を突き止めることに成功する傾向性を持つようになった．

実在論者は≪自然選択の好影響≫を肯定，もしくは否定しなければならないが，ストリートはどちらの対応も実在論者にとって問題のある帰結を孕んでいると主張する．

はじめに，実在論者が≪自然選択の好影響≫を否定した場合を考えてみよう．これは，自然選択は我々の道徳的信念の形成に影響を与えており，かつ，この影響は我々が道徳的真理を探究する過程において何ら有効な役割を果たしていない，と考えるということである．もし実在論者がこのような対応を行った場合，このような形で自然選択の影響があるにも関わらず，我々は道徳的真理にたどり着くことができると主張しなければならないということになる．ストリートはこのような戦略は擁護が難しいと主張する．それは，自然選択が道徳的信念の形成に与える影響は，それをなるべく種の保存・安定した繁殖のために有効なものにすることであり，道徳的真理をより良く獲得することではないからである．

ストリートはこの点について，海をボートで漕いで向こう岸までたどり着こうとしている人を道徳的真理を探究する実在論者に，そしてそれを妨げようとする風を自然選択に例える（Street 2006, p. 121）．もしこの例えが的確なものであるならば，自然選択は我々の道徳的真理の探究をむしろ妨げるものということになる．というのも，自然選択が我々に与える影響は，我々に真である命題

を発見させることではなく，我々が環境に適応してよりよく種の保存を成功させるためのものであるからである（Street 2006, p. 121-122）．ストリートはこのことから道徳的信念が真であると考えることはできないと主張し（Street 2006, p. 122），ジョイスも同じような議論を展開して道徳的信念は正当化することができないと結論する（Joyce 2006, pp. 179-182）．実在論者はこのような懐疑論的な結論を受け入れることはできないから，≪自然選択の好影響≫を否定するというこの戦略を実在論者が採ることは難しいように見える．

では，実在論者は≪自然選択の好影響≫を肯定することができるのだろうか．ストリートはこの対応も難しいと主張する．ストリートは，もし実在論者が≪自然選択の好影響≫を受け入れるのであれば，実在論者は自然選択が道徳的信念に与える影響と道徳的信念が道徳的真理を獲得するのに成功していることの関係を説明しなければならないと述べる（p. 125）．この点について，実在論者は以下のような説明を試みることが考えられる．

≪自然選択と道徳的真理の説明≫
自然選択と我々の道徳的信念の形成に良好な関係があるのは，道徳的真理発見能力が種の保存・安定した繁殖に有利に働くからである（Street 2006, pp. 125-126）．

ストリートはこの≪自然選択と道徳的真理の説明≫は科学的な観点から見ると不適切なものだと主張する．それは，自然選択により我々が特定の道徳的信念を持つことを説明するには，ある特定の道徳的信念を持つ傾向性が種の保存・安定した繁殖に有利に働くという生物学的事実に訴えれば十分であるからである．このように考えると，道徳的信念が客観的に真であり我々はそれを明らかにする能力がある，といった実在論的な想定は不必要なものということになる（Street 2006, pp. 128-135）．

このように考えてくると，実在論者は≪自然選択の好影響≫を肯定しても否定しても問題のある帰結に至ってしまうということになり，一種のジレンマに陥っているということになる．

さて，この反論は本書で擁護を試みた自然主義とその論証である理論論証に

対してどのような含意を持つのだろうか．ストリートはこの反論は自然主義も射程に収めているという．それは，自然主義者が，道徳の探究は既に我々が持っている道徳的信念を想定して行われるとの想定を持っているからである．ストリートの議論の論点の1つは，その形成過程で見られる自然選択の影響を考えると，我々が既に持っている道徳的信念を真であると見なすことが難しいとの主張である．自然主義者は我々が既に持っている道徳的信念は少なくとも近似的には真であると見なすから，自然主義者はこのストリートの反論に応答しなければならないだろう（Street 2006, p. 140）．

ストリートの反論に対して，カップは自然主義擁護のための応答を試みている．カップの応答は以下のようにまとめることができる．

≪カップの応答≫
≪自然選択の好影響≫を受け入れなくても，実在論者は懐疑主義的な結論を受け入れる必要がない．それは，自然選択が道徳的信念の形成に与える影響の中で道徳的真理から我々を遠ざける邪魔な要素は，合理的な考察（rational reflection）によって取り除くことができる，と道徳的実在論者が主張することができるから（Copp 2008, p. 194）．

カップ自身もこの応答の内実を与える試みをしているが，理論論証に訴えてこの≪カップの応答≫に内実を与えることができるようにも思われる．
上で挙げた進化論的な反論を理論論証に向けられたものだと考えた場合，以下のように改めることができる．

≪理論論証への反論としての進化論的反論≫
規範理論の理論構築には自然選択の影響がある．そのような自然選択の影響を受けている規範理論が少なくとも近似的に真であると言うことは，上で挙げた理由から，難しいのではないか．

規範理論の理論構築にどれほど自然選択の影響があるのか，明確でないが，議論を進めるためにここではあえてそのような影響があったと措定しよう．そ

のように措定したとしても，理論論証が試みる実在論的な説明の擁護に訴えて，進化論的反論を退けることができると思われる．

≪カップの応答≫が要請していることは，規範理論の理論構築に自然選択の影響があるにも関わらず，なぜ合理的な考察によってそのような自然選択が持つ道徳的真理の探究への悪影響を取り除くことができるのか示すことである．理論論証に訴えた場合，この点について次のような説明を与えることができる．理論論証の前提の１つである（理2）によると，規範理論の理論構築の仕方には背景理論の想定あり，それに基づいて規範理論の構築は行われている．だが，規範理論が想定している背景理論は，進化論的反論が標的にしている我々が常識的に持つ道徳的信念と同じではない．通常，ある規範理論の背景理論とされるものは，第５章で見たような≪規則帰結主義原理≫や≪福利理論≫のような，規範倫理学者によって与えられる抽象的な原理である．故に，進化論的反論を加えるためには，このような規範理論の背景的な想定とされる抽象的な原理の形成にも自然選択の影響があると想定する必要がある．

この想定は擁護が容易ではないように思われる．規範理論において想定されているこれらの背景理論は，様々な直観的な道徳判断からの演繹的・帰納的推論によって規範倫理学者が同定するものである．これは暗に，規範理論の背景的想定が生成される過程には，自然選択の影響だけではなく，規範倫理学者の推論という一種の合理的な考察が含まれていることを示唆している．さらに，(7.5)でも見たように，ある程度の考察のための好条件が整えられている場合，規範倫理学者はバイアスがかかっていない状況で道徳に関する理論構築を行うことができることを示す経験的知見も存在する．このことから，規範理論で想定されている考えや主張は，合理的な考察を通して自然選択が我々の常識的な道徳に関する考えに与えた悪影響（＝道徳的真理の探究を妨げるもの）を取り除いたもの，と考えることができる．

これに対して，たとえ規範理論の背景理論の想定の生成過程には規範倫理学者の合理的な考察が介在していると仮定しても，それがそもそも依ってたっているのは我々が常識的に持つ道徳に関する考えであり，それに自然選択の影響があるわけだから，それを用いて生成された背景理論にも間接的に自然選択の悪い影響があると考えることができる，という再反論が考えられる．

この再反論に対して，以下の2つの応答が考えられる．

1つ目は，規範理論の理論構築の過程で我々が常識的に持つ道徳観は改訂されることが予想できると想定し，そのような道徳観の改訂を可能にする規範理論は自然選択の悪影響を取り除くことに成功するとの応答である．たしかに，進化論的反論が想定しているように，我々が常識的に持っている道徳観は自然選択によって大きな影響を受けたものであり，そのためにむしろ道徳的真理からは遠ざかっているものと言えるかもしれない．だが，もし規範理論の理論構築の過程でそのような常識的な道徳観が改訂されるのであれば，自然選択の悪影響を持った考えは淘汰され，より道徳的真理に近いものが残っていく，と考えることができる．

この応答は，個別の直観的な道徳判断の改訂は許容される，という方法論が受け入れられてはじめて可能となる．そのため，第6章で検討したようなカム的な義務論はこのような応答を採用することができないと思われる．しかし，倫理学の方法としては標準的なものである反省的均衡の方法はこのことを受け入れられるから，この応答はある程度の適切さを持っていると考えることができる．

2つ目は，たとえ規範理論が想定している背景理論に自然選択の悪影響があったとしても，理論論証の（理1）に訴えることでそのような背景理論の経験的信頼性を擁護することができ，（理2）と合わせて実在論的な説明を与えることができる，というものが考えられる．理論論証が擁護を目指してきたのは規範理論が持つ様々な背景理論は経験的信頼性を持つものであり，その経験的信頼性は実在論的に理解することができるというものだった．これは，たとえ背景理論に自然選択の影響があったとしても，我々にはそれが近似的に真であると信じる理由が理論論証によって独立に与えられている，ということである．

この2つ目の応答の是非は理論論証の是非にかかっている．故に，もし理論論証が擁護できないものであった場合，この応答を採用することが難しい．しかし，本書は理論論証の可能性を示しているから，少なくともこの可能性に訴えて，自然選択の影響を受けた規範理論の背景理論をなぜ近似的に真であると見なせるのか，その道筋を示すことはできるだろう．

このように考えると，実在論に近年向けられてきた進化論的反論に対しても，

理論論証はいくつかの有効な応答の基盤となり得ることがわかる．このことも理論論証の有効性を示す1つの事例だろう．

8.4 道徳の悲観的帰納法への応答

　理論論証の実在論的な説明を拒否する次のような反論も考えられる．現在我々が構築できる規範理論が経験的信頼性に優れたものであり，それに適切な形で背景理論の想定を見出すことができるとしよう．一方で，道徳の歴史を見てみると，そのような基準を満たしていた理論が実は根本的に間違ったものであったとされる例が存在する．そのような例を考慮に入れると，（理1）と（理2）に実在論的な説明を与えることは適切ではないと考えることもできる．

　これは個別論証について論じた（3.3.3）で見た道徳の悲観的帰納法の問題である．この問題に対して，理論論証を拠り所としてどのような応答を組み立てることができるのだろうか．

　はじめにこの反論の概要を確認してみよう．科学において一時期フロギストン説が最も説明力があるものと考えられていたが，この説は後に酸素による燃焼理論に取って代わられた．これと同様のことが，道徳においても起こっているのかもしれない．我々は川に飛び込んだタロウを勇敢な人物であると考えているが，これは，我々が持つ常識的な一階理論によるとこのような状況で川に飛び込む人物は勇敢な人物であり，勇敢さは重要な徳の1つであるとされるからである．だが，規範理論が進歩した場合，我々の考えは根本的な改訂を迫られ，タロウの行為は勇敢なものではなかったと判断する日がくるとも考えられる．もしくは，そもそも勇敢さが規範的に大した重要性を持っていないことが明らかになることも予想できる．これは科学における理論の真理性を疑う悲観的帰納法（pessimistic induction）と同じような推論が，規範理論に関してあてはまる可能性があるということである．もし常識的な一階理論が根本的に間違っていた場合，それを用いた道徳的説明の理解も間違っているということになるから，道徳的説明の擁護も頓挫してしまう．

　実際に，同じような例を道徳哲学・倫理学の歴史の中に見出すことができる．たとえば，アリストテレスは「生まれついての奴隷」というものを想定し，そ

のような奴隷に分類される人々は道徳の対象にならないと考えていたようであるし，カントもアフリカ人を生まれついて愚かであると考えていたような節も見受けられる．そのような想定をする規範理論はもちろん不適切な説ということになってしまうが，アリストテレスやカントの倫理学は当時の水準からして最も優れた倫理学説であったと考えると，現在，優れた経験的信頼性を持ち，適切な背景理論を備えている規範理論があったとしても，その理論を近似的に真であると見なすことは困難であるということになる（Leiter 2014, p. 135, Sinhababu unpublished 参照）．

上で挙げたアリストテレスやカントの例は単に彼らが人間に関する誤った経験的想定をしていただけで，それさえ取り除けば彼らは自らの主張の帰結として上のような主張を行わなかった，と考えることも可能であろう．だが，このことは悲観的帰納法を退けるには十分でない．というのも，奴隷に対する考えなど，過去に世界の各地で見られた共通の道徳的信念が現在は正当化できないものだとして退けられている事実がある限り，現在最も優れた説とされる規範理論であってもそれが実は根本的に間違っている可能性が示唆されるからである．

このような悲観的帰納法に対して，(3.3.3) で見たように，個別論証の擁護者は有効な反論を提示することが難しいように思える．一方で，理論論証の擁護者は，科学的実在論者が悲観的帰納法に対して反論する仕方と類似する 2 種の反論を加えることができるように見える（Psillos 1999, pp. 96-109, Boyd 1990 pp. 377-378, Kitcher 1995, pp. 138-149）．科学的実在論者が展開する論法は，科学史における事実に訴えるものであり，類似的な倫理に関する応答も倫理に関する歴史的事実に訴える必要がある．倫理に関する歴史的事実についてここで詳細な検討を行うことはできないから，以下ではある程度常識的に受け入れられていると思われる倫理に関する歴史に訴えることだけに留めて，この応答の概要を見ていく．

1つ目は，規範理論の歴史を詳しく見てみると，成熟した（mature）背景理論が古い理論においても改訂された後の理論においても共有されており，そのような成熟した背景理論は常にその理論の伝統の中で保持されているから悲観的帰納法を与えることができない，との応答である．この応答は規範理論の伝

統について少し考えてみると，ある程度見込みのあるものであるように思えてくる．カント倫理学の歴史を考えてみると，定言命法の解釈やその妥当性について様々な議論があるが，少なくとも「多くの場面において，自分を含めた他者を手段化する行為は悪い行為である」との人間性原理は，カント倫理学の伝統を引き継ぐ理論であればどれもが共有していると思われる．むしろ，規範倫理のどのような伝統においても，この原理を否定することは難しいように思える．また，ベンタムからミルへと至る功利主義理論の変遷についても，功利主義理論の中心的な主張は変わらずに受け継がれているが，この理論が想定する快苦の種類についてのより精緻な説明をミルは与えることに成功した，というように解釈することもできる（Anderson 1991）．このように規範倫理の歴史を考察していけば，一貫して共有されている道徳的主張や原理を見つけることができ，それらについて悲観的帰納法を与えることは難しいという応答を試みることができる．

　2つ目の応答として，科学哲学で見られる構造的実在論（structural realism）と類似的な立場を倫理において主張するという戦略が考えられる．悲観的帰納法は，理論の変化により想定されていた理論的存在者も変更されるから，たとえある仮説が最良の説明であってもその仮説が想定している理論的存在者の存在を信じるべきではないとする．たしかに，想定される理論的存在者は理論の変化により変わるが，理論の変化を注意深く分析すると，変化の中にも変わることがなかった数学的な構造があることがわかるかもしれない．構造的実在論者はこの点に訴えて，悲観的な推論を真剣に受け取っても，理論の変化の中でも変わらない数学的な構造があり，その構造に関しては実在論者であると主張する（Ladyman 1998 参照）．

　果たして，このような構造的実在論に似た主張をすることが，倫理学においても可能なのだろうか．我々の道徳観，倫理観の変遷を見てみると，たしかに歴史の中で大きく変わったところもあるが，ある一定時期から基本的には保たれている抽象的な原理も存在する．たとえば，カントの定言命法やミルの功利主義原理，ロスの一見自明の義務などは，それらが規範的にどのような優先順位を得るかを巡って大きな論争があるものの，基本的にはある程度見込みのあるものとして受け入れられている．これらの道徳原理は道徳に関する一種の抽

象的な構造を映し出しているのかもしれない．

　ここで言うところの構造を，一種のモデル（model）として考えてみよう．即ち，何かの構造とは，その何かのモデルによって示すことができるものであり，そのモデルとは，一般的な言葉で特徴づけられるその何かの仮想的な例を示すもの，として理解してみよう．ここで言うところのモデルとは，一般的な言葉で特徴づけられるものとされるから，何か固有の個物を表すものではなく，そのような個物のタイプを表すものとして理解することができる（Williamson 刊行予定）．たとえば，リンゴのモデルを示すことになった場合，リンゴが持つ特徴的な性質に訴えることになると思われるが，そこで示されるモデルは個々のリンゴの特徴ではなく，全てのリンゴが共通して持っているタイプとしてのリンゴの特徴ということになるだろう．

　倫理学の歴史を見てみると，道徳的な悪さや正しさといったもののモデルが変わらずに保たれていることがわかるかもしれない．道徳的な悪さを巡っては，古来より様々な議論がなされてきたわけだが，たとえば，そのどれもが，「何らかの形で自分や他者，環境などを害するもの」といった共通のモデルを持っていると考えることもできる．もしこのようなモデルがある程度適切なものであった場合，倫理学の歴史はこのモデルにさらなる内実を与え，精緻化を試みている歴史ということになる．ということは，倫理学の歴史において変わらずに想定されている道徳的な悪さの構造があるということになる．

　ここで示したものは倫理学における構造的実在論の粗描でしかないが，このように考えると科学哲学において構造的実在論者が展開しているものと類似的な議論が道徳においても可能であると考えることも無理筋ではないのかもしれない．また，このような倫理学における構造的実在論の可能性を考察することは，自然主義擁護の強化のためには重要なことであろう．科学的実在論を巡る論争において，ボイドは科学理論が想定している背景理論は近似的に真であると信じることができると主張しているが，このボイドの主張を巡って，様々な論争がある．たとえば，背景理論を真であるとすることはできないが，背景理論によって想定されている理論的存在者の中で他の現象に因果的な影響を及ぼしているように見えるものについては実在論的な態度を取ることができるという「対象実在論（entity realism）」という考えがある（Cartwright 1983, Hacking

1983, Clarke 2001).これと似たような主張が，理論論証に対しても投げかけられ得る．即ち，規範理論の背景理論の全てに対して実在論的な態度を取ることはできないが，背景理論から汲み取れるなんらかの想定に関しては，実在論的であれる，と考えることができる．倫理学における構造的実在論の可能性はまさにこのような試みの1つであるわけだが，理論論証が擁護を目指している背景理論の真理性をどこまで許容できるのかという問いはこのような反論が考えられることからも，重要な問題であることがわかる．

　さて，ここで注意したい点は，これらの反論を行うためには，我々が常識的に想定している一階理論ではなく，理論の伝統を追うことができる規範理論に着目する必要がある，という点である．上述した応答が悲観的帰納法に対して有効であるのは，ある規範理論の伝統が特定の理論構築の歴史を有しており，その理論構築の仕方に信頼性がおけることが，改訂作業を通しても共有されている背景理論や構造によって支持されるからである．理論論証が擁護を目指しているのは，まさにこの点である．つまり，ある理論構築の伝統において用いられている方法に信頼性をおけることを示そうとするところに，理論論証の強みがある．理論論証で擁護されるのは，用いられた規範理論が持つ背景理論の近似的真理性であった．ある規範理論を用いてその理論の背景理論の近似的真理性を擁護することは，そのような背景理論に訴える方法を採用しているその規範理論の理論構築の伝統そのものに信頼性があることを擁護することになる．本書では理論論証の概要を示すために，極度に単純化されたサンプル理論を用いて理論論証の擁護を試みたが，実際に倫理学史の中で理論構築が行われてきた規範理論を用いて理論論証の擁護を試みることも当然できるはずである．そのような規範理論を用いることになった場合，その理論の理論改訂の実際の歴史を見て，そこに本書で論じてきたような背景理論の想定といったことが見出せるのか，理論が保持する規範的命題から適切な形で経験的含意を引き出すことができるのか，問うことになる．このような仕方でその規範理論の理論構築の仕方を検討することで，この理論の伝統の中で変わらずに保持されている主張や道徳的性質に関する抽象的な構造を見つけることができるかもしれない．そのような発見が，本節で論じた悲観的帰納法への反論につながるということになる．

この応答を試みるためには，実際に哲学史の中で議論されてきた規範理論がどのように改訂されてきたのか，そしてそのような改訂作業の中でも変わらない理論的想定や構造があるのか，検討する必要がある．

一方，我々が常識的に持っている規範理論に訴える個別論証は，このような規範理論の歴史的な検討を射程に入れることはできないと思われる．常識的に持っている一階の考えの起源をたずねたところで，おそらくそれは我々が置かれている社会的な環境や，道徳に関する意図的な教育にその因を求めるしかないだろう[*1]．しかしそのようなことがわかったからといって，我々が抱く一階の考えの中にそれまでの倫理学の歴史の中で受け継がれてきた理論的な想定や構造があるかどうか明らかにすることはできない．つまり，ある特定の規範理論の伝統に着目し，その理論の伝統が持つ特徴について検討していくという理論論証の戦略を取らなければ，このような反論を試みることができないということである．

このように考えてくると，ここで試みた悲観的帰納法への反論が本書で試みた理論論証の擁護が未完成であることがわかってくる．それは，この反論が，本書で試みたような規範理論に関する思考実験ではなく，実際の倫理学の歴史を検討してその発展の仕方が漸進的なものであることを示すことを，もしくは，細分化された現代の倫理学においても過去の理論からの漸進的な要素を見出せることを要求しているからである．前者については，倫理学の歴史を漸進的に捉えようとする哲学史研究者も存在するが[*2]，果たしてそのような倫理学の理解が適切なものであるかどうか，さらなる探求が必要だろう．

8.5　規範性からの反論への応答

(8.3) と (8.4) で論じたことは，第3章の (3.3.2) や (3.3.3) で指摘した道徳に関する実在論的な説明を与えることへの反論に応えるものだった．次に検討する問題は，たとえ自然主義者が実在論的な説明を与えることに成功したとし

[*1] この想定は，哲学者による規範理論の構築は社会一般の倫理・道徳に関する考えにそれほど影響を与えてこなかった，との歴史的想定によって支えられている．

[*2] 近年では (Irwin 2007, 2008, 2009) がその代表格と言えるだろう．

8.5 規範性からの反論への応答

ても,それが必ずしも自然主義の擁護にはつながらない,という反論である.この種の反論の代表的なものが,第3章(3.3.4)で指摘した「規範性からの反論」である.(3.3.4)で指摘したように,規範性からの反論は自然主義に対して様々な形で向けられているが,本書では特に説明的論証を標準に定めているモーガンの議論について(Morgan 2006),詳しく検討していく.

(3.3.4)で紹介したモーガンの反論を振り返ってみよう.モーガンの議論は,もし説明的論証を用いて道徳的実在論を擁護することができるのであれば,道徳の規範とは衝突する規範を示す自己中心的な価値に関する実在論も擁護できてしまう,というものだった.このモーガンの議論は以下の論証として理解することができる[*3].

≪モーガンの論証≫
(1) 説明的論証によって道徳的実在論は擁護できる【背理法のための仮定】.
(2) もし説明的論証によって道徳的実在論が擁護できるのであれば,自己中心性の実在論も説明的論証によって擁護することができる.
(3) 道徳的実在論の適切な擁護は,自己中心性の実在論の否定を含む.
∴(故に)(4) 説明的論証によって道徳的実在論を擁護することができない【(2),(3)背理法】.

(2)について簡単に確認しておこう.モーガンは,道徳的性質の説明能力に訴えてその存在を擁護することができるのであれば,道徳とは相いれない価値に関する実在論(以下,「自己中心性の実在論」と表記)を擁護することができてしまうと主張する.たとえば,「自己中心的になることは美徳の1つだ」という主張に関して考えてみよう.自己中心的な性格は通常道徳的に推奨されるものではない.しかし,支配体制がほころび始めた革命前夜のフランスにおいてであれば,旧体制を守りたかった支配層にはより一層強く自己中心的になる理由があったと考えることができる.つまり,そのような支配層にとって自己中心的になることは一種の美徳であり,さらに,このような美徳が失われたこと

[*3] モーガンは自身の議論をこのような背理法として与えているわけではないが,筆者は彼の議論は以下のような形式をとるものであると理解している.

が，フランス革命が起こった1つの原因であると考えることもできる．自己中心性を美徳として想定し，それが失われたことによって革命が起こったとの説明が，(3.1.3) で論じたような「メカニズム」，「包括性」といった，ある程度の説明的利点を備えていたと想定すると，我々はこのような自己中心性という美徳の存在を認めなければならないということになる．

だがこの結論は道徳的実在論の観点から見ると受け入れ難いものに見える．このことを指摘しているのが上の論証の(3)である．もしある論証によって道徳的実在論を擁護することができたのであれば，その論証はどのような人にも道徳的になる理由があることを示すと思われる．これは，自己中心性の実在論の否定を意味する．自己中心性の実在論が真であるということになった場合，少なくともある特定の心的状態を有するものにとっては，自己中心的であるべき理由があるということになる．道徳的実在論はこのような可能性を否定する立場に思える．

(2)と(3)は説明的論証による道徳的実在論が擁護適切なものではないことを含意している．道徳的実在論は自己中心性の実在論を否定しなければならないのに，前者を擁護する論証が後者も擁護してしまうという事態になった場合，この論証は適切なものではないということになってしまうだろう．つまり，(4)という結論にたどり着く．

さて，理論論証の擁護者はこの《モーガンの論証》に対してどのような反論を加えることができるのだろうか．

理論論証は説明的論証の重要な前提の擁護のための論証であるから，説明的論証によって道徳的実在論の一種である自然主義を擁護するという方針に変更を加えるわけにはいかない．だから最初の前提である(1)を否定することはできない．

それでは2つ目の前提である(2)に関してはどうか．(2)については次のような形で疑義を向けることができる．モーガンは(2)を真と見なしているが，モーガンのこの前提は個別論証を論拠としている．つまり，モーガンは説明的論証によって道徳的実在論が擁護されるということを，個別論証による擁護と見なしている．だが，本書で示した理論論証が見込みのあるものであり，かつ，個別論証は本書第3章で示した問題のために擁護が難しいものであると想定する

8.5 規範性からの反論への応答 221

と，(1)が真であったとしても，道徳的実在論は個別論証ではなく理論論証によって擁護される可能性が出てくる．この可能性を考えた場合，≪モーガンの論証≫が理論論証に有効に働くには，(2)は次のように理解されなければならない．

(2#) もし理論論証の論証図式によって道徳的実在論が擁護できるのであれば，自己中心性の実在論も理論論証と同じ論証図式によって擁護することができる．

さて，自己中心性の実在論を理論論証の論証図式によって擁護することができるのだろうか．これについては，自己中心性を説明的利点とする理論がどのような主張から成り立つものであるのか明確にし，是非を問う必要がある．

≪モーガンの論証≫が想定している自己中心性に関する理論によると，ある特定の心的状態を持つ人たちには道徳的に問題がある行為を推奨することができるということになる．となると，少なくとも次のような原理をこの理論は想定していると考えられる．

≪実質的な自己中心性の原理≫
もし自己中心的になることがその人の福利に大きく貢献するのであれば，その人は自己中心的な性格を持ち，振る舞いをするべきである．

さて，この≪実質的な自己中心性の原理≫だけでは理論論証は擁護できない．理論論証を擁護するためには，少なくともこの主張に他の背景的な主張や考えが附与され，それにより，規範理論が持つべき説明的な側面，記述的な側面，行為指導的な側面を併せ持つ必要がある．というのも，理論論証が射程にいれているのはあくまで規範理論であり，個別の規範的主張ではないからである．

≪実質的な自己中心性の原理≫は行為指導的ではあるが，この原理がなぜ正しいものと言えるのか，この原理だけでは説明できない．この原理を説明し，正当化するものとして，福利に関する何らかの考えが与えられる必要があることが予想される．それは，≪実質的な自己中心性の原理≫は，行為者の福利の増進に訴えて，自己中心的になるべき規範の正当性を主張しているからである．

だが，果たして≪実質的な自己中心性の原理≫の正当化の役割を果たす福利に関する理論を示すことができるのだろうか．そのような福利に関する説を示すことは難しいように思える．それは，福利に関するどのような理論も，通常，道徳的な考慮を持ち合わせているからである．
　次のような快楽説について考えてみよう．

≪快楽説≫
xの福利が増進するのは，xが快楽を得た時，もしくは，xの快楽が増加した時，このどちらかの場合のみである．

　このような≪快楽説≫が与えられた場合，≪実質的な自己中心性の原理≫の正当化が可能なようにも見える．もしタロウが自己中心的になることで彼の快楽が増大するのであれば，それは彼の福利が増進するということであるから，タロウはそのような性格を持ち，振る舞う理由があるということになるように思える．
　だが，≪快楽説≫が≪実質的な自己中心性の原理≫をこのような形で正当化することには以下の2つの問題がある．
　1つ目は，たとえ≪快楽説≫が正しかったとしても，この世界で自身の快楽を最も増大させる方法が自己中心的になることであるかどうかは不明確であり，≪快楽説≫が≪実質的な自己中心性の原理≫の擁護につながるとは限らないという点である．むしろ常識的に考えれば，自己中心的にはならずに他者と協調的な関係を築き，社会の中で良好な人間関係を結んでいく方が，様々な形で自身の身体的，精神的快楽を増加させる機会が増えることが予想できる．自己中心的な性格になった場合にどれほど快楽を増幅させることができるかは実際に社会の中でそのように振る舞い生きてみなければわからないが，それがむしろ快楽の低下につながる可能性があることは，≪快楽説≫が≪実質的な自己中心性の原理≫の擁護とならない理由になる．
　2つ目は，福利に関する理論として提案されている≪快楽説≫は以下のような前提を持ち合わせていることが予想できる点である．

8.5 規範性からの反論への応答

≪福利と道徳≫
x が自身の福利を増進させた場合に x 以外の人たちの福利が著しく害される場合，x は自身の福利を増大させてはならない．

≪福利と道徳≫はどのような福利理論も前提にすると思われる考えである．それは，以下の2つの福利に関する考えから導き出される．

≪福利と常識≫
福利理論が示す福利の本性は，人々が実際に使用している「福利」という概念からあまりにもかけ離れたものであってはならない．

≪福利と道徳に関する経験的知見≫
我々は以下のような傾向性を持っている：ある2人の人物がいたとして，両者が人生で得ているもの（人間関係，社会的地位，資産など）は全く同じだが，一方は道徳的に問題のある方法（他者を騙す，搾取など）でそれらを得ていて，他方はそのような方法をとらなかった場合，我々は道徳的に問題がある人よりも問題のない人の人生をより幸福な人生であると評価する

　≪福利と常識≫については否定することが難しい．というのも，ある人の福利・幸福とは，その人自身が持つその人自身のための良さ・善であるから，福利理論が示す福利の本性が，我々が常識的に運用している「福利」「幸福」の概念からかけ離れたものであった場合，受け入れることができないということになるだろう（Annas 1993, p. 453, Sumner 1996, p. 10, Tiberius 2013, p. 222）．
　そして，≪福利と道徳に関する経験的知見≫は，我々が実際にどのような「福利」「幸福」という概念を使用しているのか示唆する経験的知見である（Tiberius 2013, p. 221）．≪福利と常識≫と≪福利と道徳に関する経験的知見≫から，≪福利と道徳≫が導き出される．
　さて，もし福利に関する説として≪快楽説≫を受け入れることが≪福利と道徳≫の受け入れも含意しているとすると，≪快楽説≫は≪実質的な自己中心性の原理≫を擁護することはできない．それは，≪福利と道徳≫が≪実質的な自

己中心性の原理≫と衝突するからである．≪福利と道徳≫は他者の福利を著しく害する自己中心的な振る舞いを禁じているが，これは≪実質的な自己中心性の原理≫を真っ向から否定することを意味する．

このように考えてくると，≪モーガンの論証≫の前提(2)を擁護することには困難が伴っていることがわかる．福利に訴える≪モーガンの論証≫への上の応答に対して，福利などには訴えない形で≪実質的な自己中心性の原理≫に似た道徳を否定する原理を中心に据えた理論を構築することができるとの再反論があるかもしれない．だが，そのような反論が示された場合でも，その理論を丁寧に検討し，それが規範理論としての性格を持つものなのか，そして，その規範理論に実在論的な説明を与えることができるのか，検討する必要がある．

第3章（3.3.4）で述べたように，規範性からの反論は自然主義的なメタ倫理学説に対してしばしば向けられるものである．自然主義擁護をさらに強固にするためには，道徳の規範性に訴えるこの一連の反論に対してどのような応答が可能なのか，検討していく必要がある．それには，それぞれ異なる形態を持つ規範性からの反論について本節で行ったような詳細な検討を行っていく必要があるだろう．本節で試みた≪モーガンの論証≫への反論は，そのような自然主義の強固な擁護に向けた嚆矢である．

8.6 本章のまとめ

本章では理論論証に向けられる様々な哲学的反論を検討し，理論論証を土台にしてそれらに対する応答を試みた．それぞれの反論について，さらなる再反論も考えられるが，ひとまずは，理論論証に依拠してこれらの反論を退ける方途を示すことができた．

本章で試みた応答の中には，個別論証ではなく理論論証を提示することで初めて自然主義者が採用することができる戦略も含まれていた．このことは，理論論証が自然主義擁護のための論証として持つ重要性をさらに明確に示している．

第9章　自然主義のさらなる強固な擁護にむけて

　第1章の冒頭で，筆者は次のような規範理論と科学理論の類似に関する主張を提示した．

≪規範倫理学と経験科学の類似性≫
倫理学の一階理論である規範倫理理論と科学理論には類似する特徴があり，その特徴によって，規範倫理理論は漸進的な進歩を遂げることができる．

　本書ではこの主張を擁護するために，現代メタ倫理学の中で盛んに議論の対象となってきた道徳的実在論の一種である自然主義の擁護の試みに着目し，その擁護のための主な論証である説明的論証の擁護を試みた．その中で，説明的論証の擁護のための戦略として，従来のメタ倫理学における論争の中で論じられてきた個別論証と，ボイドが提示しながらそれほど現代の論争の中で論じられてこなかった理論論証の2種があることを示した．そして，後者の理論論証をより見込みのある戦略として注目し，この戦略に沿って説明的論証の擁護に努めた．
　理論論証の擁護にあたり筆者が本書で問うたことは，規範理論がどのような仕方で科学理論が持つ経験的信頼性と背景理論の想定を持ち得るのか，そして，そのような特徴にどのように実在論的な説明を与えることができるのか，という点であった．本書で筆者は，規範理論は科学と類似する特徴を持つことができ，それに実在論的な説明を与えることができる，との主張の擁護を試みたわけだが，これは，規範理論も科学理論と同様に漸進的な進歩を遂げることができるという主張への直接的な擁護でもあった．それは，理論論証が示そうとしていることは，規範理論も背景理論を想定してさらなる正確な仮説を提示することができるということであり，このことは，倫理学の一階理論である規範理論が漸進的に進歩していくことができることを示唆するからである．

本書を閉じるにあたり，本章では理論論証に立脚した自然主義のさらなる擁護に向けて今後どのような研究が考えられるのか，簡単に概観していく．

9.1 理論パッケージを巡るさらなる探求

まず本書で検討しきれなかった点として，ボイドのもともとの提案の中に含まれていた，実在論的な理論パッケージに訴えて自然主義の擁護をより強固なものにしていく戦略が挙げられる．ボイドは道徳を実在論的に理解することによって得られる理論パッケージが，反実在論的な理解が受け入れねばならない理論パッケージよりも優れたものであるという議論を展開したが，実在論的な理論パッケージに入るとされる哲学的な諸理論について，さらなる研究が要請されるだろう．

たとえば，自然主義者の理論パッケージの中に入る道徳的性質を特徴づける形而上学的な理論がどのようなものになるのか，さらなる研究の余地があるだろう．第4章（4.3.4）で言及したように，ボイドが示した道徳語の意味論については，これまで様々に論じられてきたが，彼が示した道徳的性質の形而上学的な理論の是非を巡る論争はそれほど行われてきていない．ボイドの示した提案は，道徳的性質を一種の自然種（natural kind）として理解するという，興味深いものであるが，自然主義の擁護者はこの主張がどれほど見込みのあるものなのか詳細な検討を行う必要があるだろう．この検討は，性質一般や性質の例化，また自然的性質の特徴づけに関する形而上学や科学哲学の知見を参照しながら進める分野横断的なものになることが見込まれる．道徳的性質をプラトン的な普遍者として理解するのか，それとも一種のトロープとして理解するべきなのか，といった形而上学的な問いは意外ではあるがこれまでそれほどメタ倫理学において研究の蓄積がない．このような研究動向を鑑みても，自然主義者がボイドの提案をどこまで継承・発展できるのか，検討することは価値のある研究となるだろう．

9.2 メタ倫理学と規範倫理学の関係に関するメタ・メタ倫理学的探究

　また，本書はメタ倫理学における探究と規範倫理学における探究は相互に影響しあう関係であることを示したが，この点についてもボイドの理論パッケージに関する主張と関連させたさらなる研究が可能かもしれない．ボイドのもともとの主張は，もし彼が提示した帰結主義的な規範理論が実在論的に理解された場合，様々な実在論的な哲学諸理論を受け入れることができるというものだった．このことが示唆することは，規範倫理学における論争を進める1つの方法として，異なる規範理論が受け入れることができる哲学的諸理論を検討し，その比較によってどちらがより見込みのある規範理論なのか判定していくという方法が考えられる．たとえば，第6章で言及したように，ある一部の規範理論は道徳的主張をア・プリオリな仕方で正当化することを想定している．このような想定は認識論におけるア・プリオリ性を巡る議論と照らし合わせて考えてみると，どこまで擁護可能なものと言えるのだろうか．そのような探求の中で，一部の規範理論において想定されているア・プリオリ性が，認識論において擁護可能とされるア・プリオリ性とは異なるものであることが明らかにされ，規範理論が想定しているア・プリオリ性は不適切なものであるという議論を展開することも考えられる．

　また，本書は様々な形で規範理論の経験的信頼性を問うことができることを示したが，このことに立脚して，経験的知見に訴えて異なる規範理論の適切さを検討していくことができるかもしれない．徳倫理について考えてみよう．徳倫理理論はハーストハウス（Rosalind Husthouse, 1999）に代表されるようにアリストテレス的な枠組みを持つ場合が多いが，スワントン（Christine Swanton, 2015）が提案するような非アリストテレス的な徳倫理理論も近年注目を集めている．この異なる徳倫理理論のそれぞれの適切さを量る1つの方法として，それぞれの理論の経験的信頼性を問うという戦略が考えられる．徳倫理理論は一般的に人間の感情に関する傾向性などにも訴えて理論構築が行われる．この点に着目して，一方の理論が想定している人間の感情の傾向性が心理学の知見からみると現実的なものではなく，他の理論が想定している人間の心理の方がよ

り心理学で得られている知見と合致することを明らかにしていくことで，どちらの理論の方がより適切なものなのか知ることができるかもしれない[*1]．

これらの研究はメタ倫理学と規範倫理学の関係について大きな示唆を与えることになる．第8章（8.2）で述べたように，メタ倫理学的な探求は規範倫理学的な探求に対してある程度中立であると伝統的には考えられていた．しかし，本書で示したことや，本章で言及した今後のさらなる研究について考えると，メタ倫理学と規範倫理学は従来考えられていたよりもより密接な関係にあることが伺える．

果たして，メタ倫理学と規範倫理学は適切な形で住み分けを行うことができる学問分野なのだろうか．それとも，どちらの問いを問題にするにしても，結局は他方の問いも問題にせねばならないということになるのだろうか．

このような問いは，メタ・メタ倫理学的な問い（meta-metaethical）とも呼ぶことができる問いである[*2]．たとえば，メタ倫理学が行っていることはつまるところ規範倫理学が行っている行為の悪さや正しさの探究の延長線上にあるものであり，両者の間に厳密な区別はないと考えることもできる．しかしこのように考えた場合，抽象的な問いばかりを問題にするメタ倫理学的な探求は行為の悪さや正しさの探究にそれほど役立たないものであるから価値のない探究であり，行う必要がないという，メタ倫理学の脅威となる結論に行き着く可能性もある（Dworkin 1996）．一方で，メタ倫理学は道徳的信念の正当化や道徳的意見の不一致に関する説明などを示すことによって，規範倫理学に間接的な影響を与えるものであり，規範倫理学を適切に進めるためにもメタ倫理学的な探求は必要であるとの見解も考えられる（Bloomfield 2009b）．規範倫理学とメタ倫理学が密接な関係にあること示す理論論証に訴えて自然主義の擁護を目指す場合は，このようなメタ・メタ倫理学的な問題についても検討していく必要があると思われる．

[*1] 実際にこのような経験的知見に訴えて規範理論の適切さを量るという戦略が見込みのあるものであることをスワントンは著者との個人的な会話の中で示唆していた．
[*2] デラップ（Kevin DeLapp, 2013, p. 6）は 'meta-metaethics' という言葉を用いている．

9.3 道徳心理学との関連性

　本書で擁護を試みた自然主義的なメタ倫理学説は，倫理学の一階理論が他の経験科学と同様の経験的な方法によって漸進的に発展するという考えを持つ．この考えをさらに擁護し得る近年の研究動向に，道徳心理学（moral psychology）と呼ばれる研究分野を挙げることができる．

　理論論証の擁護のために，本書は倫理学の一階理論である規範理論が持つ経験的含意をいくつか提示した．たとえば，第5章においては帰結主義理論や徳倫理理論が持つ経験的含意について，第6章では義務論的な規範理論が持つ経験的含意について考察した．その多くは人間の心理に関する経験的含意であった．たとえば帰結主義理論の含意の1つには良心に関する含意が挙げられており，義務論的な理論の含意の1つも道徳判断に関するものであった．

　本書では，これらの経験的含意を実際に関係する諸科学における知見に照らして確証するという作業は，それほど行うことができなかった．しかし，本書で提示した自然主義的なメタ倫理学説が正しいものであった場合，規範理論がどれほど経験的信頼性を持つか否かという点も，規範倫理学における重要な争点になるということになる．

　このような規範倫理学の経験的考察を実質的なものにするのが，近年の道徳心理学における議論や知見であろう．たとえば，プリンツとニコラスは西洋哲学の伝統の中で論じられてきた規範理論はどのようなものであっても感情に関する何らかの含意を持っていることを指摘し，心理学や文化人類学における知見が規範理論の想定している感情に関する考えとどのように一致するのか，または一致しないのか，検討している（Prinz & Nicholas 2010）．一方で，ノーブとドリスは，近年盛んに行われている責任概念を巡る経験的知見に訴えて，全てのケースに適応可能な「責任原理」と呼べるようなものは擁護が困難であるという考えを提示している（Knobe & Doris 2010）．

　道徳心理に関する経験的な知見に訴えて規範理論の構築を目指す動きは近年他にも様々に見受けられる[*3]．このような研究動向によってそれぞれの規範理

[*3] たとえば，福利論の分野においてはハイブロンやティベリウスは経験的知見を参照にしながら

論が想定している経験的含意が実際に確証され，より高い経験的信頼性を持つ規範理論が構築されていった場合，本書で擁護を試みた自然主義的なメタ倫理観が大枠で正しかったことの証左となる．既にそのような研究動向が見られることは，自然主義的なメタ倫理学説の正しさを支持する下地が出来上がりつつあることを示している．

9.4　本章のまとめ

　これらの倫理に関するさらなる探求は，自然主義のさらなる強固な擁護につながり得るものだが，これらの探究が必ずしも自然主義の擁護につながるとは限らない．

　たとえば，規範倫理学を実質的に進めるためには規範倫理学が示す道徳的性質の形而上学的な地位を問うことが必要であり，実際にそのような探求が行われた結果，道徳的性質が自然世界の中でどのように位置付けられるのか，他の自然的性質とどのような関係になるのか，より明確な記述が与えられることになるかもしれない．このような形而上学的な探求は，自然主義のさらなる強固な擁護につながる．逆に，道徳的性質の形而上学的な探求を進めた結果，そのようなものはやはりこの世界には例化され得ないものであることが明らかになり，自然主義は根本的に誤った説であるとされることも考えられる．方法論的自然主義を標榜する自然主義者はこのどちらの可能性も認めなければならない．

　道徳心理学における探究についても，この分野の探究が自然主義を強固なものにする場合も，自然主義に対する反論となる場合も，どちらも考えられる．責任概念を巡る経験的な探求が進み，ノーブやドリスが指摘するように我々が責任に関して判断を下す事例全てに共通の特徴がないことが示されたとしよう．この結論は，伝統的に責任に関する規範理論が想定していた責任という性質が実は例化されていなかったことを示す証拠になり，そのことにより責任と

福利に関する理論の構築を試みている（Haybron 2005, 2008, Tiberius 2004, 2013）．また，ドリスによる最近の道徳心理学についての論文集には，哲学者・科学者双方からの寄稿がある（Doris 2010）．

9.4 本章のまとめ

いう性質は例化されない性質であるという結論が擁護され得る．反対に，責任概念に関する経験的な探求がさらに進み，責任の帰属が示される判断が下される事例全てに共通の特徴や構造が明らかになる可能性もある．これは，責任という道徳的性質の内実が経験的方法によって明らかになるということである．

　方法論的自然主義を標榜する限り，これからの倫理に関する探究が自然主義を支持する可能性も，否定する可能性も，どちらも認めなければならない．だが，現段階では次の2つの考えを受け入れることができる．

①本書で示された理論論証は自然主義擁護のためのある程度説得的な論証である．
②さらなる倫理の探究が自然主義擁護を強固なものにする可能性がある．

　この2つの考えから，自然主義は擁護可能な説であり，現在の我々にはそれを真であると信じるいくつかの理由が与えられている，と結論することができる．

あとがき

　私の哲学の教師の一人であったある方がかつて「哲学はグループワークである」と教えて下さった．哲学という学問は部屋に籠って1人で考え込むものというイメージを持っていた私はこの言葉に大きな刺激を頂いた．大学院に入って哲学の研究に従事するようになってから既に10年以上が経過しているが，私の研究は様々な方々とのグループワークと呼ぶことのできる学問的な交流によって支えられてきた．

　本書は筆者が2012年にカーディフ大学に提出した学位論文の研究を基盤として，筆者なりにそれを深化・発展させようと試みたものである．このことから，本書は筆者の博士課程時を支えて下さった方々のご助力があって完成したものということになる．その意味において，カーディフ大学での博士課程時のスーパーヴァイザー（supervisor）であるニコラス・シャケル先生に深く感謝申し上げる．先生には哲学的に物事を考え，議論・論証を組み立てていく基礎を，様々な形で教えて頂いた．カーディフやオックスフォードで大学周辺の公園を歩きながら，哲学万般に渡って先生と議論させて頂いたことは，哲学研究者としての筆者の生涯の基礎となるものである．改めて心よりの感謝を申し上げる．

　本書の草稿を多くの研究者の方々が読んで下さり，コメントを寄せてくださった．特に，谷川卓，笠木雅史，佐藤岳詩，杉本俊介，永守伸年の各氏は，お忙しい中原稿を読んで下さり，大変に有益なコメントを寄せてくださった．各氏に深く感謝申し上げる．また，本書の一部は，筆者が『法と哲学』第2巻で発表した「自然主義的道徳的実在論擁護のための2つの戦略」を大幅に加筆・修正したものである．本書への収録を許可してくださった『法と哲学』の責任編者である井上達夫先生と信山社に感謝申し上げると共に，論文について大変に有益なコメントを寄せて下さった吉良貴之，永守伸年の御両名，そして査読の労をとってくださった匿名査読者に深く感謝申し上げる．

本書の部分的な内容はいくつかの学会，研究会，勉強会で発表し，それぞれの場所で参加者から有益なコメントを頂いた．その中でも特に，2011 年 7 月にニュージーランド・オークランド大学で行われた Naturalisms in Ethics Conference においてはクリスティン・スワントン氏 (Christine Swanton)，チャールズ・ピグドン氏 (Charles Pigden)，ニール・シンハババブ氏（Neil Sinhababu）より，第 47 回日本科学哲学会年次大会においては戸田山和久，秋葉剛史，渡辺一暁の各氏より，2014 年末の創価大学での哲学研究会においてはお忙しい中足を運んで下さった学部時代の指導教員である石神豊先生，会を主催して下さった伊藤貴雄氏，ゼミの先輩でもある柳沼正広氏より，また 2015 年 6 月の日吉哲学倫理学研究会においては森庸，成田和信，弓削隆一，吉沢文武，水野俊誠，北村直彰の各氏より，様々に有益なご指摘・コメントを頂いた．この場を借りて感謝申し上げる．

このように様々な方々が本書の草稿についてご意見を下さった．頂いた御指摘の一部は本稿に反映されているが，当然，その全てに十分に応えることはできていない．本書の問題点や十分に議論が尽くされていない点については，今後のさらなる研究課題とさせて頂きたい．

本書の出版は，勁草書房の山田政弘氏が私の本の企画書を見てくださり，山田氏を通じて分析哲学関係の出版の担当者である渡邊光氏が企画書を検討してくださったことに起因している．まだ駆け出しの私が作成した本の企画書に，期待も込めて，真剣に取り組んでくださった渡邊氏と，この縁をとりもって下さった山田氏がいなければ，この本が出版されることはなかった．両氏に心より感謝申し上げる．

私の恩師はかつてゲーテの「人間が一人でいるというのは，よくないことだ」「ことに一人で仕事をするのはよくない．むしろ何事かをなしとげようと思ったら，他人の協力と刺激が必要だ」との言葉を通して，厳しい批評にさらされてはじめて真に価値ある仕事ができると教えて下さった．今後も学の探究という志を共有する方々との対話を通して，本書への厳しい批判とそれに対する応答も含めて，哲学の研究を進めていければと念願している．

最後に，本書の完成に際し，妻である蝶名林久世に深く感謝する．私にとって妻は最も大事な，そして厄介な論敵である．彼女に説得力のある論証を与え

なければ，様々な形で私の人生は支障を来す．彼女は徹底して整合性を求めるから，私が発する言葉についてだけではなく，言行に不一致が見られた場合でも，手厳しい反論を私に与える．哲学の研究を志す私が彼女と夫婦としてやっていけることは，真の良妻を得たという意味で，ソクラテスがクサンティッペと人生を過ごすことができたことと同じほどしあわせなことなのだと思う．この本の各所が示している通り，私はまだ妻が求める整合性を行為・言動の双方において示すことができていないが，そのような私と共に生きることを選択してくれたことに深く感謝しつつ，今後も全てにおいて，整合性を求めて努力していくことをここに誓う．

2016 年 8 月 3 日

八王子にて　　　　　　　　　　　　　　　　　　　　　　　　　蝶名林　亮

文献一覧

Alexander, L. & Moore, M. Deontological Ethics. in Zalta, E. (ed.), *Stanford Encyclopedia of Philosophy*, http://plato.stanford.edu/entries/ethics-deontological/ (accessed03/08/2016)

Anderson, E. 1991. John Stuart Mill and Experiments in Living. *Ethics* vol. 102, pp. 4-26.

Audi, R. 1997. *Moral Knowledge and Ethical Character*. Oxford: Oxford University Press.

Audi, R. 2007. *Moral Value and Human Diversity*. Oxford: Oxford University Press

Ayer, A. J. 1936. *Language, Truth and Logic*. London: Penguin. 〔吉田夏彦（訳）『言語・真理・論理』岩波現代叢書，1955年〕

Bird, A. 1998. *Philosophy of Science*. London: Routledge.

Bechtel, W. 2011. Mechanism and Biological Explanation. *Philosophy of Science* vol. 78, pp. 533-557.

Bechtel, W. & Abrahamsen, A. 2005. Explanation: a mechanist alternative. *Studies in History and Philosophy of Biological and Biomedical Sciences* vol. 36, pp. 421-441.

Blackburn, S. 1984. *Spreading the Word*. Oxford: Oxford University Press.

Blackburn, S. 1993. *Essays in Quasi-Realism*. Oxford: Oxford University Press.

Bloomfield, P. 2001. *Moral Reality*. Oxford: Oxford University Press.

Bloomfield, P. 2009a. Moral Realism and Program Explanation: A Very Short Symposium 2: Reply to Miller. *Australasian Journal of Philosophy* 87, pp. 343-344.

Bloomfield 2009b. Archimedeanism and Why Metaethics Matters. in Shafer-Landau, R. (ed.), *Oxford Studies in Metaethics* vol. 4, pp. 283-302.

BonJour, L. 1999. Coherence theory of truth. in Audi, R. (ed.), *Cambridge Dictionary of Philosophy* (second edition). Cambridge: Cambridge University Press, pp. 153-154.

Boyd, R. 1980. Scientific Realism and Naturalistic Epistemology. *PSA: Proceedings of the Biennial Meeting of the Philosophy of Science Association 1980*, pp. 613-662.

Boyd, R. 1983. On the Current Status of Scientific Realism. *Erkenntnis* 19, pp. 45-90.

Boyd, R. 1988. How to Be a Moral Realist. in Sayre-McCord, G. (ed.), *Essays on Mor-*

al Realism. Ithaca, N.Y: Cornell University Press, pp. 181-228.

Boyd, R. 1990. Realism, approximate truth, and philosophical method. in Savage, C. (ed.), *Scientific Theories*. Minnesota: University of Minnesota Press, pp. 355-391.

Boyd, R. 2002. Scientific Realism. in Zalta, E. (ed.), *Stanford Encyclopedia of Philosophy*, http://plato.stanford.edu/archives/sum2010/entries/scientific-realism/#Two-ExpStrForDefRea (accessed 06/02/2016)

Boyd, R. 2003. Finite Beings, Finite Goods: The Semantics, Metaphysics and Ethics of Naturalistic Consequentialism, Part I. *Philosophy and Phenomenological Research* vol. 66, pp. 505-553.

Braddon-Mitchell, D & Nola, R. (eds.), 2009. *Conceptual Analysis and Philosophical Naturalism*. Cambridge, Mass: The MIT Press

Brink, D. 1984. Moral Realism and the Sceptical Arguments from Disagreement and Queerness. *Australasian Journal of Philosophy* 62 (2), pp. 111-125.

Brink, D. 1989. *Moral Realism and the Foundations of Ethics*. Cambridge: Cambridge University Press.

Brink, D. 2001. Realism, Naturalism, and Moral Semantics. *Social Philosophy and Policy* 18, pp. 154-176.

Brownlee, K. 2013. A Human Right Against Social Deprivation. *The Philosophical Quarterly vol. 63, pp. 199-222.*

Bunge, M. 1997. Mechanism and Explanation. *Philosophy of the Social Sciences* vol. 27, pp. 410-465.

Cartwright, N. 1983. *How the Laws of Physics Lie*. Oxford: Oxford University Press.

Chen, S. et al. 1996. Getting at the truth or getting along: Accuracy - versus impression -motivated heuristic and systematic processing. *Journal of Personality and Social Psychology* 71, pp. 262-275.

蝶名林亮, 2015.「道徳的個別主義を巡る論争――近年の動向」*Contemporary and Applied Philosophy* vol. 6, pp. 1001-1026.

蝶名林亮, 2016.「自然主義的道徳的実在論擁護のための2つの戦略」『法と哲学』第2号, pp. 87-146.

Clarke, S. 2001. Defensible Territory for Entity Realism. *British Journal of Philosophy of Science* vol. 52, pp. 701-722.

Collins, R. 2000. Reflexivity and Social Embeddedness in the History of Ethical Philosophies. in Kusch, M. (ed.), *The Sociology of Philosophical Knowledge*. Berlin:

Springer, pp. 155-178.

Cooper, J. 2007. *Cognitive Dissonance: Fifty Years of a Classic Theory*. London: Sage Publications.

Copp, D. 2007. *Morality in a Natural World*. Cambridge: Cambridge University Press.

Copp, D. 2008. Darwinian Skepticism about Moral Realism. *Philosophical Papers* vol. 18, pp. 186-206.

Dancy, J. 2006. Nonnaturalism. in Copp, D (ed.), *Oxford Handbook of Ethical Theory*. Oxford: Oxford University Press, pp. 122-145.

Dancy, J. 2013. Meta-Ethics in the Twentieth Century. in Beaney, M. (ed.), *The Oxford Handbook of the History of Analytic Philosophy*. Oxford: Oxford University Press, pp. 729-749.

Darwall, S. et al. 1992. Toward *Fin de siècle* Ethics: Some Trends. *The Philosophical Review* 101 (1), pp. 115-189.

Darwall, S. 2006. How Should Ethics Relate to (the Rest of) Philosophy? in Horgan, T & Timmons, M. (eds.), *Metaethics after Moore*. Oxford: Oxford University Press, pp. 17-38.

DeLapp, K. 2013. *Moral Realism*. London: Bloomsbury.

Diener, E. & Seligman, M. 2004. Beyond Money: Toward an Economy of Well-Being. *Psychological Science in the Public Interest* 5/1, pp. 1-31.

Doris, J. 2002. *Lack of Character: Personality and Moral Behaviour*. Cambridge Cambridge University Press.

Doris, J & Plakias, A. 2008. How to Argue About Disagreement. in Sinnot-Armstrong, W. (ed.), *Moral Psychology vol. 2*. Massachusetts: The MIT Press, pp. 303-331.

Doris, J. (ed.) 2010. *Moral Psychology Handbook*. Oxford: Oxford University Press.

Dworkin, R. 1996. Objectivity and Truth: You'd Better Believe It. *Philosophy and Public Affairs vol. 25, pp. 87-139.*

Dowell, J. (刊行予定). The Metaethical Insignificance of Moral Twin Earth. in Shafer-Landau, R. (ed.), *Oxford Studies in Metaethics*, vol. 11.

Dowell, J. and Sobel, D. (刊行予定). Advice for Non-Analytic Naturalists. in Kirchin, S. (ed.), *Reading Parfit*. London: Routledge.

Dreier, J. 2002. Meta-Ethics and Normative Commitment. *Philosophical Issues* vol. 12, pp. 241-263.

Ellis, B. 1990. *Truth and Objectivity*. Oxford: Basic Blackwell Ltd.

Enoch, D. 2011. *Taking Morality Seriously*. Oxford: Oxford University Press.

Fantl, J. 2006. Is Metaethics Morally Neutral? *Pacific Philosophical Quarterly* vol. 87, pp. 24-44.

Feldman, F. 2005. The Open Question Argument: What It Isn't; and What It Is. *Philosophical Issues* vol. 15, pp. 22-43.

Field, H. 2000. Apriority as an Evaluative Notion. in Boghossian, P & Peacocke, C. (eds.), *New Essays on the A Priori*. Oxford: Clarendon Press, pp. 117-149.

FitzPatrick, W. 2008. Robust Ethical Realism, Non-Naturalism, and Normativity. in Shafer-Landau, R. (ed.), *Oxford Studies in Metaethics* vol. 3, Oxford: Oxford University Press, pp. 159-206.

Frankena, W. K. 1963. *Ethics*. Englewood Cliffs: Prentice Hall. 〔杖下隆英（訳）『倫理学』培風館, 1975年〕

Foot, P. 1958. Moral Arguments. *Mind*, vol. 67, reprinted in her 2002.

Foot, P. 1959. Moral Beliefs. *The Proceedings of the Aristotelian Society*, vol. 59, reprinted in her 2002.

Foot, P. 2001. *Natural Goodness*. Oxford: Oxford University Press. 〔高橋久一郎（監訳）, 河田健太郎, 立花幸司, 壁谷彰慶（訳）『人間にとって善とは何か：徳倫理学入門』筑摩書房, 2014年〕

Foot, p. 2002. *Virtues and Vices and Other Essays in Moral Philosophy*. Oxford: Oxford University Press.

Foot, p. 2003. The Grammar of Goodness [interview]. *The Harvard Review of Philosophy* vol. 11, pp. 32-44.

Gaus, G. 2001a. What is Deontology? Part One: Orthodox Views. *The Journal of Value Inquiry* vol. 35, pp. 27-42.

Gaus, G. 2001b. What is Deontology? Part Two: Reasons to Act. *The Journal of Value Inquiry* vol. 35, pp. 179-193.

Geach, P. 1965. Assertion. *The Philosophical Review* vol. 74, pp. 449-465.

Greene, J. et al. 2001. An fMRI Investigation of Emotional Engagement in Moral Judgment. *Science*, vol. 293, pp. 2105-2108.

Hacking, I. 1983. *Representing and Intervening*. Cambridge: Cambridge University Press. 〔渡辺博（訳）『表現と介入』筑摩書房, 2015年〕

Haidt, J. 2001. The Emotional Dog and Its Rational Tail: A Social Intuitionist Approach to Modal Judgment. *Psychological Review* 108 (4), pp. 814-834.

Hare, R.M. 1952. *The Language of Morals*. Oxford: Oxford University Press. 〔小泉仰, 大久保正健（訳）『道徳の言語』勁草書房, 1982年〕

Hare, R.M. 1979. What is Wrong with Slavery? *Philosophy and Public Affairs* vol. 8, reprinted in Singer, P. (ed.), *Applied Ethics*. Oxford: Oxford University Press, pp. 165-183.

Hare, R.M. 1981. *Moral Thinking*. Oxford: Clarendon Press. 〔内井惣七，山内友三郎（監訳）『道徳的に考えること』勁草書房 1994年〕

Hare, R.M. 1997. *Sorting Out Ethics*. Oxford: Clarendon Press.

Harman, G. 1975. Moral relativism defended. *The Philosophical Review* vol. 84, pp. 3-22.

Harman, G. 1977. *The Nature of Morality: an Introduction to Ethics*. New York: Oxford University Press. 〔大庭健，宇佐美公生（訳）『哲学的倫理学叙説 道徳の本性の自然主義的解明』産業図書，1988年〕

Harman, G. 1999. Moral Philosophy Meets Social Psychology: Virtue Ethics and the Fundamental Attribution Error. *Proceedings of the Aristotelian Society* 99 (3), pp. 315-331.

Harman, G, et al. 2010. Moral Reasoning. in Doris, J. (ed.), *The Moral Psychology Handbook*. Oxford: Oxford University Press, pp. 206-245.

Haybron, D. 2005. On Being Happy or Unhappy. *Philosophy and Phenomenological Research* vol. 71, pp. 287-317.

Haybron, D. 2007. Life Satisfaction, Ethical Reflection, and the Science of Happiness. *Journal of Happiness Studies* vol. 8, pp. 99-138.

Hempel, C. G. 1965. *Aspects of Scientific Explanation and Other Essays in the Philosophy of Science*. London: The Free Press

Hoefer, C. & Rosenberg, A. Empirical Equivalence, Underdetermination, and Systems of the World. *Philosophy of Science* vol. 61, pp. 592-607.

Hooker, B. 2002. *Ideal Code, Real World: A Rule-Consequentialist Theory of Morality*. Oxford: Oxford University Press.

Hooker, B. 2012. Theory versus Anti-theory in Ethics. in Heuer, U. & Lang, G. (eds.), *Lack, Value and Commitment: Themes From the Ethics of Bernard Williams*. Oxford: Oxford University Press, pp. 20-40.

Horgan, T. & Timmons, M. 1990. New wave moral realism meets moral twin earth. *Journal of Philosophical Research* vol. 16, pp. 447-456.

Horan, T. & Timmons, M. 1992a, Troubles on moral twin earth: moral queerness revived. *Syntheses* vol. 92, pp. 221-260.

Horan, T. & Timmons, M. 1992b. Troubles for new wave moral semantics: the 'open

question argument' revived. *Philosophical Papers* vol. 21, pp. 153-175.
Horgan, T. & Timmons, M. 2006. Cognitivist Expressivism. in Horgan and Timmons (eds.), *Metaethics After Moore*. Oxford: Oxford University Press.
Hudson, J. 1989. Subjectivization in Ethics. *American Philosophical Quarterly* vol. 26, pp.
Hurka, T. 2014. *British Ethical Theorists from Sidgwick to Ewing*. Oxford: Oxford University Press.
Hursthouse, R. 1999. *On Virtue Ethics*. Oxford: Oxford University Press.
Hussain, N. & Shah, N. 2006. Misunderstanding Metaethics: Korsgaard's Rejection of Realism. in Shafer-Landau, R. (ed.), *Oxford Studies in Metaethics*, vol. 1, pp. 265-294.
Irwin, T. 2007. *The Development of Ethics*, vol.1, Oxford: Oxford University Press.
Irwin, T. 2008. *The Development of Ethics*, vol.2, Oxford: Oxford University Press.
Irwin, T. 2009. *The Development of Ethics*, vol.3, Oxford: Oxford University Press.
Jackson, F. 1998. *From Metaphysics to Ethics*. Oxford: Oxford University Press.
Jackson, F & Pettit, P. 1990. Program Explanation: A General Perspective. *Analysis* vol. 50, pp. 107-117.
Jenkins, C. 2013. Naturalistic Challenges to the A Priori. in Casullo, A. and Thurow, C. (eds.), *The A Priori in Philosophy*. Oxford: Oxford University Press, pp. 275-288.
Joyce, R. 2001. *The Myth of Morality*. Cambridge: Cambridge University Press.
Joyce, R. 2006. *The Evolution of Morality*. Cambridge, Mass: MIT Press.
Kahane, G. and Shackel, N. 2010. Methodological Issues in the Neuroscience of Moral Judgement *Mind and Language* 25 (5), pp. 561-582.
Kalderon, M. 2005. *Moral Fictionalism*. Oxford University Press: Oxford.
Kamm, F. M. 1996. *Morality, Mortality, Vol. II: Rights, Duties and Status*. New York Oxford University Press.
Kamm, F. M. 2007. *Intricate Ethics: Rights, Responsibilities, and Permissible Harm*. New York: Oxford University Press
Kitcher, P. 1995. *The Advancement of Science*. Oxford: Oxford University Press.
Kitcher, P. 2006. Biology and Ethics. in Copp, D. (ed.), *The Oxford Handbook of Ethical Theory*. Oxford: Oxford University Press, pp. 163-185.
Knobe, J. & Doris, J. 2010. Responsibility. in Doris, J. (ed.), *Moral Psychology Handbook*. Oxford: Oxford University Press, pp. 321-354.

Kohlberg, L. 1969. Stage and sequence: The cognitive - developmental approach to socialization. In Goslin, D.A. (ed.), *Handbook of socialization theory and research*. Chicago: Rand McNally, pp. 347-480.

唐沢譲, 2013.「社会心理学における道徳判断研究の現状」『社会と倫理』第28号, pp. 85-99.

Kim, J. 2003. The American Origins of Philosophical Naturalism. *Journal of Philosophical Research*. APA Centennial Volume, pp. 83-98.

Kirchin, S. 2013. Introduction: Thick and Thin Concepts. in Kirchin, S. (ed.), *Thick Concepts*. Oxford: Oxford University Press.

Korsgaard, C. 1996. *The Sources of Normativity*. O'neil, O. (ed.), Cambridge: Cambridge University Press.

Ladyman, J. What is Structural Realism? *Studies of History of Philosophy of Science* vol 29, pp. 409-424.

Laudan, L. 1981. A Confutation of Convergent Realism. *Philosophy of Science* 48, pp. 218-249.

Leiter, B. 2001. Moral Facts and Best Explanations. *Social Philosophy and Policy* 18, pp. 79-101.

Leiter, B. 2014. Moral Skepticism and Moral Disagreement in Nietzsche. in Shafer-Landau, R (ed.), *Oxford Studies in Metaethics* vol. 9, Oxford: Oxford University Press, pp. 127-149.

Lewis, D. 1973. *Counterfactuals*. Oxford: Blackwell.

Liao, M. 2006. The Right of Children to be Loved. *The Journal of Political Philosophy* vol. 14, pp. 420-440.

Lipton, P. 1993. Is the Best Good Enough? *Proceedings of the Aristotelian Society* vol. 93, pp. 89-104.

Lipton, P. 2004. *Inference to the Best Explanation* (second edition). London: Routledge.

Locke, J. 1700/1979. *An Essay Concerning Human Understanding*. Nidditch, P. H. (ed.), Oxford: Clarendon Press.〔大槻春彦(訳)『人間知性論(一)』岩波書店, 1972年〕

Lord, C. G. and Ross, L. 1979. Biased assimilation and attitude polarization: The effects of prior theories on subsequently considered evidence. *Journal of Personality and Social Psychology* vol. 37, pp. 2098-2109.

Loux, M. 2006. *Metaphysics: A Contemporary Introduction* (third Edition). London:

Routledge.

Lyons, W. 2009. Conscience – An Essay in Moral Psychology. *Philosophy* vol. 84, pp. 477-494.

Mackie, J. L. 1977. *Ethics: Inventing Right and Wrong*. London: Penguin.〔加藤尚武（監訳）『倫理学 道徳を創造する』哲書房，1990年〕

Majors, B 2003. Moral Explanation and the Special Sciences. *Philosophical Studies* 113, pp. 121-152.

McDowell, J. 1979. Virtue and Reason. *The Monist* vol. 62, pp. 331-350.

McDowell, J. 1994. *Mind and World*. Cambridge, MA: Harvard University Press.〔神崎繁，河田健太郎，荒畑靖宏，村井忠康（訳）『心と世界』 勁草書房，2012年〕

Miller, A. 2003. *An Introduction to Contemporary Metaethics*. Cambridge: Polity Press in association with Blackwell Pub.

Miller, A. 2009. Moral Realism and Program Explanation: A Very Short Symposium 1: Reply to Nelson. *Australasian Journal of Philosophy* 87, pp. 337-341.

Miller, A. 2013. *Contemporary Metaethics: An Introduction* (Second Edition). Cambridge: Polity Press.

Moore, G. E. 1903. *Principia Ethica*. Cambridge: Cambridge University Press.〔泉谷周三郎，寺中平治，星野 勉（訳）『倫理学原理―付録:内在的価値の概念/自由意志』三和書籍，2010年〕

Morgan, S. 2006. Naturalism and Normativity. *Philosophy and Phenomenological Research* vol. LXXII, pp. 319-344.

Morgan, S. 2009. Can There be a Kantian Consequentialism? *Ratio* 22 (1), pp. 19-40.

Nagel, T. 1980. The Limits of Objectivity. in McMurrin, S. (ed.), *The Tanner Lectures of Human Values*. Salt Lake City and Cambridge: University of Utah Press and Cambridge University Press.

Nelson, M. 2006. Moral realism and program explanation. *Australasian Journal of Philosophy* 84, pp. 417-428.

Norcross, A. 2006. Reasons without Demands: Rethinking Rightness. in Dreier, J. (ed.), *Contemporary Debates in Moral Theory*. Blackwell: Oxford, pp. 38-53.

Nuccetelli,S & Seay, G. 2012 (eds.), *Ethical Naturalism: Current Debates*. Cambridge: Cambridge University Press.

Olson, J. 2011. In Defense of Moral Error Theory. in Brady, M. (ed.), *New Waves in Metaethics*. Palgrave Macmillian: Hampshire, pp. 62-84.

Papineau, D. 2015. Naturalism. in Zalta, E. (ed.), *Stanford Encyclopedia of Philosophy*. address: http://plato.stanford.edu/entries/naturalism/ [accessed 08/01/2016]
Parfit, D. 1984. *Reasons and Persons*. Oxford: Oxford University Press. 〔森村進（訳）『理由と人格』勁草書房，1998年〕
Parfit, D. 2011a. *On What Matters: vol.1*. Oxford: Oxford University Press.
Parfit, D. 2011b. *On What Matters: vol.2*. Oxford: Oxford University Press.
Prinz, J. 2007 *The Emotional Construction of Morals*. Oxford: Oxford University Press.
Prinz, J. & Nicholas, S. 2010. Moral Emotions. in Doris, J. (ed.), *Moral Psychology Handbook*. Oxford: Oxford University Press, pp. 111-146.
Psillos, S. 1999. *Scientific Realism*. London: Routledge.
Quine, W. V. 1951. Two Dogmas of Empiricism. *The Philosophical Review* vol. 60, pp. 20-43.〔飯田隆（訳）『論理的観点から——論理と哲学をめぐる九章』勁草書房，1992年収録〕
Quine, W. V. 1975. On Empirically Equivalent Systems of the World. *Erkenntnis* vol. 9, pp. 313-328.
Railton, P. 1986. Moral Realism. *The Philosophical Review* 95 (2), pp. 163-207.
Railton, P. 1989. Naturalism and Prescriptivity. *Social Philosophy and Policy* vol. 7, pp. 151-174.
Railton, P. 1993. Replies to David Wiggins. in Haldane, J. & Wright, C. (eds.), *Reality, Representation, and Projection*. Oxford: Oxford University Press, pp. 314-328.
Railton, P. 2003. *Facts, Values and Norms*. Cambridge: Cambridge University Press.
Railton, P.（刊行予定）. Two Siders of the Meta-Ethical Mountain? in Singer, P. (ed.), *Does Anything Matter? Parfit on Objectivity*. Oxford: Oxford University Press.
Rawls, J. 1951. Outline of A Decision Procedure of Ethics. *The Philosophical Review* vol. 60, pp. 177-197.
Rawls, J. 1980. Kantian Constructivism in Moral Theory. *The Journal of Philosophy* vol. 77, pp. 515-572.
Rea, M. 2006. Naturalism and Moral Realism. in Crisp, T. et al. (eds.), *Knowledge and Reality*. Dordrecht: Kluwer.
Ridge, M. 2006a. Ecumenical Expressivism: Finessing Frege. *Ethics* pp. 302-336.
Ridge, M. 2006b. Ecumenical Expressivism: The Best of Both Worlds? in Shafer-Landau, R. (ed.), *Oxford Studies in Metaethics* vol. 2, Oxford: Oxford University Press, pp. 302-336.

Ridge, M. 2007. Anti-Reductionism and Supervenience. *Journal of Moral Philosophy* vol. 4, pp. 330-348.
Ridge, M. 2009. Climb Every Mountain? *Ratio* 22 (1), pp. 59-77.
Ridge, M. 2012. Kantian Constructivism: Something Old, Something New. in Lenman, J. & Shemmer, Y. (eds.), *Constructivism in Practical Philosophy*. Oxford: Oxford University Press, pp. 138-158.
Ross, W. D. 1930. *The Right and the Good*. Oxford: Clarendon Press.
Ross, W. D. 1939. *Foundations of Ethics*. Oxford: Clarendon Press.
Ruben, D. H. 1992. *Explaining Explanation*. London: Routledge.
Rubin, M. 2008. Is Goodness a Homeostatic Property Cluster? *Ethics* vol. 188, pp. 496-528.
Shafer-Landau, R. 2003. *Moral Realism: A Defense*. Oxford: Oxford University Press.
Schroeder, M. 2010. *Noncognitivism in Ethics*. Routledge: London.
Schroeder, M. 2014. *Explaining the Reasons We Share*. Oxford: Oxford University Press.
Shoemaker, S. 1980. Causality and Properties. *Philosophical Studies* vol. 19, pp. 109-135.
Sinclair, N. 2009. Recent Work in Expressivism. *Analysis Reviews* vol. 69, pp. 136-147.
Sinclair, N. 2011. The Explanationist Argument for Moral Realism. *Canadian Journal of Philosophy* 41 (1), pp. 1-24.
Sinhababu, N. Unpublished. Ethical Reductionism.
Smith, M. 1994. *The Moral Problem*. Oxford: Blackwell.〔樫則章（監訳）『道徳の中心問題』ナカニシヤ出版，2006年〕
Snow, N. 2010. *Virtue as Social Intelligence: An Empirically Grounded Theory*. New York: Routledge.
Stevenson, C. 1944. *Ethics and Language*. New Heaven: Yale University Press.〔島田四郎（訳）『倫理と言語』内田老鶴圃，1984年〕
Street, S. 2006. A Darwinian Dilemma for Realist Theories of Value. *Philosophical Studies* vol. 127, pp. 109-166.
Street, S. 2008. Constructivism about Reasons. in Shafer-Landau, R. (ed.), *Oxford Studies in Metaethics* vol. 3, pp. 208-245.
Streumer, B. 2013. Can We Believe the Error Theory? *Journal of Philosophy* vol. 110, pp. 194-212.
Sturgeon, N. 1984. Book Review: Moral Relativism, Virtues and Vices. *The Journal of*

Philosophy vol. 81, pp. 326-333.

Sturgeon, N. 1985. Moral Explanations. in Copp, D. and Zimmerman, D. (eds.), *Morality, Reason and Truth*. Totowa, NJ: Rowman & Littlefield, pp. 49-78, Rachels, J. 1998. (ed.), *Ethical Theory 1*. Oxford: Oxford University Press, pp. 180-210に再収録.

Sturgeon, N. 1986. What Difference Does it Make Whether Moral Realism is True? *The Southern Journal of Philosophy* vol. 24, pp. 115-141.

Sturgeon, N. 2002. Ethical Intuitionism and Ethical Naturalism. in Stratton-Lake, P. (ed.), *Ethical Intuitionism: Re-evaluations*. Oxford: Clarendon Press, pp. 184-211.

Sturgeon, N. 2003. Moore on Ethical Naturalism. *Ethics* vol. 113, pp. 528-556.

Sturgeon, N. 2005. Ethical Naturalism. in Copp, D. (ed.), *Oxford Handbook of Moral Theory*. Oxford: Oxford University Press, pp. 91-121.

Sturgeon, N. 2006. Moral Explanations Defended. in Dreier, J. (ed.), *Contemporary Debates in Moral Theory*. Oxford: Blackwell, pp. 241-262.

Swanton, C. 2015. *The Virtue Ethics of Hume and Nietzsche*. Oxford: Wiley Blackwell.

Thagard, P. R. 1978. The Best Explanation: Criteria for Theory Choice. *The Journal of Philosophy* 75 (2), pp. 76-92.

Thomson, J. J. 1996. Moral Objectivity. in Harman, G. & Thomson, J. J. *Moral Relativism and Moral Objectivity*. Cambridge, Mass: Blackwell, pp. 65-154.

Thomson, J.J. 2008. *Normativity*. Chicago: Open Court.

Tiberius, V. 2004. Cultural Differences and Philosophical Accounts of Well-Being. *Journal of Happiness Studies* vol. 8, pp. 293-314.

Tiberius, V. 2013. Well-being, Wisdom and Thick Theorizing: on the Division of Labor between Moral Philosophy and Positive Psychology. in Kirchin, S. (ed.), *Thick Concepts*. Oxford: Oxford University Press, pp. 217-232.

Timmons, M. 1999. *Morality without Foundations*. Oxford: Oxford University Press.

Turiel, E. 1983. *The Development of Social Knowledge: Morality and Convention*. Cambridge Cambridge University Press.

Van Fraassen, B. C. 1980. *The Scientific Image*. Oxford: Clarendon Press. 〔丹治信春訳『科学的世界像』紀伊國屋書店, 1986年〕

Väyrynen, p. 2013. Grounding and Normative Explanation. *Proceedings of the Aristotelian Society Supplementary Volume* vol. 137, pp. 155-178.

Webber, J. 2006. Virtue, Character and Situation. *Journal of Moral Philosophy* 3 (2), pp. 193-213.

Wedgwood, R. 1999. The Price of Non-Reductive Moral Realism. *Ethical Theory and Moral Practice* vol. 2, pp. 199-215.

Wedgwood, R. 2007. *The Nature of Normativity*. Oxford: Oxford University Press.

White, R. 2003. The Epistemic Advantage of Prediction over Accommodation. *Mind* vol. 112, pp. 653-683.

Wiggins, D. 1976. Truth, Invention and the Meaning of Life. *Proceedings of the British Academy* 62, pp. 331-378, reprinted in his 1991b.〔大庭健・奥田太郎監訳，2014年に収録〕

Wiggins, D. 1987. A Sensible Subjectivism? in his 1991b.〔大庭健・奥田太郎監訳，2014年に収録〕

Wiggins, D. 1991a. Moral Cognitivism, Moral Relativism and Motivating Moral Beliefs. *The Proceedings of the Aristotelian Society* vol. 91, pp. 61-51.

Wiggins, D. 1991b. *Needs, Values and Truth: second edition*. Oxford: Blackwell.〔大庭健・奥田太郎監訳『ニーズ・価値・真理──ウィギンズ倫理学論文集』勁草書房，2014年〕

Williams, B. 1972. *Morality: An Introduction to Ethics*. Cambridge: Cambridge University Press.

Williams, B. 1985. *Ethics and the Limits of Philosophy*. London: Fontana Press.〔森際康友・下川潔（訳）『生き方について哲学は何が言えるか』産業図書，1993年〕

Williamson, T.（刊行予定）. Model Building in Philosophy. Blackford, R. & Broderick, D.（eds.）, *Philosophy's Future: The Problem of Philosophical Progress*. Oxford: Wiley.

Wong, P. 2006. *Natural Moralities: A Defense of Pluralistic Relativism*. Oxford: Oxford University Press.

横路佳幸，（未刊行），「非認知主義・不定形性・もつれのほどき：分厚い語の意味論」

人名索引

*ア行
アーウィン　Irwin, T. | 199
アウディー　Audi, R. | 73, 199-200
アリストテレス　Aristotle | i, 22-23, 30, 199, 213-214, 227
イーノック　Enoch, D. | 17, 204-205
ウィトゲンシュタイン　Wittgenstein, L. | 22-23f
ウィギンズ　Wiggins, D. | 12, 105, 127
ウィリアムズ　Williams, B. | i, 35, 39
ウェッジウッド　Wedgwood, R. | 17, 49
ウォン　Wong, D. B. | 42f
エイアー　Ayer, A. J. | 8, 10f

*カ行
カップ　Copp, D. | 44, 210-211
カヘイン　Kahane, G. | 169-170
カム　Kamm, F. | 159-162, 177, 178
カント　Kant, I. | i, ii, 3, 4, 28, 53, 96-97, 100, 149, 152, 155, 199-200, 214-215
キム　Kim, J. | 17
ギバート　Gibbart, A. | 23
クリプキ　Kripke, S. | 13
クワイン　Quine, W. V. | 44, 89
コースガード　Korsgaard, C. | 28
コリンズ　Collins, R. | 195
コールバーグ　Kohlberg, L. | 187

*サ行
シジウィック　Sidgwick, H. | 8f
ジャクソン　Jackson, F. | 30, 75
シャケル　Shackel, N. | 169-170
シャファー・ランダウ　Shafer-Landau, R. | 17, 49
シロス　Psillos, S. | 84
シンガー　Singer, P. | 167-170

シンクレア　Sinclair, N. | 57f
スタージョン　Sturgeon, N. | 13, 57, 65-71, 72, 116-117,
スティーブンソン　Stevenson, C. L. | 8, 10f
ストリート　Street, S. | 28, 208-210
スミス　Smith, M. | 63-64, 64f
スワントン　Swanton, C. | 227, 228f

*タ行
ダーウォール　Darwall, S. | 205-206
タルスキ　Tarski, A. | 12f
ダンシー　Dancy, J. | 12f, 79
デイビッドソン　Davidson, D. | 12f
ティモンズ　Timmons, M. | 120-121
ティベリウス　Tiberius, V. | 229-230f
デラップ　DeLapp, K. | 228f
トムソン　Thomson, J. J. | 22
ドライアー　Dreier, J. | 202
ドリス　Doris, J. | 229, 229-230f, 230

*ナ行
ニコラス　Nicholas, S. | 229
ネーゲル　Nagel, T | 65
ノークロス　Norcross, A. | 200-201
ノーブ　Knobe, J. | 229, 230

*ハ行
ハイト　Haidt, J. | 184-188
ハイブロン　Haybron, D. | 229-230f
ハーストハウス　Hursthouse, R. | 227
パトナム　Putnam, H. | 13
パーフィット　Parfit, D. | 17, 32, 32f, 49-50, 79, 178-179, 199-200
ハーマン　Harman, G. | 70f
フィッツパトリック　FitzPatrick, W. | 17
フェントル　Fantl, J. | 203-204
フット　Foot, P. | 7f, 11f, 22-23, 30
ブラウンリー　Brownlee, K. | 104f
ブラックバーン　Blackburn, S. | 23
プラトン　Plato | 5, 18, 226
フランケナ　Frankena, W. K. | 7f, 13

プリチャード　Prichard, H. A. ｜ 8
ブリンク　Brink, D. ｜ 13
プリンツ　Prinz, J. ｜ 42, 229
ブルームフィールド　Bloomfield, P. ｜ 22, 22f
ブロード　Broad, D. ｜ 8
ヘア　Hare, R. M. ｜ 10-11, 14, 202-203
ペティット　Pettit, P. ｜ 75
ベンタム　Bentham, J. ｜ i, 3, 215
ヘンペル　Hempel, C. ｜ 60-61
ボイド　Boyd, R. ｜ v, 13, 81, 83, 87-123, 125, 226-227
ホーガン　Horgan, T. ｜ 120-121

＊マ行
マクダウェル　McDowell, J. ｜ 12,
マッキー　Mackie, J. ｜ 26-27, 64-65, 202
ミラー　Miller, A. ｜ 58f, 59f, 75
ミル　Mill, J. S. ｜ i, 3, 52-53, 215
ムーア　Moore, G. E. ｜ 5-13, 17, 20, 32, 48, 203
メジャーズ　Majors, B. ｜ 73
モーガン　Morgan, S. ｜ 79-81, 218-224

＊ヤ・ラ行
ユーイング　Ewing, A. C. ｜ 8
ライター　Leiter, B. ｜ 76f
ラインズ　Lyons, W. ｜ 138f
ラウダン　Laudan, L. ｜ 76f
リッジ　Ridge, M. ｜ 202
リプトン　Lipton, P. ｜ 83
レイルトン　Railton, P. ｜ 13, 19-20, 53
ロス　Ross, W. D. ｜ 8, 155-156, 157, 178, 215
ロールズ　Rawls, J. ｜ 28, 101, 109

事項索引

＊ア行
ア・プリオリ｜ 17-18, 29, 30, 44-46, 50, 63-64, 64f, 120, 155-156, 227
ア・ポステリオリ｜ 52, 64f, 112-113
イギリス直観主義　British intuitionism｜ 8, 15, 17, 29, 49
因果性　causality｜ 46-47, 66-67, 72-74, 75, 152-153
薄い概念・分厚い概念　thick and thin concepts｜ 35-36
エピフェノメナル　epiphenomenal｜ 71-74
演繹的・法則的モデル　deductive-nomological model｜ 60
穏健な非自然主義｜ 49-51

＊カ行
科学的実在論　scientific realism｜ 83-84, 87-94
可謬主義　fallibilism｜ 39-41
還元主義　reductivism｜ 19-20, 49-50, 53-54
帰結主義　consequentialism｜ 101-102, 126-149, 200-201
義務論　deontology｜ i, ii, 151-179, 181, 200-202, 212
規則帰結主義｜ 127, 134-138, 200
規範性からの反論｜ 79-81, 79f, 113-115, 218-224
規範倫理学　normative ethics｜ ii-iii, 3-5
規範倫理理論【規範理論】　normative ethical theory｜ iii, iv, 95, 96-101
規範倫理理論による論証【理論論証】｜ 81-85, 87-123, 125-149, 151-179, 214-218
キャンベラ・プラン　the Canberra Plan｜ 20
強固な道徳的実在論　robust moral realism｜ 18
虚構主義　fictionalism｜ 27, 30
近似的真理　approximate truth｜ 91-92, 110-111, 197-201
経験的現象　empirical phenomena｜ 59-60
経験的証拠　empirical evidence｜ 44-45, 60
経験的信頼性｜ 88-90, 102-107, 116-118, 129-140, 164-170
経験的方法　empirical method｜ 7-8, 43-46, 52-53, 59-60
決定不全性　underdetermination｜ 90
行為功利主義　act-utilitarianism｜ 116-118
行為指導性　action guidingness｜ 98-99, 221
構成主義　constructivism｜ 28-29, 30-31
構造的実在論　structural realism｜ 215-217
功利主義　utilitarianism｜ i, ii, 3, 52, 98-99, 198-202, 215
コーネル実在論　Cornell realism｜ iii, 13, 18-20, 49, 52, 53-54
個別の道徳の説明による論証【個別論証】｜ 65-81, 82-85, 111, 152-153, 213-214, 218, 220-221, 225
殺すことと死ぬにまかせること　killing and letting die｜ 162-163

＊サ行
サイコパス｜ 137-138, 138f
最良の説明　the best explanation｜ 60-62, 60f, 74-75, 109-111, 144-146, 174-178
錯誤説　error theory｜ 26-27
思考実験　thought experiment｜ iv, 45-46, 121, 141-143, 171-173, 178-179, 195-196
自己証拠的な命題　self-evident proposition｜ 8, 155-156, 191
自己中心性の実在論｜ 219-224
自然主義｜ 16-17, 16f
自然選択　natural selection｜ 207-213
自然の性質　natural property｜ 6, 42-51, 53-54, 138-139
社会直観型モデル　the social intuitionist model｜ 183-188
情緒主義　emotivism｜ 8-10, 205
指令主義　prescriptivism｜ 10-11

進化論的反論｜27, 207-213
整合性　coherence｜16f
説明　explanation｜60-62, 60f
説明的利点　explanatory virtue｜58, 61-62, 74-75
説明的論証　the explanationist argument｜57-65
総合的・分析的命題｜43-44
総合的倫理自然主義　synthetic ethical naturalism｜18-20, 21, 29-32, 33, 34, 53
存在論的客観性　ontological objectivity｜37-38
存在論的権利　ontological right｜58, 58f, 63-65
存在論的自然主義　ontological naturalism｜16-17, 16f, 55, 59

＊タ行
多重決定　overdetermination｜72
単純性　simplicity｜62, 74-75, 92, 111, 145, 175.
対象実在論　entity realism｜216-217
直観主義　intuitionism｜7-10
中立テーゼ｜201-206
定言命法　categorical imperative｜i, ii, 3, 4, 215
適合　accommodation｜88-90
デュエム－クワイン・テーゼ　the Duhem-Quine Thesis｜117
動機の内在説　motivational internalism｜113
道徳的個別主義　moral particularism｜12f, 97-98
道徳的実在論　moral realism｜iii, 13, 17, 19, 34-42
道徳心理学　moral psychology｜229-230
道徳的性質　moral properties｜2, 7, 12-13, 17-18, 34-39, 48, 52, 112-113, 122, 138-139, 226, 230-231
道徳的説明　moral explanation｜19, 26, 65-81
道徳的相対主義　moral relativism｜38-39, 39f, 176-177

徳倫理　virtue ethics｜i, ii, 148-149, 151, 164, 198-200, 206, 227-228
トロープ｜226

＊ナ行
内的適合・外的適合　internal & external accommodation｜14-17, 15f
認識の客観性　epistemic objectivity｜38-39
認知主義　cognitivism｜10, 12, 13, 26
ネオ・アリストテレス的自然主義　neo-Aristotelian naturalism｜22-23

＊ハ行
背景理論　background theories｜68-70, 75-76, 90-91, 107-109, 118-120, 140-144, 182-183, 190-192, 215-218
反事実条件文テスト｜67-68
反省的均衡の方法　the method of reflective equilibrium｜102, 108-109, 118-119, 128, 138, 140
非因果的説明｜99-100
非還元主義　non-reductivism｜19-20, 49-50, 53-54
悲観的帰納法　pessimistic induction｜75-78, 213-218
非形而上学の認知主義　non metaphysical cognitivism｜49
非自然主義　non-naturalism｜17-18, 29, 34, 49-51, 139, 151-179, 205
非自然的性質　non-natural fact｜8-10, 12, 17, 49, 155-156
必要　need｜105, 127
非認知主義　non-cognitivism｜10, 12, 13, 15, 23-26, 30
表出主義　expressivism｜23-26, 30,
福利｜101, 104-105, 127, 131-134, 222-224
付随　supervene｜72-73, 154
双子地球｜121-122
フレーゲ・ギーチ問題｜23-27
フロギストン【燃素】｜76, 213
プログラム的説明　program explanation｜75

分析的倫理自然主義　analytic ethical naturalism ｜ 20-21
包括性　consilience ｜ 61-62, 70-71, 75, 145-146, 175, 220-221
方法論的自然主義　methodological naturalism ｜ 16, 16f, 29-30, 31, 51-53, 93, 230
補助仮説　auxiliary hypotheses ｜ 62, 74-75, 176,

＊マ・ヤ行
未決問題論証　open question argument ｜ 6-7, 6f, 10, 13, 20
メカニズムの提示 ｜ 61, 92, 220-221
メタ倫理学　metaethics ｜ ii-iii, 1-5
メタ・メタ倫理学　meta-metaethics ｜ 228
予測　prediction ｜ 88-90, 102-107, 176

＊ラ行
理性型モデル ｜ 184-185
理想的観察者理論　ideal observer theory ｜ 37
良心　conscience ｜ 136-138, 138f
理論的存在者　theoretical entity ｜ 60, 89, 109, 119-120, 126, 140, 190, 215, 216
理論的利点　theoretical virtue ｜ 41
理論パッケージ　theory package ｜ 92-93, 112-115, 120-122, 146-147, 226
理論負荷性　theory-dependent ｜ 107-108
倫理的・道徳的 ｜ i,
例化　instantiation ｜ 36-37
論理実証主義　logical positivism ｜ 8

著者略歴

カーディフ大学博士後期課程修了．博士（哲学）．創価大学・非常勤講師，東洋哲学研究所・研究員．主な論文に「道徳的個別主義を巡る論争――近年の動向」*Contemporary and Applied Philosophy* vol.6, 「自然主義的道徳的実在論擁護のための2つの戦略」『法と哲学』第2巻，など．

倫理学は科学になれるのか
自然主義的メタ倫理説の擁護

2016年9月30日　第1版第1刷発行

著 者　蝶名林　　亮
　　　（ちょうなばやし　りょう）

発行者　井　村　寿　人

発行所　株式会社　勁　草　書　房
　　　　　　　　　（けい　そう）

112-0005 東京都文京区水道 2-1-1　振替 00150-2-175253
　　（編集）電話 03-3815-5277／FAX03-3814-6968
　　（営業）電話 03-3814-6861／FAX03-3814-6854
　　　　　　　　　　　　　　　　日本フィニッシュ・牧製本

Ⓒ CHONABAYASHI Ryo　2016

ISBN978-4-326-10256-3　　Printed in Japan

JCOPY ＜(社)出版者著作権管理機構委託出版物＞
本書の無断複写は著作権法上での例外を除き禁じられています．複写される場合は，そのつど事前に，(社)出版者著作権管理機構（電話 03-3513-6969，FAX03-3513-6979，e-mail:info@jcopy.or.jp）の許諾を得てください．

＊落丁本・乱丁本はお取替いたします．
　　　　http://www.keisoshobo.co.jp

M・M・ハーレー，D・C・デネット，R・B・アダムズ
ヒトはなぜ笑うのか 四六判 3,500円
——ユーモアが存在する理由 15432-6

W・V・O・クワイン
ことばと対象 四六判 4,200円
19873-3

W・V・O・クワイン
論理的観点から 四六判 3,000円
——論理と哲学をめぐる九章 19887-0

ウィリアム・フィッシュ
知覚の哲学入門 A5判 3,000円
10236-5

W・G・ライカン
言語哲学 A5判 3,600円
——入門から中級まで 10159-7

勁草書房刊

＊表示価格は2016年9月現在。消費税は含まれておりません。